U0938726

从毕业到立业要懂点博弈论

段 洁◎著

北京航空航天大学出版社
BEIHANG UNIVERSITY PRESS

图书在版编目(CIP)数据

从毕业到立业要懂点博弈论 / 段洁著. --北京 ：
北京航空航天大学出版社，2011.6
ISBN 978-7-5124-0389-5

Ⅰ. ①从… Ⅱ. ①段… Ⅲ. ①人际关系学-青年读物
②人生哲学-青年读物 Ⅳ. ①C912. 1-49②B821-49

中国版本图书馆 CIP 数据核字(2011)第049556号

从毕业到立业要懂点博弈论
段 洁 著
责任编辑 贾 涌 王 超
*
北京航空航天大学出版社出版发行
北京市海淀区学院路 37 号(邮编 100191) http://www.buaapress.com.cn
发行部电话：(010)82317024 传真：(010)82328026
读者信箱：bhpress@263.net 邮购电话：(010)82316936
保定市中画美凯印刷有限公司印装 各地书店经销
*
开本：700×960 1/16 印张：13.5 字数：228 千字
2011 年 6 月第 1 版 2011 年 6 月第 1 次印刷 印数：6 000 册
ISBN 978-7-5124-0389-5 定价：28.00 元

前　言

人生是一个大舞台，我们每个人都是其中的一个角色。当一个人确立了他的理想之后，太多的顾虑和奢求会阻止他前进的脚步，欲望使一个人失去自我，沉沦让人对存活的意义产生迷惘。所以，博弈在人生中就像一个策略，不同的策略选择会出现不同的结果。而每一个人都会对自己的策略慎之又慎，这就是博弈能够带给我们的乐趣，让我们在生活中找出更多的精彩。

著名经济学家保罗·萨缪尔森说："要想在现代社会做一个有文化的人，你必须对博弈论有一个大致了解。"作为一种关乎选择和决策的理论，博弈论中的许多例子和日常生活是分不开的，它们相互影响和补充。

为了自己，也为了与他人更好地合作，我们都需要学习一点博弈论的策略思维。在现实生活中，人与人之间的碰撞接触，其实就是一个博弈的过程，每一件事情中的取舍，都意味着通过选择合适策略来达到合意的结果。

面对纷繁复杂的生活，必须意识到你的对手、同伴甚至你的孩子都是相当聪明而且是很有主见的人，也是关心自己利益的活生生的人，而不是被动的和中立的角色。一方面，他们的目标常常与你的目标发生冲突；另一方面，他们也包含着潜在的合作因素。在你做决定的时候，必须将这些冲突考虑在内，同时注意发挥合作因素的作用。

古语说得好：世事如棋。你的每一个行为都会化作棋子在棋盘中和别人激战。而此时精明慎重的棋手们大多数会揣摩着，思考着，算计着……精彩的棋盘会带出精彩的人生。理解博弈，运用博弈，会使我们在生活当中更加游刃有余。为了实现利益的最大化，就一定要学习博弈理论的精髓，做好利益的分割，得到最好的结果。这就是我们必须了解、学习博弈理论的最根本原因。

任何博弈都是如此，不论是小孩子“玩石头、剪子、布”还是江湖豪客的性命相搏，不论是经济战争还是军事战争，不论是运动场上的竞技还是亿万年来在生物圈内演义的生存竞争，大到一国，小到一人，重到一决生死，轻到为博人一笑，各种博弈都遵循共同的思路。

帕默斯顿说过：“没有永恒的敌人，没有永恒的朋友，只有永恒的利益。”在博弈中我们不能回避这句话的正确性。人性本是自私的，我们之所以进行博弈，就是为了能够充分把握博弈带给我们的利害，取得我们利益的最大化：在日常交往中，能够成为人群中最受欢迎的人；在爱情面前，懂得尊重和争取，赢取一份值得相守终生的感情……

博弈的学问从日常的生活中提炼出来，它能使你更好地适应生活。尽量多掌握一些博弈的方法，会让我们在激烈竞争的社会生活中，思路更加开阔，最大限度地提高工作效率，这样我们成功的机会就会更多。

在本书的编写过程中，我得到了一些朋友的帮助和支持，他们是贾铁宁、刘艳艳、赵贺、夏远辉、张皓、王冰、雷韵、潘浩、程乐乐、武安利、常娜、段树军、李元、贺媛等，在此一并表示感谢。

目录

第一章
人生处处皆博弈

1. 不要为赌博而学博弈论

在火车上，一个痞气的青年男子与一个曼妙的摩登女郎并排坐着，他们的对面则是一个中年的胖男人和他的老婆。火车经过隧道时，车厢里一片漆黑，只听见“啵”的一声，随后又是“啪”的一声脆响，这个清脆的响声不用猜也知道是打耳光的声音。

火车出了隧道，中年的胖男人脸上出现了一个红手印，胖男人的老婆对他怒目而视，其他三个人的表情如旧，但是心里却各有想法。女郎心想：“蠢猪，肯定是想偷亲我，结果亲错了，挨打了吧。”胖男人心想：“明明是那瘦子干的坏事，却让我挨打。”只有那青年男子心里乐开了花，“嘿嘿，我亲了一下自己的手背，又打了胖子一巴掌，胖子这下有的受了。”

这个年轻人的恶作剧，就是一种有意思的博弈。博弈其实是一个斗智的过程，它是运用最智慧、最有效的方法来取得最大的利益。

现代人应该怎样去理解博弈？有篇小说是这样描述的：“一位华人利用自己丰富的博弈论知识，赢遍世界各地的大赌场，满载而归。”望文生义并不可靠，这里显然出现了认知上的错误，而且是本质性的错误，要知道博弈论并不是赌经。

《赌经》云：赌者，天性也。何谓天性，曰：趋利避害也。这句话该如何理解呢？赌博，是每个人的天性。天性就是趋向对自己有利的，而远离对自己有害的自然行为。大家都想获得利益、躲避危害，但现实中没有那么完美的事！

博弈不同于赌经，博弈是通过逻辑分析选择最适合自己的策略，从而得到最大的满足。精通博弈论并不能保证赌场得意，也不能保证买彩票中奖，如果懂得博弈论就能赌而不败，那么研究博弈论的专家学者们早就去赌博或是博彩了。

在现代生活中，人与人之间的交际、相处就是一个博弈的过程。一个人必须掌握足够的博弈手段和技巧，才能更好地在社会中生存。你的对手，甚至你的妻子、孩子，都可能是你博弈的对象，他们不是被动接受你的命令或建议，每个人都拥有自己的态度和看法。

在与人交往的过程中，要充分意识到：一方面，自己可能与他人发生利益冲突；另一方面，自己也存在与他人合作的可能性。因此，你做决定之前，必须把可能引起的冲突考虑在内，同时注意彼此之间存在着的合作因素。

人在一生中都会面临很多选择，而博弈就是一个选择过程，是一个通过权衡利弊作出对自己最有利的决策的过程。日常生活中，人们每天都会经历或大或小的博弈，都需要权衡利弊才能作出最终的选择。

正如发生在某天夜里的一个惊险故事。一位男主人在睡梦中突然感觉胃里一阵泛酸，便匆匆下床踏着拖鞋往卫生间跑。在经过客厅的时候突然看见眼前有个黑影一晃，朝着窗口的方向跑去。

男主人顿时慌乱起来，脑子里一片空白，却依然下意识地跑进了卫生间，强迫自己冷静下来。小偷是怎么进来的？有几个同伙？不知道手里有没有刀？因为对外面的情况不很清楚，他就草草地制定了三种方案：

第一种，正面与小偷交锋。发现小偷后，立即展开行动，如果能够吓跑对手自然最好，实在不行就硬拼，可是自己能不能制服小偷，尚且两说，万一小偷被逼上绝路，伤害家人怎么办？

第二种，为了保险起见，假装没发现小偷，等小偷偷走东西离开后就安全了。

第三种，双方对峙后，恳求小偷，希望他拿了东西就走，千万别伤人。可万一小偷拿了东西还想杀人灭口呢？

男主人想到三种方案都有风险，只好一边假装呕吐，一边着急地思索。此时他突然想起了曾经在书上看过的一个故事。

于是，他又假装迷糊地回到卧室，使劲儿在孩子屁股上掐了一把，小孩大哭起来。妻子被吵醒了，男主人把卧室门打开，声音放大了说："可能是点心过期了，孩子吃坏了，咱们带他去医院吧。"不由分说，他拿着钥匙抱起孩子就往外走，妻子根本没明白过来也跟了出去。

出门的一瞬间，男主人迅速把防盗门锁上，敲开邻居的门报了警。10分钟后，警察在他的家里抓到了一个手持菜刀的年轻人……

其实，在没有创立博弈论的时候，人们已经不自觉地进行博弈了。虽说有了博弈论，懂得此论的人也不见得总是赢家，但是为了自己能作出最正确的选择，或者与他人更好地合作，人们应该学习一点博弈论。

博弈，是一种非常重要的交际工具。在社会交往中，懂得博弈，就可以与他人更好地进行协作，也可以赢得好人缘；在处事中懂得博弈，能够使我们的利益最大化。博弈的智慧是在生活中提炼再反过来应用到生活之中，只要掌握了博弈的技巧，生活其实就可以变得简单。

在为人处事中尽量多掌握博弈的一些原理和方法，你对生活的驾驭能力就会变得更强。在激烈竞争的社会环境中，懂得博弈的技巧，会让你的思路变得更加开阔，处事的失误也会随之减少，而办事效率则会大大提高，那么成功的几率也自然变大。

2. 无处不在的心理对抗

清晨，当人们踏进菜市场的那一刻，博弈其实已经开始了。在挑选青菜时，一些家庭主妇总爱挑拣新鲜的，还要把枯黄的叶子揪掉；而卖菜的小贩就会极力劝阻："大哥大姐啊，那些都能吃，不是坏是缺水了，别挑了，每把菜上都有……"

买菜的为了挑到满意的菜，卖菜的为了卖出更多的菜，双方不断调和，最终达成一致，这就是个博弈的过程。生活中，博弈无处不在，只是人们没有把自己的日常经历理解成一种博弈。很多平凡的事情，甚至是某一刻自己的一个心理活动，都可以用博弈论来进行解释。

任何一个博弈者为了获得自身的最大利益，都不免会与他人形成竞争关系，最终达到双方的均衡。可能有人会怀疑，朋友之间、亲人之间怎么会存在利益之争？这里的利益不单指具体的钱财，也可以是心理上的满足，或者是其他目的。

比如，你有个在远方上学的好友可能今天过生日，但你又不是很确定：如果是朋友的生日，发个短信过去祝福一下，人家会感觉温馨；如果不发短信过去，人家就觉得你这个朋友太冷漠；如果不是朋友的生日，发短信过去，记错人家的生日很尴尬；如果不发短信，那就什么事都没发生一样。在这里，就是在和交朋友的态度做博弈，什么样的方式才是最能让朋友开心的呢？

在这场博弈中，不管是不是朋友生日，打个电话过去问候一下无疑是比较正确的选择。哪怕不提生日的事，就说天气冷了注意保暖都是好的。如果不是好友生日，正好联络了感情；如果是好友生日，他的注意力也转移到了被关心的角度上，让他觉得这个朋友什么时候都是关心自己的。

有时要想在博弈中获得成功，还需要清楚地了解自己，正所谓知己知彼方能百战百胜。特别是在商界的博弈中，博弈者不仅要考虑对方的成本、态度以及对自己行为作出的反应，还要把自己的筹码考虑进去。

人们都知道如今可口可乐与百事可乐的竞争已经到了白热化的状态，可又有多少人知道可口可乐公司之所以会有如此大的竞争对手，完全是自己决策的失误造成的。

有一天，可口可乐公司接待了一位奇怪的到访者，他说自己破产了，打算把自己的公司卖给可口可乐公司。可口可乐公司的高层很是意外，经过反复研究后觉得这家公司一点儿利用价值都没有，还是不予收购。让人意想不到的是，可口可乐没有收购的这家公司，就是后来与其竞争了百年的百事可乐。

在经济学中，博弈的基础就是利益的争夺。参与的双方是利益的竞争者，为了实现自己利益的最大化，同对方进行抗衡。在抗衡的过程中，竞争者不仅要清楚自己的实力，还要了解对方的情况。

在可口可乐与百事可乐的博弈中，可口可乐标榜“传统”，那么百事可乐的焦点就放在“年轻一代”，并且取得了很好的效果。可口可乐公司的决策者们也许现在还会懊悔因为当年的一个失误，没有把对方放在眼里，结果却给自己树立了一个强敌。

也许有人会认为博弈论是多么高深的理论，然而事实并非如此。有关博弈论的研究在18世纪已经开始了，但是直到20世纪，才形成真正的博弈理论体系。经过了几十年的研究，博弈论终于从科学研究变成一条条浅显的道理，走入寻常百姓的生活。人们平时遇到的现象，也都可以从博弈论中找到答案。

比如大学生在找工作的过程中，是选择待遇好但是枯燥的，还是选择符合自己兴趣但是待遇低的，这就是同自己的一个博弈。在选择的过程中，必须考虑自己的收益情况，达到一种均衡。你想先赚钱，等有了积蓄可以再去实现自己的理想；或者一定要遵从自己的兴趣所在，从自己的兴趣中发掘出工作的最大价值。与自己的内心进行对抗，在不同的策略中作出选择，这就是一种博弈。

人们常说生活复杂，其实就是没有看透博弈。不能在博弈中寻找最佳策略方式，也就不能很好地驾驭生活。人们每天都在考虑该怎么处理复杂的关系，各种繁琐的事情往往让人觉得烦恼，如果你拥有高超的博弈技巧，那么你的生活也就更加轻松；相反，如果你没有高超的博弈技巧，你的生活也许就不会那么如意。

一位流浪汉在公园里发现了一只走失的小狗，小狗脖子上没有狗牌，不知是谁家走失的。于是，他把小狗带回了自己简陋的住所，想明天再来公园看看会不会有主人来找。第二天，流浪汉果然在公园的一棵树上发现了寻狗启示，启示中说如果能把狗送回，他们愿意支付5 000个金币。

看到这里，流浪汉很兴奋，兴冲冲地准备回去抱狗，心里想着，这下发财了。可走到半路，流浪汉又改变主意了，既然这家这么重视这只小狗，我再等一天，没准奖金还能再加。果然，第三天清晨流浪汉发现，悬赏金增加到了10 000个金币。

流浪汉不知见好就收，还想再等一天，再等一天就送回去。结果，小狗养尊处优惯了，根本不习惯这种简陋贫穷的环境，不多久就饿死在流浪汉的家里，小狗一死赏金自然也泡汤了。很明显，这个流浪汉太过贪心，只顾着自己利益的最大满足，忽略了小狗自身的承受力，因此失去了一次发财的机会。由于自己的贪心，他最终成为一个失败的博弈者。

博弈也是一种心理对抗，与别人对抗，与自己对抗，这种心理对抗无处不在。如果把生活比作一场博弈，也许谁拥有高超的心理对抗能力，谁就能掌握博弈的主动权。

3. 竞争与合作的对立与统一

“没有永远的朋友，也没有永远的敌人”，这句话生动形象地描述了国与国之间相互博弈时产生的微妙复杂的关系，它的潜台词其实就是遵循竞争与合作共存的游戏规则。

博弈理论在经济活动中也得到很好的体现和应用。“天下熙熙，皆为利来；天下攘攘，皆为利往。”人们在取利时，要承担一定的风险和代价，而趋利避害是人的本能反应，如何最大化地争取利益，才是最重要的。

例如，企业在进行商业决策时，追求的不是营业收入最大化，而是利润最大化，甚至是企业的社会效益最大化。因为营业是需要成本的，收入的多少并不起决定性作用，而利润的选择也许只是企业的暂时性目标，只有取得良好的社会效益，才能更好地谋取长远的发展。在追求利润最大化或者社会效益最大化的过程中，不可避免地会遇到竞争对手，其中就包括顾客和同行，只要正确地了解与他们的竞合关系，就能作出合理科学的决策。

大到国家、企业，小至家庭、个人，都在追求自己的生存空间和生存节奏，一般情况下，大的原则是：追求利益最大化和风险最小化，追求利益就会产生竞争关系，同时存在风险，并且其中一部分风险就来自竞争对手。这时候，如果你希望能够减少风险负担，那么与竞争对手进行合作就变得很有必要。

有人曾经拿克林顿和莱温斯基的案例作过博弈分析，他们认为如果克林顿当时考虑得更精明、更深远一些，也许就不会发生桃色事件外泄的“意外”。两人发生关系以后，克林顿不予理睬的态度和行为是极其愚蠢的，因为他是总统，是世界闻名的公众人物，这是他最大的弱点，相对原本毫不知名的莱温斯基而言，他根本输不起。

人们对克林顿提出了一些好的建议，克林顿当时应该尽量满足莱温斯基的欲望，包括金钱、名利，这是“正当”的封口费，姑且不论她是否会贪得无厌地漫天要价，但必要的安抚费是不可缺少的。如果做得更绝一些，克林顿当时可以想办法设计陷害她，以便抓住对方的把柄，将整件事都控制在自己的掌握之中，这对总统来说，并不是什么难事；而肯尼迪兄弟在这方面做得要比克林顿好很多。

无论这些人的想法是否可行，克林顿的确忽略了对手和潜在的风险，也许是他对自己的魅力太过自信，相信可以彻底征服莱温斯基，防止东窗事发；也许他把对方想得太过单纯，认为她会洁身自好，为了顾及颜面保守秘密。总之，克林顿完全没有意识到他与小秘书之间存在潜在的竞争关系，当然也就没有拿出为了规避风险而进行合作的诚意，实际上他根本没有做好与对手博弈的准备，结果输得一塌糊涂。

在经济、政治、文化全球化发展的大背景下，博弈论更加受到重视。作为一种竞合游戏，它与当前的社会形势完全贴合，具有很大的指导和启发意义。竞争与合作并不相互冲突，它们可以很好地结合起来。当然，如何才能够将二者有效地结合在一起，则需要高超的博弈技巧，因为博弈策略的不同，所收获的利弊也就不同。

首先，决策者要在竞争中发掘积极的、正面的合作因素，找出相互之间的交集点，产生共谋利益的可能性。同时，在双方进行合作的时候，又要正确地看待彼此之间存在着的竞争关系，把自己的利益放在首位。一山可容二虎，关键是两只老虎都不会挨饿，只有满足了这个条件，两虎才能取得暂时性的和平与合作，各自索取既得利益，心安理得。当然，如果情况有变，等到时机成熟时，一方也许就会作出改变，将另一方赶出自己的利益范围。

二战时期，德军侵略欧洲各国，但开始选择的国家都是一些实力孱弱的小国，对英法苏等国则作出不进攻的承诺。英法各强国当然不希望战火蔓延到自己身上，为了保护自己的利益，它们一直主张纵容法西斯横行世界的“绥靖政策”。结果，英法苏等强国暂时避免了战火，而德军则争取了逐步侵略各国的时间，不仅避免了与英法大国交战带来的威胁，而且争夺了大片领土和很多资源，为之后发动大战做好了充足的准备。

德军利用英法强国畏战的心理，作出虚假承诺，使双方阵营各取所需，达成互不干涉的协议。希特勒为了稳住局势，甚至对英法各国进行“友好”访问，签订互不侵犯条约，进行迷惑和欺骗。英法苏等国渐渐放松了对德军的警惕，之后，德军看到作战时机已经成熟，就对各欧洲强国发动“闪电战”，结果，法国不久就被德军占领，而英国和苏联也受到德军重创，造成巨大的伤亡。

德军自始至终都清楚地认识到与英法苏等强国之间的矛盾冲突，但希特勒一方面积极地寻找合作的潜在因素，表面上消除了相互之间的敌对情绪，双方各取所需，另一方面则暗中做好充足准备，等待发动进攻的时机。虽然德军最后还是失败了，但是，希特勒的博弈理论却十分有效，给盟国造成巨大的损伤。

博弈论就是要求作出的决策能够达到最优效果，人们在争取自身利益的同时，一定要注意研究对手的反应以及决策对决策者本身的影响，尽量使眼前利益与潜在风险达到一定的均衡状态。其实归根结底，博弈还是以自己的利益追求为准，只是这种利益不是既得利益，而是权衡利弊后的最终所得，它要求的是决策者对大局观的掌控。

总体来说，博弈论就是一种战略规划，而竞合的每个步骤则是战术要求，战略部署是大的前提，战术运用则要随机应变，在战略前提下出色地运用战术才能取得最优的效果。

4. 人生就是无数次抉择的集合

外面下着瓢泼大雨，罗伯特的车在前面缓缓地行进，弗朗西斯卡和丈夫的车紧跟在后面。弗朗西斯卡死死望着前面罗伯特的车，雨点打在自己面前的挡风玻璃上，视线变得越来越模糊，不知到底是雨水还是眼泪。

弗朗西斯卡的手紧紧抓着车门把手，只要自己推开，就可以奔着幸福跑去。可是，她不能。抓着车门的手一直没有松开，也一直没有推开。

在十字路的岔口，终于一个向左，一个向右，仿佛从来没有交集。

天是灰的，弗朗西丝卡的心也是灰的。

在这段《廊桥遗梦》的高潮里，观众的心也跟着弗朗西斯卡抓住车门的手，变得紧张起来。看着她最终没有冲出去，大家的心安定下来，又似乎变得空落落的，遗憾弗朗西斯卡没有跟罗伯特走。现实生活中，人们是痛恨婚外情的，只是这段“婚外情”因它相遇的浪漫，结尾的遗憾，更因女主人公的选择，变得完美。

《廊桥遗梦》的价值还在于它向人们展示了一种人生的境界：生活本就是平凡的，即使有些亮点那也只是点缀。剧中的“婚外情”没有因为浪漫而影响弗朗西斯卡的道德判断，在爱情与责任的博弈中，女主人公痛苦地选择了责任。

站在人生的十字路口，不知道路该往哪走，这就是一个博弈的过程。人的一生中，很多时候都是在做选择，人生路不能回头，选择的时候不是拍拍手就能解决的，大家都会经过反复的分析、衡量，最终选出一条自认为可行的道路。

20世纪泰坦尼克号轮船撞冰山的灾难不亚于本世纪的9·11事件。在灾难面前，泰坦尼克号中的乘客们都在进行着心理博弈。船长坚信这是一艘永不沉没的巨轮，如此自负使他面对七次冰山警告而无动于衷，最终让一千多条生命葬身海底。他拿无辜的生命与自己的骄傲去博弈，最终落得自杀谢罪的下场。

一个人在选择之前，就必须做好承担相应后果的准备，人生没有回头路，自己的选择无论是好是坏，都要勇敢地去承担。泰坦尼克号轮船上“让妇女和儿童先走”的绅士们，拿自己的生命与人生的价值博弈，使自己在这短暂的一刻闪耀了人性的所有光辉。在残酷的现实与人生价值面前，他们勇敢地选择了后者，没有人知道他们有没有后悔，但是活着的人会为这些绅士所作的决定而感动。

子曰：逝者如斯夫，不舍昼夜。在岁月的长河里，人的一生是那么短暂，人的每一次选择都是一次博弈。什么样的选择就决定了什么样的生活，可以说，每个人今天的生活都取决于自己曾经作出的选择。

有三个人被判处三年牢刑，监狱长让他们三个一人提一个要求。美国人爱抽雪茄，他渴望拥有三箱雪茄；法国人最浪漫，希望能得到一个美丽女子的相伴；而犹太人则要求得到一部与外界沟通的电话。三年过后，第一个冲出来的

是美国人，嘴里鼻孔里塞满了雪茄，大喊道："给我火，给我火！"原来他忘了要火。接着出来的是法国人，只见他手里抱着一个小孩，美丽女子手里牵着一个小孩，肚子里还怀着第三个。最后出来的是犹太人，他紧紧握住监狱长的手说："这三年来我每天与外界联系，我的生意不但没有停顿，反而增长了200%，为了表示感谢，我送你一辆劳斯莱斯！"

人生充满了变数，没有人能预料下一刻会发生什么。有的人恐惧这种变数，面对未知的世界总是有些茫然无措，他们渴求稳定；有的人却享受这种变数带来的挑战，也许下一刻就是改变命运的时机，他们喜欢冒险。其实人生就像一场博弈，变数不可避免，人们要做的就是泰然处之，只要拥有智慧和毅力，赢的就一定是自己。

在面对人生抉择的时候，是选择迎难而上还是顺流而下？每作出一个选择，其实都是在与人生、与未来做着博弈。

有两个相同经历却不同命运的人，他们同是一家公司的下岗职工，而且两人都打算去外地打工。可是在火车站买票的时候，两个人发生了分歧，一个想北上去北京，一个想南下去厦门。

想南下的觉得北京压力大，竞争多，自己一个下岗职工争不过那些人才，不如去厦门，那里生活节奏慢，随便干点什么都行。想北上的却说，现在大家都还年轻，还可以拼一把，竞争多说明机会多，年纪轻轻根本没有资本去享受悠闲。

两个人由于意见不合最终分道扬镳。南下的人来到厦门后，很喜欢这个慢节奏的城市，在这里，即使不干活也不会饿死，路边有供路人免费喝的茶水，商场里有为驻足休息的人提供的免费点心；北上的人发现北京竞争激烈，自己不努力就一定会被淘汰出去，于是一边打工一边利用有限的时间拼命充电。

几年后，去北京的人开了自己的公司，已经不用四处奔波劳累了，他还打算去度假。听朋友说厦门的生活比较悠闲，很适合度假，他立刻买了去厦门的机票。在厦门旅游时，他在某个旅游景点外面无意中发现了当年与自己一同外出打工的同伴正在跟几个人抢矿泉水瓶，边抢还边感慨：现在世道难啊，捡个瓶子都得竞争。

在人生的这场博弈中，两人当初作出的不同选择已经决定了他们以后的人生。去厦门的人从来都没有危机意识，遇事只想着后退，期望在回头路上能够遇到解决方案，这就养成了事事都逃避的习惯；而去北京闯荡的人则勇于接受挑战，遇事不肯低头，一步步往前走，坚持下来，终于迎来了自己的成功。

自己的未来如何是每个人都曾设想过的问题，在人生一些关键的交叉点，每个人的选择都决定了自己的未来。我们就是在不断地选择中和命运进行着各种博弈。当夕阳变成了星光，当前方没有了方向，你是否会一如既往?

5. 生命不息，博弈不止

人的一生总是处在不停的博弈之中，大到人生的规划，小到一个决定，都是博弈的过程。一般人都会对自己的生活作出安排，安排就不免会产生决策，决策就要用到博弈理论。

人们总是希冀追求更美好的生活和更多的幸福，这种理想化、最优化的生活方式和生活状态，需要在不断的决策中达成，生活既然在延续，那么博弈也就一直不息。

经济学中，有一个专有的名词叫“机会成本”，即从事某项活动或某个项目时，因放弃其他机会所失去的最大收益。你在作出选择后，肯定会造成其他方面的影响，你所放弃的那些部分之中原有的最大收益，就是你的机会成本。比如说农民得到土地后本来可以选择养鸡或养猪，但是农民最终决定养猪，间接地就表明他放弃了养鸡和养鸡带来的收益，而原本养鸡可以产生的收益就是养猪的机会成本。

人们总是在不停地、努力地选择最优化的生活，这就必然要放弃其他的生活方式和生活状态，这些放弃了的生活模式可能会带来相应的幸福和满足感，这些幸福和满足感就是现有生活的机会成本。人的一生，就是在不断的研究和考虑之中，逐一考量生活的机会成本，进行生活的博弈。可见，不停地博弈、不断地选择是生活的需要。

人的一生要做的决定不胜枚举，宏观上的大决定就有很多，包括理想规划、上学、工作、结婚生子、退休等。人们每成长一步、每行进一步都会发生决策行为，从蹒跚迈步、牙牙学语时就开始对生活作出选择和判断。孩子们通常会观察父母的神色，以便确定自己的行为是否有利、是否能达到预期的效果，他们懂得如何与父母进行博弈。

科学研究表明，婴儿能够清楚地知道如何做父母才会高兴，如何做才会让自己受到褒奖，所以在执行下一个行为动作之前，他们会对父母应有的反应作出大致的判断和分析，同时，懂得利用哭声来吸引母亲的注意和爱怜，有时候则是为了博取同情和谅解。

孩子稍微长大以后，博弈的方式和范围都有所扩大，他们开始自立，对于自己的生活有所安排，同时会与其他的小孩进行博弈，包括游戏当中的博弈。孩子总是把游戏看得很重要，所以往往会体现出许多真实的想法。

上学后，孩子会与朋友、同学、老师进行博弈，获得学校和家庭的认可；工作后，则通过与同事、老板的博弈，索取自己的利益；恋爱结婚时，则与爱人进行博弈，以期得到完美的爱情；婚后与家庭进行对弈，希望保持家庭的和睦；还有抚养孩子、退休、养老等，每一个成长的环节，每一个生活的方面，都存在博弈，也都需要博弈。

一般来说，永不停息的博弈主要体现在两个不同层面。第一个层面是人生成长的大致脉络，即人们从小到大，每一个阶段都会进行博弈，这是一种纵向的时间上的延续。第二个层面是人生成长的每个阶段中发生的各种博弈，这是横向的平行的截面，比如工作中，找什么样的工作、和谁工作、如何面试、如何工作都要考虑清楚，每一步都需要作出决策。

两个方面的结合就像大树的生长一样，人生不停地成长、不停地博弈，就是大树的上升、增高；每个阶段不停地博弈，就是大树躯干的变粗、变壮，两者是同时进行的。

从生活方面来讨论人生的博弈，可以分为：平凡生活的决策和奋斗型决策。所谓平凡生活的决策，就是指生活中的日常安排。人们每天都在规划一整天的活动，希望生活能够保持一定的秩序和条理，甚至过得有趣味。比如每天早上起来对于家务（买菜、做饭、洗碗、拖地）、休闲享受（逛街、散步、看电影）的分配和安排，就很有平常生活的气息，是日常生活中的博弈。

另外一种就是奋斗型的博弈，人们进行博弈，就是希望自己的利益最大化，所以这也是一个努力奋斗的过程。现实生活中，人们总是在为实现自己的理想和目标而不停地努力奋斗，但是成功不是一蹴而就的，它需要一个漫长的甚至是艰苦的拼搏过程，在实现理想的过程中，需要你不断地对人生的路作出决策和博弈。比如结婚，一般来说，结婚需要一定的时间，两个人从相识、相知、相爱到牵手一生，一步一步走来，肯定会面临不同的考验，有时候是来自于外界环境，有时候来自于恋爱的双方，如何长久地保持爱情的新鲜，如何长久地保持爱情的稳定，这需要双方在长时间的交往中不断地加深对彼此的认识和了解，需要你不断地与爱人进行博弈，以便很好地保养双方的爱情。

从博弈对象来分析，也可以很好地理解博弈。博弈对象包括人、物。与人对弈，一般包括家人、朋友、同学、老师、同事、上司、陌生人等等，因为你处于社会生活之中，所以你会形成自己的生活交际圈，生活离不开交流，而交流又需要博弈的技巧，只要面对社会交际时，你就必须作出相应的博弈行为。

当人们博弈的对象是物，这可以是实体的一些客观物质，也可以是任务、计划。人们总是要不停地规划自己的生活和工作，自己下一步要干些什么，应该如何去干，怎样才能干好，这是很自然的一种生活状态，而每一点都需要经过考虑和分析，这些看似琐碎的部分，恰恰构成了整个生活。

无论是大树生长式的理论分析，还是生活化与奋斗型的博弈分类，抑或不同对象的博弈分类，它们都很好地表现了永不停息的博弈这一人生主题，只要生命不息，那么博弈行为就不会停止。

6. 世间没有绝对的真理

学过哲学的人都知道，任何真理都是相对的，都是在一定条件下符合客观条件才成为真理。博弈论也只是一种理论上所分析推理出的可能性，它本身具有一定的缺陷，只有在一切前提条件都得到保障的环境中成立，而在现实生活中的应用则完全是另外一回事。

在现实状态中，会存在许多未可知的干扰因素，这就导致理论在现实中的实施往往会产生误差，有些甚至不可能发生效用，所以，人们应该正确地认识博弈论的功效，理性地看待博弈论，不能把它当成解决问题的万能钥匙。

两个小偷相约一起行动，结果两人都被警察抓住，行动之前两人就早已经相互串通好了，一旦被抓就都矢口否认。

小偷 A 和小偷 B 被分别带到不同刑讯室进行询问，两人都明白各种决策下的利害关系：如果两人都坦白的话，就要坐三年的牢；如果两人中只有一个坦白，而另一个抵赖，那么这个坦白的就可以当庭释放，抵赖的小偷则要判坐五年牢；如果两人都抵赖的话，就只需坐一年的牢。

这是小偷与警察的博弈故事，但是在这里，小偷们得到了相互串供的机会，所以说，他们两人最好的结果是都抵赖，这时候就达到帕累托最优。可是双方都有私心，认为在串供的情况下，如果自己坦白的话，那么对方就会因为抵赖而加刑，自己则会功过相抵，无罪释放。两人都产生了这样的想法，向警察坦白罪行，结果两人都被判坐三年的牢。

在这个故事中，两个小偷都忽略了对方的真实想法，结果作出错误的决策，这次的博弈并没有给他们带来最佳的效果。

博弈是在既定的信息结构下的分析方法，在现实应用中会受到许多外在因素的干扰和影响，最常见的就是人的非理性和信息的不对称性。

人的认知水平和理性很重要，理性也会影响博弈的水准，博弈理论只是存在的一种可能性，它的实施主体是人，而人的能力和理性是有限度的，对于各种决策可能产生的不同结果，往往不能作出正确的预测和分析。

二战期间，德军对苏联发动闪电战，结果重兵把守的战争前线，瞬间土崩瓦解，德军得以长驱直入，攻占大片苏联领土，顺利进军莫斯科。防御失败后，苏联的部署策略受到了很大的质疑。

可是，原先部署兵力的时候，大家却都表示支持。十月革命以后，苏联的经济实力、军事实力都大增，二战时，苏联实际上成为了欧洲最强的国家，在世界上也仅次于美国。苏联仗着雄厚的军事力量和经济实力，企图布下重兵将德军拒之门外，防止战火蔓延到国土上来，这个策略按道理说是比较理想的。

当时苏联有三种部兵方式：一种是把大部分力量安放在东面，防止德军西进；第二种是重兵防守策略，即把大部分军队调到西部，用来保护莫斯科；第三种策略是分兵均守，将所有兵力平均分配到前线、中间的缓冲带、西部的防御带。

苏联军队认为，第二种策略过于保守，德军可以轻易进入苏联境内，对国内的工业基地造成重创，而且防线一旦崩溃就会有很大危险。第三种策略削弱了防守的能力，德军一定会集中兵力逐一突破，这也不太保险。至于第一种情况，则可以很好地震慑德军，敌人固然会加强攻击，但是，苏联重兵把守的前线应该不会轻易失守，而且可以将战火控制在人口稀少的东部。

后来的战事表明了第一种策略犯了很大的错误。苏联人妄图在东部与对手一决雌雄，但他们显然低估了德军的战斗力和决心，以致溃败。苏联东部的防守被打破后，后方严重空虚，根本无力还击，德军势如破竹，很快就侵占了苏联大部分的国土，而且几乎造成亡国的危险。

在与德军的博弈过程中，苏联人以其强大的自信，想当然地以为敌人很难突破东部防线，希望在东部战线上结束战斗，可是最终吃了败仗。今天再来分析苏联的这种积极的防守策略，当然会认为第三种策略会更成功，可是当时的苏联军队因为主观上的认知错误，而没有采取这种作战方针，因为他们对德军的预判、分析以及对于失败后造成的结果都没有一个正确、清醒的认识。

信息的不对称性也会影响人们的博弈。所谓信息不对称指的就是人们对于信息掌握程度不一样，掌握更多信息的人往往处于博弈的优势地位。比如人们去商店里买东西。一般来说，店主所掌握的商品信息肯定会比顾客要多得多，包括对产品的质量、性能等都有一定的了解。这时侯，顾客在购买商品时，就处于不利的位置，很容易受到店主的蛊惑和误导，博弈时自然就会吃亏，不会得到最理想的结果。相反，如果顾客对商品十分熟识，掌握了足够多的信息，对商品的性能、价格都有了一定的了解，那么在博弈时就处于比较有利的位置，在面对店主时，可以表现得更加从容，当然就能够作出更好的决策。

一般来说，人掌握的信息量很有限，一个人不可能掌握所有的信息，那么在不同的博弈对象和不同的博弈环境中，当然就不可能置身于均衡的条件中进行博弈。同时，人们掌握信息需要一定的代价和成本，这也影响了决策者对于利益最大化的追求。

信息的不对称和缺失往往会影响决策者的判断和分析，当决策者的信息比较贫乏或者相对短缺时，就无法正确地作出决策，当然也就不能成功追求利益的最大化。

非理性以及信息不对称严重影响了人的判断，这时候博弈理论就很难派上用场，如果盲目地崇拜和应用博弈论，过度地迷信博弈论，反而会让自己遭受损失。任何人都应该清醒地认识到博弈论的局限，不要把它当成能打开一切门锁的万能钥匙。

博弈论的应用很广泛，它是目前所知的人们最好的生存和交际工具之一，是分析和研究社会现象的重要理论知识，也是研究经济学、社会学的辅助工具。

人们在对待博弈论的态度上，要更加理性，既不能太过依赖，也不可排斥应用，总而言之，博弈论不是万能的，但不懂博弈论则是万万不能的。

第二章　处世博弈

——最简单最隐蔽的博弈过程

1. 备周则意怠，常见则不疑

在与人博弈时，你的对手往往也希望得到最好的结果，这时候，他就会作出相应的防备，掌握许多相关信息，甚至有可能猜测到你的真实想法。

在这种情况下，你就要作出相应的调整，因为博弈中取得胜利的关键在于信息的掌握程度。信息缺乏或信息有误，会直接影响到决策的结果，所以，在进行博弈时，你可以制造一些假象，让对方接收到错误或虚假的信息，使他在认知和判断上出现错误。这样一来，对手的策略也就会作出相应的改变，进而出现博弈上的偏差和失误，而你就可以顺利实施真实的行动，收获最大的利益。

在1929—1936年之间，法国耗资50亿法郎，在南起意大利和法国边境，北至法国和比利时边境，修筑了一条近700公里的坚固防线，这就是大名鼎鼎的马其诺防线。

之所以要耗费巨资来打造这个防线，是因为一战给法国造成巨大的损失，也带来惨痛的教训。为了减少战争带来的损失，法国才决定全力打造一个固若金汤的防御体系。

二战时期，当德国在欧洲大陆再次发起侵略战争时，法国意识到自己迟早会被卷入到战争的漩涡之中。为了更好地阻止和防御德军的进攻，必须做好事前的防御准备，这更直接促成了马其诺防线的修筑。

马其诺防线修筑成功之后，便立即投入到备战状态。整条防线内部的技术十分先进，炮塔、弹药房、指挥部、宿舍、医院、食堂、电影院一应俱全，里面的武器也是最先进的，作战能力很强，无愧为全能的防御–进攻体系。

对于如此强大的防御体系，法军很有信心，他们认为马其诺防线坚不可摧、攻不可破，是完美无缺的防御力量，认为德军根本不可能越过马其诺防线，以致举国上下大有高枕无忧之安逸。

无论是国家领导、军方，还是平常的法国民众，都对马其诺防线很有信心，而且想当然地认为德军一定会进攻马其诺防线，因为马其诺防线将法国西部整个护在防御圈之内，德军不会劳师动众地绕过防线，进攻法国。这样一来，法军完全有可能在国境线上解决战斗，收获胜利的果实。

面对法国强大的防御力量，德军也深知绝对不可从正面发动进攻，与法军硬碰硬只会造成更大的损失。其实德军原本也没有打算从马其诺防线入手，他们将目光瞄准了比利时的阿登山区，可是又担心英法联军早就在这个地方部署重兵，突袭不成还会招来马其诺防线上的援兵，实在不宜贸然进攻。德军为此制定了一系列作战方略，最后终于敲定瞒天过海之计。

德军先用一支小分队正面进攻马其诺防线，并且不停地骚扰法军，给对手造成德军即将大举进攻的错觉，从而牵制法军的注意力，暗中则调动强大兵力，向防守相对薄弱的比利时阿登山脉进军。

在阿登山区，德军一直以来就表现出进攻的欲望，却迟迟不发动攻势，这又给法军造成错觉。法军认为德军在进行佯攻，主要目标还是马其诺防线，结果没有在阿登山脉作出重点防御。

不多久，德军就利用闪电战，顺利攻占了法国北部，然后趁势绕到马其诺防线的后面攻击法军，同时拿下巴黎。结果法军溃败，马其诺防线也根本没有发挥应有的作用，更成了牵制法军抵抗德军的障碍，最终成为世人的笑柄。

马其诺防线的真实力量毋庸置疑，即便今天作出假设，德军当年如果正面进攻防线，那么取胜的机会根本不大。但德军却用瞒天过海之计成功攻占阿登山，完全绕过马其诺防线，顺利攻占法国。

人们在进行博弈时往往也会使用瞒天过海的计谋迷惑对手，隐藏自己真实的意图，让对手作出错误的决策，从而使自己获得最大的利益。瞒天过海之计

的关键就在于示假隐真的迷惑性，用以麻痹对手，其法往往在常理之中，却处于意料之外，能够达到出奇制胜的效果。

瞒天过海之计一般归为四类，即隐迹潜踪、转移视听、示假隐真、阳奉阴违。隐迹潜踪是让对手失去信息源；转移视听则是为了转移对方的注意力；示假隐真掩藏了真实的意图，让对方作出错误的决策；阳奉阴违是为了消除对方的戒备之心，以便出其不意，攻其不备。

在政治斗争、战场、商场、职场中都会应用到这个计策。决策者往往会利用手中所掌握的对手信息，进行深入分析，充分了解对手的特点，然后制定计谋，制造假象来迷惑对手，而隐藏自己的真实意图和想法，等到时机成熟时，再突然发动攻势，展示自己的真实动作。

因为瞒天过海之计应用比较广泛，在实施的时候需要注意几个问题，不能随心所欲地使用。

“示假”应当自然合理。进行博弈时，迷惑对方的第一步就是示假，而且一定要做到自然，要让对方觉得你的行为、想法很合乎常理，“示假”的内容能够迎合对手的心理，不会存在明显的硬伤和纰漏，这样就可以很好地麻痹对方。如果示假行为太过明显，就会被对方轻易看破，甚至利用你的失误，反过来用计对付你。

充分了解你的对手，知己知彼，才能百战百胜；了解你的对手，善于抓住对方的心理，才能对症下药，设置陷阱，这样示假才会成功。如果对手足够精明，那么你的示假行为一定要更逼真，否则不能起到迷惑的作用，所以说示假的行动一定更要视对手而定。

要有创新精神，不要使用一成不变的招数。与老对手进行博弈时，相互之间都知根知底，很难从对方那里占到便宜，这时候，你不能走老路，实施老套的欺瞒方法，而应该积极改变博弈方式，对原来的策略进行改进和创新。

博弈是一种心理战争，它追求的是在充分考虑、利用对手的心理的前提下取得最优的结果，而且是在常理之下的分析和决策。将瞒天过海的计谋运用到博弈中，往往会取得最理想的效果。

2. 缓兵之策可避锋芒

老村长已经很长时间没去省城了，趁着农闲的功夫，他去了一趟城里，大包小包地买了很多东西，都是现在城里流行的新玩意儿，他想着带回村里给大家都开开眼，回头鼓励人们都来城里玩。

坐在回去的汽车上，老村长瞅着窗外的景色，似乎总也看不够。走到半路时，汽车开进一个加油站加油，车上的人也顺便下来方便方便。这时，上来一个兜售德州扒鸡的小贩，老村长把目光从车窗外收回车厢里，正好小贩就经过自己的旁边。

自己买了一堆玩意儿却没买点小吃啥的给孩子带回去，正好买两只有名的德州扒鸡，跟孩子也好交代。这样想着老村长就把小贩叫住了，他想先问问价钱。小贩一看是个进城的农村人，眼珠子转了转，没等老村长决定要买就已经乐呵地开始给他往袋子里装。

老村长一看他直接装袋了，也不好说什么，再说自己本来就是要买。趁着小贩跟车下同伴说话的功夫，老村长耐不住新鲜劲儿，撕开一袋揪了块鸡肉，结果肉质又酸又硬。老村长性子直，就说这鸡肉有股特别的味儿。小贩听到立马不高兴了，一声呼喝，上来好几个小青年。

“我在这儿卖了好几年了都没人说不好，你都拆开了又不想要了，你想耍赖啊！赶紧给钱！”小青年的嗓门一下子高了起来。售票员总跑这趟路线也不敢得罪他们，周围的人愤愤不平也是不敢插手。

也许很多人都遇到过这种孤立的场面。这种情况下往往进退两难，如果你也遇到了像上面的老村长一样的遭遇，你是选择与地头蛇的小贩硬拼呢还是忍气吞声？硬拼可能会受伤，不拼又觉得自己委屈，这时候就需要一种高超的博弈技巧。

老村长当然也知道自己上了当，但不能硬拼，又不甘心白白给这痞子小贩几十块钱。可是有一只自己已经拆封，不给钱也交代不了。小贩不就是要钱么，想到这，老村长顿时来了主意。

只见他乐呵呵地对小贩说："师傅，你这鸡肉味道就是很特别啊，我从来没吃过这么特别的鸡肉，简直可以去我们村里开饭馆了。"小贩有些不好意思，觉得自己刚才是有些冲动了，正打算开口缓和一下气氛。

这时，老村长已经开始假装掏钱了，可他翻遍了所有的口袋只翻出七块钱。他有些不好意思地说："师傅，你看我糊涂了，明明记得有个五十的在兜里，看来是买的东西太多记错了。要不你跟我去家拿吧，就在前面十几里地，来回路费都算我的。"

小贩脸色变了变，老村长赶紧又说，"师傅还要做生意，没那么多功夫，你看我从城里带回的这袋菜种子要不先押你这儿，等我拿了钱再来赎。"汽车等着开，周围的人也都催促小贩抓紧时间下车。小贩夺过老村长怀里没拆封的两包扒鸡和七块钱，"没钱还买什么啊，谁知道你这麻袋里装的什么玩意。"小贩嘟嘟囔囔不甘心地下了汽车。

老村长也许不懂什么计谋，但是后来他避过小贩咄咄逼人的气势，全身而退，可以说是运用了缓兵之策。

在生活中也是如此。当自己处于下风或者不利状况时，要能够对那些不利于自己的情况进行改进，抓住机会，把一些不利于自己的因素变为有利因素。懂得缓兵之策，才能在博弈中扭转局势，转败为胜。

人的一生中，总会遇上几件比较棘手的事，也许会为此愁得心绪不宁或者茶饭不思。其实这忧愁的原因就是因为自己还没找到合理的策略。对于博弈者来说，遇见强劲的对手时，不妨避其锋芒，采用缓兵之策来反败为胜，突破困境。能够审时度势，善用缓兵之计，才是智者所为。

在历史长河中，有不少以缓兵之计获取成功的故事，也有不少以缓兵之策缓和矛盾的故事，比如城濮之战。春秋战国时期，晋国公子重耳受奸人迫害，在外流亡十几年。经过千辛万苦，重耳来到楚国。楚王认为重耳日后必成大业，于是以国家的最高礼仪款待重耳。

在一次宴会上，楚王试探公子重耳的态度，问他将来怎么报答自己。当时情势危急，重耳便许诺楚王，如果将来不幸两国发生了战争，晋国一定退避三舍报答楚王收留之恩。后来公子重耳当了晋国国主，果然与楚国发生了战争。

身为晋国国主的重耳对外宣称，为了报答楚王的恩情，晋国全军退避三舍。

当时全国上下都很意外，这样做等于延误战机，晋王何必执着守信。在撤退百里之后晋国军队才安营扎寨，楚国以为晋国怯弱，骄傲轻敌，长驱直入晋国驻地，结果中了晋国埋伏，大败而归。

这就是历史上著名的以少胜多的战役。名义上是报楚王之恩，实际是楚国大军有备而来，但是晋国兵数不如楚国多，而且仓促之下来不及防备，只能避其锋芒，待晋国的力量缓和过来才一举争雄。

军国大事中的矛盾尚且能缓则缓，不让矛盾恶化，更何况是日常琐碎事。面对一些无关紧要的纷争，自己最好能避免就避免，争得面红耳赤只能是两败俱伤，不如和风细雨地化解了争端。

这种以和为贵的态度在职场中也很重要。在现代职场中，薪水是员工和老板主要博弈的对象，在这一博弈过程中，员工想着多拿工资少干活，而企业老板则希望员工少拿工资多干活。许多员工在上班的过程中，总是在不停地衡量自己的得失，衡量自己拿的工资应该干多少活；老板则考虑，多拿了工资，员工能不能胜任这些工作。

面对双方的矛盾时，不要争一时的长短。作为员工，首先把工作做得出色，才有与老板谈判的筹码；作为老板，适时地少量多次地给员工加薪，建立明确的赏罚制度，鼓励员工多干多得，这也是缓兵之计的一种。

不争朝夕，运用计谋使自己的利益最大化，才是博弈的胜者。

3. 成者为王，败者非寇

在古龙小说中，一剑西来的西门吹雪和天外飞仙的叶孤城同为当世最好的剑客，两人既是对手，也是知音。西门吹雪没有因为叶孤城是窃国之贼而轻视他或贬低他，叶孤城也没有因为西门吹雪是他的绊脚石而恨之入骨。无论立场如何，他们始终都相互尊重。

没有对手的人常常是寂寞的，有了对手才会有进步，才会取得成功。成功往往建立在对手的失败之上，功勋章的另一半往往要归为对手，因为是他成就了你。

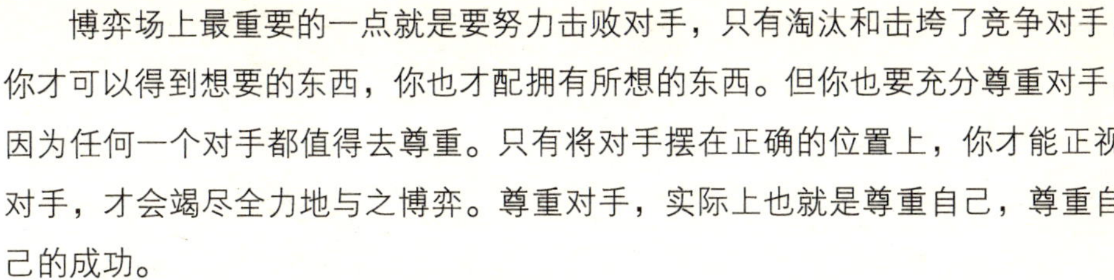

博弈场上最重要的一点就是要努力击败对手，只有淘汰和击垮了竞争对手，你才可以得到想要的东西，你也才配拥有所想的东西。但你也要充分尊重对手，因为任何一个对手都值得去尊重。只有将对手摆在正确的位置上，你才能正视对手，才会竭尽全力地与之博弈。尊重对手，实际上也就是尊重自己，尊重自己的成功。

中国历史上互为对手，却互相尊重的人莫过于苏秦和张仪。他们两个人都是当时的谋士，谋士之间往往相互鄙视，可他们却丝毫没有看低对方的意思。

当时大小国家林立，纷争战乱不止，苏秦认为只有形成势力实力均衡才能停止纷争。他认真分析了局势，认为齐、楚、燕、赵、韩、魏、秦这七个国家实力最强，其中尤以秦国为首，秦国向来就有吞并他国之意，如果前面六国能够联合起来，共同对抗强秦，那么天下就能够安定下来，各国也可自保。

苏秦积极周游列国进行游说，先后将六国联合起来，六国结为联盟后，实力增强，成功震慑了秦国，致使秦国 15 年不敢跨越函谷关一步。

秦国长期被六国压制，苏秦渐渐地受到各盟国国君的冷落，可他担心秦国不久便会进攻燕、赵两国，从而破坏合纵策略。此时，他想到了颇有才华的老同学张仪。苏秦早已发觉张仪并非池中之物，将来可能会成为自己的强大对手，但目前可以利用他作为自己的合纵策略的推进者。

没过多久，张仪来拜访苏秦，苏秦借机故意羞辱了他，目的是刺激他发愤图强。同时，苏秦暗中资助张仪去秦国，还和张仪达成了“力劝秦王不进攻赵国”的约定，使他成为自己实行合纵策略的“卧底”。

苏秦羞辱张仪后，就和家臣说，张仪是天下最聪明的谋士，自己也不是他的对手。苏秦意识到只有主张连横的张仪才能掌管秦国权力，只有张仪去了秦国参政，秦国才不会进攻燕、赵两国。后来，他命令家臣随时资助张仪游说秦国，虽然苏秦的这些举动本质上都是为了自己的利益，但是他对张仪才华的认可度却从未降低过。

当家臣将苏秦的苦心告知张仪后，张仪感慨不已，认为自己枉自通晓各种计策，却没有看破苏秦的计谋，反而成为人家的棋子，自己实在比不上苏秦。他也谦虚地表示，现在苏秦当权，自己自然没有能力成事。

苏秦死后，张仪用连横策略，逐步瓦解了六国联盟，成功破坏了苏秦的合纵策略，秦国利用张仪的策略，采用各个击破的方针，渐渐吞并六国，统一了中国。

虽然苏秦羞辱并利用过张仪，而张仪也将苏秦视为对手，并成功地摧毁了合纵策略，可是两人一直都相互尊重、相互赏识。

在两人的博弈之中，张仪无疑成为了赢家，但也恰恰印证了当初所说的“苏秦当权，自己不能成事”的预测，张仪采用连横策略击破六国同盟时，苏秦已经去世了。

有些博弈者认为与自己能力相当的人，不是敌人就是朋友，因为对方有能力威胁到自己的利益，不能拉拢就只能对抗，这不免有些绝对和偏激，且不说可以成为中立的局外人，单是对手就可以成为朋友。很多时候，对手就是知音就是朋友，因为他们往往具有共同的爱好、相似的个性、共通的语言话题，所以更容易产生共鸣。也许并不是所有的人都能做到将博弈的对手当成朋友，但是正视对手的确是必要的。

抗日战争胜利以后，大多数国人都对日本恨之入骨，认为日本人嗜杀成性，没有一点儿人道精神，很多人甚至开始鄙视日本人，贬低他们的地位和能力。这时，一些博识的学者和专家却认真、客观地分析了日本侵华战争，认为国人应该尊重日本，当然这种尊重只是一种战略上的重视和学习。

这些开明且有远见的人认为日本以寸土之滨却能征服亚洲，这实在不可想象。日本之所以敢对中国出手，是因为中国孱弱，日本强盛，而日本强盛的根源就在于他们善于吸收别国先进的技术和文化，并能加以改造和创新，拿来为自己所用。学者们据此作出预测，认为日本一定会重新步入大国行列，而且在未来很长一段时间内，都会是中国强大的对手。

日本以前也和中国一样，是别国的殖民地，但是日本发动明治维新后，积极向西方求学，结果短期内获得巨大的发展，最终成为世界大国。这对中国的发展起到很好的警示作用，日本的强国之路值得国人深刻反思。

当这些有远见的人提出在战略上尊重日本、学习日本时，很多人表示不可理解，甚至认为他们投敌卖国，当然也不相信日本可以复兴。

可是这些学者的话很快就得到了应验。二战之后，受到美国监视和控制的日本人顽强地从废墟上站立起来，着手实施复兴大计。此后，日本发展一直很快，不久就成为世界第二大经济强国，并一直延续到现在。

从长远的发展来看，日本必将成为中国不可忽视的竞争对手。中国只有尊重对手，才能敦促自己不断进步和发展，争取在博弈中取得最后的胜利。

尊重对手，不只是态度上的端正，也要充分意识到对方的价值。博弈的对手不单给了你成功的机会，更重要的是，博弈可以提升你的能力和价值，而且能增长你的经验和见识，对手的博弈水平和手段也许可以作为很好的参照。

博弈之中，必然会存在赢家和输家，胜者固然可喜，败者也当可敬。只有尊重对手，才会取得进步。成功永远不是你一个人的功劳，对手客观上促成了你的成功，博弈过程中你所收获的要比博弈获胜更重要。

4. 盲人点灯，予己方便

非洲有一种聪明的土豚，它很喜欢吃当地的一种甜瓜，并且和甜瓜建立了一种微妙的博弈关系。土豚享用完美味后，就会在附近排泄体内的秽物，而这些秽物中藏有甜瓜的种子，之后土豚又认认真真地用土掩埋好粪便。种子得到土壤和肥料，来年还会再次成长结果，土豚就可以再来光顾这里的美食。土豚这种举动无疑创造了甜瓜的生长环境，反过来甜瓜也为土豚提供了源源不断的食物，从而进入一种良性循环之中。

犀牛和犀鸟之间互帮互助的关系就更加纯粹简单，犀鸟得食，犀牛除虫，双方各得其利，如果犀牛不给犀鸟上身求食的机会，自己也就容易受到寄生虫的威胁。兽尤如此，人何以堪?

1993 年，来自深圳的一位商人去西藏旅游，结果登山时不小心摔了一跤，食品和仪器也落下山崖，无处可寻。他经过两天时间才艰难地爬下山，希望得到救援，可是饥饿的他最终因为体力不支倒在了路边。他在路边昏迷半天后被一个路过的农妇看见，农妇就背着商人回到了家里。

商人获救后，对农妇很是感激，农妇却有些不好意思，因为家里很贫穷，根本没有什么可吃的东西，但她还是尽量拿出家中最好的食物来招待背回来的客人。几天以后，商人的身体渐渐恢复健康，他准备回深圳。临行前，他希望回报一下这位好心的救命恩人，于是留给农妇 5 000 元，农妇微笑着拒绝了，无论商人怎么坚持，她都不肯收下。商人很感动，就留下了自己的名片，告诉农妇如果以后有事可以找他帮忙，双方平时也可以联系。

离开西藏后，商人一直没有收到信息，贫穷的农妇没有主动联系过他。十年之后，农妇的儿子患了重病，如果不及时治疗，将会有性命之忧，可是贫困的家庭根本无力承担高昂的医疗费用，一家人陷入痛苦和无奈之中。

农妇实在没有办法，只好拿出了当年的名片，试着联系了被救的商人。她拨通电话后，商人很高兴，可是农妇一直沉默不语，商人感到她的身上一定发生了不好的事，再三追问下，农妇终于道出了心中的苦楚。

商人听说后，立即前往西藏，将恩人的孩子接到深圳医治，而且承担了孩子的全部费用，孩子得以成功获救。社会对这起救助贫困儿童的新闻作出报道之后，商人说出了十年前的经历，而且感慨地说：当年她用青稞面救了我，我才有机会报答人家；我今天所回报的一切，都比不上那碗青稞面。

“滴水之恩，当涌泉相报”。有时候，一些看似无利可图、甚至是毫无意义的行为，往往会成为成功的重要伏笔。有些人甚至借助这种交际方式，刻意向人提供帮助，把对方当成自己的潜力股。

古代有萧何重金赠刘邦，换取刘邦的信任和情谊的故事；现代也有老总资助学子，笼络和预支人才的事例。严格说来，他们都存有一定的私心，助人的功利性比较强，提前做好了长远的打算和规划。

很多时候，人们只是出于道德和良心才伸出援手，是很自然的一种行为表现，没有掺杂过多的功利性。他们往往没有要求对方进行回报，更不会想到将来能得到回报，但是无论是主观上的意愿还是刻意经营，经常帮助别人的人也经常能够得到别人的帮助。当你陷入与人博弈的困境时，如果得到外人的帮助，你获得成功的几率就会增加。如果你的博弈对象恰巧受过你的恩惠，那么事情的进展就会更顺利了。

看似没有什么利益可图的举动，往往潜藏着巨大的价值。经常帮助别人可以积累一定的人脉关系，他日自己求人办事时，也许就可以得到对方的通融和帮助，其实这就是一种互助互惠的合作形式。

你帮助别人时，也许只是举手之劳，并没有损失什么，但此举可能会得到别人更多的回馈；即便这种付出需要一定的成本和代价，也可以当成一种情谊投资和发展的潜力股，等到时机成熟了，自然会有所收获。尽管这种回报是不确定的，也是不可预知的，甚至可能永远都不会发生，但是最起码为自己创造和提供了一个机会，或者说做好了一个准备。

有意识地帮助别人，是一种处世的方法。在不违背自己的原则、不损害自身利益和社会利益的情况下，应该积极地帮助别人。有时候你的帮助如雪中送炭，受恩的人自然会将你的恩情铭记于心；有时候则是无关大局，可有可无的一些动作和行为，甚至是一句简单的关怀和提示，只需要你耗费微薄之力，却能发挥很大的效用，予人方便的同时自己获益。

比如进屋时帮别人开门，这原本是小事一桩，你不开，别人自己也能开，但是这里就体现出了一种人文关怀和礼貌，开门这个细节，很有可能就成为你改变人生、迈向成功的关键。

有一个青年着急去某公司面试，结果在大门口摔了一跤，他爬起来之后，没有立即冲进去，而是礼貌地打开门，让自己身后的陌生人先进入。就是这个不起眼的动作，让他收获了巨大的成功，因为那个受到“照顾”的陌生人正是公司的人事经理，同时也是当天的面试官。结果当然是面试官一眼就相中了这个青年，并且委以要职。

在此之前，他并没有刻意地安排，也不认识面试官，甚至没有意识到自己当初的一个习惯性的礼貌动作会给自己带来成功。

成功往往留给有准备的人。经常帮助别人，其实就是一种准备，无论是无意识的道义援助，还是刻意的经营手段，都是很有必要的人生准备，前者是为人立世的道德修养，后者是人生的处世谋略，两种情况于人于己都是有利的。帮助别人，就是帮助自己。

5. 丑话可否说在前头

人们在相互争吵或讨论时，为了避免之后会发生矛盾冲突，经常事先就给对方一些心理准备，说出一些可能发生的坏事，即人们经常说的“丑话说在前头”。

所谓的丑话其实就是对未来可能发生的不好事情作出预测。人们在博弈时，自然是为了获取最大的利益，如果可能出现不好的结果，决策者一定会三思而后行。将不中听的话说在前面，事先就向对方挑明自己的态度，这是一种很好的博弈策略，在不同场合会起到不同的作用。

说一些不中听的话有时候是表明心迹，有时候则是让对方做好心理准备，提前告知可能发生的不好或不愉快的事，增强对方的承受力，以免事发突然，会来不及反应，或者产生误解。预先设置一个情感的缓冲器，可以减少很多不必要的麻烦，防止矛盾的生成和激化，同时也作出了提示和引导，尽量避免出现坏的结局。

在博弈时，有些人经常把可能造成的不好影响提出来，为的就是可以让自己更心安理得，作出提示后，自己能够减少责任，甚至推脱责任；同时，也本着“负责”原则，无论是有心还是无意，最终保护了对方的利益。

药商们当然都希望打着包治百病、安全无毒的旗号，谁都不希望给自己揭短，可是许多药品包装盒上，偏偏都要注明药物的相关信息，尤其是用药期间可能会发生的过敏症状和其他意外事故。

一般来说，药物是用来治病的，不应该造成其他伤害，但是“是药三分毒”，如果用药不当，便会产生一些副作用。如果提前把此类情况告知患者，并不会影响到药品的声誉和品牌效应，反而会赢得病人的尊重。更重要的是，提前告知能将病人服用药物产生意外而引起的责任风险降到了最低，这是一种比较明显的自保行为，当然也在一定程度上保护了病人。

同样，医生在进行重大手术时，如果成功的几率不大，他们就会将手术可能出现的意外以及引起的最坏结果告知病人和家属，征求对方意见的同时也减轻了自己的压力。

把丑话说在前头还有一定的警示作用，警告对方一旦选错方向走错路，就会造成什么样的后果；警示他们要时刻小心谨慎，要按原则和规定办事，要时刻在正确的轨道上行进，一旦出现偏离，就会对自己造成影响。这样一来，客观上就产生了一种无形的约束力，在一定程度上能够束缚和规范对方的行为。

比如，你新官上任，你的领导或朋友前来祝贺，可能会对你进行“严厉”的教育：一定要当个正直的清官，要始终清楚自己的责任和义务，全心全意为人民服务；一旦你贪污受贿，你别说我没提醒过你，这不只是官位不保的事，没准就是掉脑袋的大事。

这种另类的祝福方式，往往会起到很好的警示作用，使你严于律己，规范自己的行为，不敢贪赃枉法。

在敌对双方进行博弈时，如果事先就把可能对对方不利的情况摆上台面，对方就一定会有所顾忌，不敢贸然行动。这样，在双方博弈时，可以打击对方的士气，牵制对手的行动，延缓对方的攻势，争取调整和制定有效策略所需的时间，自己的胜算也就会增加，有时甚至可以达到“不战而屈人之兵”的效果。

古代战争中，策士们经常用丑话来进行游说，两国交兵之前，策士们就会前往敌军阵营，劝降或议和。例如烛之武劝谏秦伯力退秦师的案例就堪称典范。

公元前 630 年，秦晋两国联合攻击郑国，郑国上下惶恐不安，郑王接受佚之狐的建议，恳请受到冷落的烛之武前往秦国游说。烛之武到达秦国军营后，前去面见秦王。一见面，烛之武就抛出了秦国攻郑无益的观点，把秦军的美梦击碎。

接着据此往下分析，烛之武向秦王一点一点地说明和解释清楚，并且认为晋军迟早会西进，占领秦国的领土。秦王听了他的陈述后，觉得秦国受到了晋军的威胁，于是下令撤军，晋军见秦国退兵，不久也离开郑国。

这里，烛之武和郑国虽然没有对秦国造成正面的威胁，但是郑国一旦败亡，秦国不久也会成为受害者。烛之武抓住了秦王的心理和弱点，陈述了郑国灭亡后会间接地给秦国造成威胁和伤害这一可能发生的情况，结果秦王被威慑住了，只好放弃攻打郑国的计划。

忠言往往逆耳，丑话也常常有益，这种情况一般发生在上下级之间。新人任职时，上司经常也会用“丑话”来叮嘱下属。上司说丑话往往也就表明了他的期望，而这种压力很容易转化为动力。领导的期望会刺激下级人员，为了避免被免职或开除，他们一定会加倍努力地工作，不论是刻意地讨好上级，还是单纯地保住饭碗，这些丑话都产生了正面的激励效果。当然在其他场合中，丑话先说也会出现激励的作用，尤其是那些关怀自己的人，往往会借助“讥讽、打击”的形式来激发你的潜能。

韩信幼年时家境贫困，一直很落魄，连饭也吃不饱，几乎饿死。一次他在河边钓鱼，碰上了一个好心的浣衣妇人，她见韩信很可怜，就拿自己的饭给他吃，并且一连接济了十几天，韩信很感动，表示自己将来一定要好好报答妇人的恩情。可是，妇人没有表扬他的礼貌懂事，而是给他当头泼了一盆冷水，说韩信身为大丈夫，却不能养活自己，实在是无能的表现，她自己施舍饭只是出于同情，根本不奢望什么报答。

韩信为此受到很大的打击，决心发愤图强干一番大事业。在他帮助刘邦打下江山后，自己也名满天下，此时他找到曾经帮助过他的这位妇人，赠给她千金，以报答当年的一饭之恩。

洗衣的妇人没有用常规的教育方法，而是提前就指出了韩信的软肋和弱点，因而给了韩信改正的机会，同时也激励他不断上进，不断进取，最终功成名就。

丑话说在前头，实际上就是展示了对方的弱点，抓住了对方趋利避害以及谋取利益最大化的心理，然后给对方增加心理负担，使对方在作出决策之前，能够进行慎重的考虑。利用这种博弈的方法，可以很好地规避风险，也能谋取更多的利益。

6. 所罗门的智慧教你合理分配

在古代的以色列国，有两个妇女为了争夺孩子，一直纠缠不休。大家当然都知道孩子的母亲只有一位，另外的一个人肯定是假冒的，可是谁也无法辨别孩子究竟属于哪个人，所以都没有想到很好的断案方法。

听说国王所罗门天资聪颖、智慧过人，两个妇女都跑到皇宫里，请求国王

进行判决。所罗门进行了简短的问话，可是两个妇女各执一词互不相让，而仅从小孩子的长相来看，的确难以辨别归属。

所罗门沉思了一会儿，就想到了一个好方法。他故意严肃起来，对两个妇人说："既然你们都想要这个孩子，也都声称自己是孩子的母亲，我就把孩子平均分配给你们，一人一半。"

于是当场下令，要让士兵将孩子劈成两半。这时，其中一个妇人对国王的提议表示赞同，而另一个妇人立刻嚎啕大哭起来，连忙摇手示意，并跪下来请求国王收回命令，而且表示愿意主动放弃母亲的身份，将孩子让给另一个妇人。

所罗门当庭宣布孩子属于大哭的那位妇人，因为真正的母亲都是爱子心切的，无论如何也不会容忍将自己的孩子劈成两半，他接着又重重地惩罚了假冒孩子母亲的妇人。

国王所罗门追求的是公平，而不是平均，他的分配极具智慧，而且合情合理。公平分配，大家各得其所，各取所需，平均分配往往是得势不得利，公平分配是一种有效的博弈手段。

当前中国的经济状况是东强西弱，贫富分化严重，而且差距在不断加大。国家内部经济的失衡往往会带来很多不稳定因素，甚至催生一些仇富心理和仇富群体，这些都是影响社会安定和谐的不良因素。

国人向来都是"不患寡而患不均"，这种理念根深蒂固，一直延续了几千年。即便现在，还是有很多人主张中国实行平均主义，他们认为这样的社会肯定是最和谐的，也符合社会主义社会的本质。

姑且不说实施平均主义完全不可能，即便实施了平均主义，社会也不会和谐，反而只会更乱，因为平均主义很容易使人产生惰性，人人都想不劳而获，那么社会秩序也就乱了。

中国当前的分配方式是以按劳分配为主，多种分配方式并存的分配模式，这样对绝大多数人而言都是公平的，是一种具有差异的公平竞争和公平分配的制度。

针对贫富差距不断拉大的不良倾向，政府也积极制定相关的措施，例如利用东部先进的技术和雄厚的资金，开发西部的资源，这样一来东部就得到了短缺的资源，而西部孱弱的经济也得到了刺激和发展。国家再利用税收来调节社会财富，缓解贫富差距引起的社会矛盾。

这是政府与民众的博弈，只有做到公平合理，国家才会稳步发展。大到国家，小到一个企业，都应该采取公平的分配原则，这是稳定的需要，也是发展的需要。

在企业中老板不仅要有挖掘人才的眼光，更要有合理用人的智慧。任何员工都会有他的价值，任何员工都具有自己的长处，无论能力大小，他们所能发挥的作用是不同的。作为老板，应该认识到每个员工的优势，并合理地加以利用，将他们分配在不同的岗位上，发挥他们最大的价值。对于员工来说，他们在适合的岗位上，也能各施所长、各取所需。从企业整体来看，人力资源也得到了有效利用。

运用公平分配的原则，老板和员工双方都能获得自己的利益，整体上达到了利益的最大化。但是，如果老板采取平均分配的策略，无法直接进行分配，只能安排各个岗位的轮流值班，在单个岗位上这是可行的，但是从整个公司的运作系统来看，这显然不合理，会造成资源的浪费不说，整个企业的运作体系甚至会瘫痪。

公平分配是一种科学合理的分配方式，它追求的是一种整体效益的最大化。公平往往体现在几个方面：取长，使能者居之、能者得之，同时发挥他们的强项；补短，尽量弥补缺点和弱点，这是有效的完善和保护机制，可以降低风险，也能防止矛盾激化。

取长是指针对分配对象所具有的优势，加以利用，使其发挥出最大的价值。利用长处，一方面可以利用这种优势的特性及其潜在的价值，另一方面可以减少培训的成本。

如果说取长是一种积极的进攻策略，那么补短就是一种防守安排。这里的补短并不是借用长处来遮掩不足，而是针对缺陷，进行充电，有一种近似未雨绸缪的潜在防御意义。

日本在这方面堪称专家。因为科技很发达，他们积极发展电子产业，充分利用自己的技术优势，发展国内经济。但是日本国土面积狭小，自然资源很有限，这就限制了它的进一步发展，所以日本很少开发本土资源，而是从国外进口，这样不仅弥补了资源上的短板，同时也保护了国内的环境，这具有一定的

战略意义。

随着资源的不断减少，日本这种经济方式的作用也就愈加突出。未来的数十年内，一旦资源枯竭，那么它的价值就更加受到重视，可以说在那个时候谁掌握了更多的资源，他在国际上就具有更多的话语权。

追求公平更多时候需要一种差异化的战略部署。整个社会就是差异化的社会，人有高低强弱之分，这就是实施公平的大前提。五指不能齐平，一旦平均生长，就失去了手的基本功能；五官各司其职，功能也不相同，不可能平均分配任务。公平不是平均，它与自然规律、社会规律的发展相贴合。破坏了公平原则，博弈当然也就不可能产生最理想的结果。

7. 左右手互博不如去华山论剑

人们常说：能力越强，责任越大。殊不知，能力越强，危险可能也越大，而这种危险常常来自两个方面。

一种是自身潜藏的危险。中国有句俗语：飞得越高，摔得越重。地位越高的人，如果不能进行很好的自控，自信心往往也会变大、膨胀，随着不断的虚浮上升，就很难再脚踏实地地做人，甚至开始目空一切，可在繁荣风光的背后往往就隐藏着自我毁灭的危险。

康乾盛世时期，中国的经济实力位居世界首位，这时候的大清帝国有大好的发展前途，原本可以更上一层楼。可是强盛也带来了自满和骄傲的心理，从乾隆晚期开始，大清就一直主张闭关锁国，清政府认为外国是蛮夷之邦，它们的一切东西都是下品，根本没有什么利用价值。

一直到鸦片战争前夕，清朝仍然自诩为天朝大国，完全没有意识到自己其实已经被世界所淘汰。其对于工业革命带来的世界巨变一无所知，最终成为外国的殖民地，大清朝也名存实亡。

对于清朝的灭亡，严格来说就是一场自我腐朽和自我毁灭，强盛时目空一切、骄傲自大、不思进取，结果导致强大的政权内部开始不断腐化，渐渐成为一具气势有余而实力不足的空壳。

危险的另一方面则是来自外界的威胁，即平常所说的“枪打出头鸟”。能力过于突出的人往往不能合群，会受到周围环境的排斥和打压。一个人能力强，不一定就会有危险，关键是所处的环境，直接地说就是需要一些参照物。如果身边的人能力与你相当，那么你的处境就相对安全一些，因为你对别人的威胁很小，甚至可以忽略，这样一来，大家对你就比较放心，不用担心你会威胁到他们的利益。可是如果你一直都鹤立鸡群，就容易给别人造成强大的压迫和威胁，别人自然会想办法打压你，将你拉下马。

外界威胁的产生一般有两种原因：一是忌妒心理，二是利益威胁。忌妒是常见的一种阴暗心理，一般人都希望自己能够成为人中龙凤，即便自己不能变强，也见不得别人变强，所以想尽办法针对那些能力在自己之上的人，尽量使对手和自己站在同一水平上，只有这样，自己才能够心安理得地生活。

能力突出的人相对其他人而言，往往具有强大的、明显的优势，这种优势会在无形中威胁到别人的利益。为了确保自己能得到最大的利益，大家都会想办法打击强者，铲除障碍。

当然很多时候，嫉妒心理和利益竞争二者兼而有之，孙膑和庞涓就是很好的例子。他们作为同门师兄弟，原本应该互相爱护、互相扶持，可是庞涓私心很重，他嫉妒孙膑的学识和智慧均在自己之上，担心他会成为自己谋取功名的绊脚石，因为只要孙膑活着，能力稍弱的庞涓就很难成为国君们的首选人才。

两人同在魏国时，庞涓看到魏王十分器重孙膑，担心自己会失宠。为了保护自己的地位和功名，他设计陷害孙膑，致使孙膑变成残废；庞涓还不放心甚至要杀之而后快，孙膑识破阴谋后，在牢狱之中装疯才逃过一劫。

现实生活中，出众的才华也有可能成为自己人生和事业的绊脚石。无论是自身的变质还是遭受外来的打击，那些出类拔萃的能力都可能会给自己造成危害，所以人们应该意识到这种危险，并加以防范和消除。

在博弈中，如果你具有这些潜在的危险，往往就会被对手掌握和利用。如果你是一个喜欢炫耀实力的人，对方就会借机掌握你的相关信息，准确评估你的实力，甚至可能会趁机奉承和抬高你，利用你的弱点迷惑你，降低你的防备意识，以便等待合适的时机发动进攻。

能力突出的人往往会有很多潜在敌人和对手，你的博弈对象可能会抓住这个有利条件，利用这些外在的力量牵制和干扰你，甚至联合这些力量一起作战，这样一来，就降低了你的胜算。

能力突出是好事，但是不一定会成为博弈的优势，如果处理不当，能力就成为自己的负担，甚至是定时炸弹，所以一定要好好地控制自己。一个睿智的博弈者应该尽量做到低调和收敛。

收敛既是态度上的谦卑，也是待人处世时气势上的不张扬，保持内敛可以减少甚至排除自我堕落、自我毁灭的危险，还能够减少双方的摩擦，增加对方的安全感和信任度。

平时做人要谦虚谨慎，态度要诚恳谦和，不能总是以一种命令或教训的语气与人交流。骄傲往往会在无意中引起别人的反感，甚至仇视；要始终保持脚踏实地的态度，即便能力很强，你也不能虚浮，应该认真走好每一步，要知道脚踏实地才能站得稳；应该适时地克制居高临下的快感，虽然“一览众山小”的感觉很提士气，也能产生很大的前进动力，可是一定要注意克制，否则很容易转化成为自大、自满的心理，而且更应该注意场合，当你与别人接触时，应该放低自己的姿态，不要给对方造成压迫感，即便只是逢场作戏，也要做到逼真。

适当地收敛不仅可以消除自身潜在的危险，还能减少外部敌人的威胁，这样的话，那些博弈的不利因素就得到了改善和解决。同时，你也成功地隐藏了自己真正的实力，对方因此不能准确地掌握你的信息，当然就不容易作出正确的评估和决策。另外，一个懂得收敛的博弈者经常会表现得很沉稳，而对方在面对一个沉稳的对手时，往往会有所顾忌，这种情况下，你博弈的成功率一定会增高。

具备鹤立鸡群的能力，这是你成功的重要保障，是得天独厚的优势，但是一定要正确地看待能力，端正心态和行为，尽量保持自己的优势，使之成为博弈的筹码，而不是影响博弈的短板。收敛自己，其实就是一种有效的保护行为，同时也是一种很好的博弈策略。

8. 小猪躺着大猪跑

科学家做过一个实验，在猪圈里放进一头小猪和一头大猪，并且在猪圈的一端安装一个踏板，猪在踏板上每踩一下，踏板另一端的投食口就会落下食物。当小猪踩踏板时，大猪就能够跑到猪圈的另一端获得食物，还会将食物全部吃完；而大猪踩踏板时，小猪也能得到食物，同时还能剩下一些食物留给大猪。时间一长，聪明的小猪躺在投食口附近一直不动，大猪没有其他对策，为了吃到食物只好努力踩踏板。

这就是有名的“智猪博弈”。处于弱势的小猪能在食物争夺战中占据有利地位，而大猪对此毫无办法，这是因为小猪很好地利用了游戏规则。

现实生活中，许多人由于自身条件的限制，在与别人进行博弈时往往会趋于下风，这时候，不妨采用小猪的“等待策略”，让对方主动为自己让利。

弱者往往具有一个特点，就是相对强者而言他们更“输得起”。在这种心理优势面前，弱者可以应用痞子战术，与对方干耗下去，等到对方作出妥协，最终就可能会无奈地成全你的利益。

两个相互竞争的对手，往往会因为利益发生冲突，这时候，弱势的一方可能会摆出死磕到底、绝不让步的架势。而强者可能就会有所考虑，如果一直争斗下去，对自己毫无用处，不如作一些妥协，这样自己反而会把损失降到最低。

还有一种方式就是搭上对方的“顺风车”，这在大小企业的博弈竞争中经常出现。在市场经济中，面对同一块市场，小企业为了降低开发成本和风险，往往就等待大企业先行开发市场，自己再慢慢跟进。大企业当然也想等到时机成熟再慢慢跟进，可是如果双方都不采取行动的话，这块市场就有可能被别人占有，在小企业的“死等战术”面前，大企业逼不得已只好被迫率先采取行动。

这种“搭顺风车”的策略也会被利用到战争之中。有甲乙两个国家都准备攻打丙国，其中甲国稍强，而乙国比较弱，如果甲乙其中一国率先向丙国发起进攻，另一国肯定会坐收渔翁之利。两国都想到了这一点，因此都不敢轻举妄动。这时候，稍弱的乙国就可以选择等待，因为一旦自己率先发起进攻，可能得不到任何利益。

可是甲国等不起，为了实现自己的政治目的，它必须尽快灭掉丙国，而且自己力量占优，在打败丙国后，仍然保留有一定的战力，这样就保证战争胜利后，不会被乙国独霸利益。经过权衡之后，甲国很有可能会率先发起进攻，而聪明的乙国就可以轻松得到自己的利益。

这是弱者的一种取胜之道，也是将弱势转化为竞争优势的一种策略。当然这种策略总是显得有些被动和消极，因为决策能否成功往往取决于博弈的对方，而且你的成功往往是用对方的成本换来的，对方肯定不会长久地忍受下去，一旦对方不想作出让步或者不愿再为你做嫁衣，那么你将得不到任何利益。

有时候，“智猪博弈”中小猪的手段看起来更像是一种无赖的取巧手段，容易招致别人的反感，甚至会反受其害。一般人不会和一个无赖死缠到底，无赖也正是抓住别人这样的心理弱点，所以总是不断提出无理要求，可是他往往会忽略掉一点，那就是人的容忍度是有限的，一旦这个无赖故技重施，甚至得寸进尺，那么别人就可能会作出凶狠的反击，到时候，无赖就会得不偿失。

不妨试想一下，如果把智猪博弈用到公司或企业的内部中去，那么情况就很糟糕了。老板手下如果有这样的两个员工，一方累死累活地苦干，结果得利很少，另一方则可以不劳而获。从整体而言，公司投入了大的成本，却只收获了一个人的生产效益。要知道，无论哪个老板都不希望手下的员工偷懒。

老板为了得到最大的业绩和效益，就必须打破员工之间的这种博弈模式，将博弈双方的员工的积极性都调动起来，形成良性的竞争关系，发挥员工的最大价值，可是要做到这点很不容易。

实际上有很多老板经常会犯下某些错误，结果导致公司各部门、员工之间出现智猪博弈的现象。比如成本投入过大，许多员工就开始消极怠工，因为即便少干些活，自己一样可以拿到薪水，结果员工不能认真完成分内的工作，造成资源的浪费；规章制度不合理，企业内部也会出现员工劳动和分配失衡的问题，打击了员工的积极性，不利于部门之间、员工之间的团结协作。

如何避免内部员工的消极博弈，如何提高员工的积极性，关键在于老板自己，老板必须成为游戏规则的制定者，改进了游戏规则后，情况就不一样了，一定会有所改观，在此，可以参照一下下面的实验。

“智猪博弈”的实验者后来对实验进行了改进和调整，把所投食物减少了一半，同时将投食口移到踏板附近。结果小猪和大猪为了能得到近在眼前的食物，都努力地去踩踏板，因为只有踩到踏板才有机会吃到东西，而且多劳多得。这样一来，大猪和小猪的积极性都被调动起来。

在前面的智猪博弈中，无论是小猪，还是大猪，在一定程度上都依赖对方，所以它们所选择的策略都偏于消极，大猪被动地踩着踏板，小猪则干脆躺着不动。而在经过改进的实验中，小猪大猪则是一种积极的竞争关系，它们只能依赖自己，对方不会把食物留给自己享用，于是就出现了大猪小猪一起跑的情况。

公司的发展正需要这样的结果，老板们也乐于看到员工身上这种积极的工作状态。依据上面的实验，公司的老板和管理者可以采用“适量加移位”的方案，对原先的规章制度进行改进，创造一个良好、公平的竞争环境，刺激员工产生积极的工作动力，帮助员工设置奋斗和发展目标。同时，又制定全面、合理的奖励机制，提高员工之间的良性竞争意识，使员工的竞争、公司的发展都处于一个良性循环之中。

第三章　爱情博弈

——婚前婚后的地位换位

1. 未婚者必读——约会博弈

古希腊哲学家苏格拉底可谓学富五车，他的学生遇到疑惑总爱向他请教。一天，三个学生向他询问找到理想伴侣的方法，苏格拉底并没有直接回答，只是把他们带到了麦田边，让他们沿着一个方向穿过麦田，期间只给每个人一次机会选择一支最大的麦穗。

第一个学生比较心急，刚进麦田就发现了一支饱满的麦穗，于是迅速摘了下来。可是当他继续往里走的时候，又发现许多更大、更饱满的麦穗，自己之前摘下的那支也仅能算上中等大小的。就这样，他带着遗憾走出了麦田。

接着，第二个学生不慌不忙地走进了麦田。有了前车之鉴，他认为最大的麦穗应该在最后面，于是决定不急于摘麦穗。一路上，他遇到了许多又大又饱满的麦穗，可他始终坚信之后还会遇上更大的。就这样，直到他即将走出麦田，也没选好理想的麦穗，最后无奈只能随便摘了一支，出来才发现，自己摘的麦穗还没有第一个学生摘的大。

这时，第三个学生也走进了麦田，他在心里已经把自己将要行走的路线分成了三段。第一段路程中，他将自己见到的麦穗分成了大、中、小三类；第二段路程中，他又验证了第一段路程里自己对麦穗划分的三个标准是否正确；第三段路程中，他选择了一支比较满意的麦穗。虽然这支麦穗不是整个麦田里最饱满的，但却是三个学生所摘麦穗中最大的一支。

此时，苏格拉底对几个学生说：“我想，你们现在应该知道如何找寻理想的伴侣了。”几个学生听了恍然大悟，从此也就有了“麦穗理论”。

的确，寻找一个理想的伴侣携手一生是每个人都要面对的终身大事。绝大多数人一辈子只想结一次婚，所以要作出如此重要的选择需要慎之又慎。

在这里，我们假设有一个条件不错的青年男子，同时有十个女孩对他印象不错，男子的任务就是在这十个女孩中挑选出一位作为自己的结婚对象。

也许有人会说，这还不容易，分别与这十个女孩约会，相处一段时间后自然就能作出选择。可现实问题是这十个女孩不会站在原地等待男孩挨个挑选一遍，除非是在某些电视相亲节目里。

如果男子想从十个女孩中挑选出最理想的一个，就必须尽可能详细地了解每一个女孩的优点和缺点。然而，每个人都是理性的，任何一方在约会时都会尽力表现自己的优点而隐藏自己的缺点。

想深入了解一个人就必须长时间地相互接触，可是一旦经过长时间的接触后，男子才发现对方不是自己理想的伴侣，甚至还不如曾经放弃过的，这种代价必然十分巨大。所以，每一个人在择偶的时候，都要“观其所以，视其所由，察其所安”，仔细思考所面临的情形，去伪存真，给自己争取更多的主动权。

在解决约会问题时，不妨借鉴麦穗理论。即便是在不能重复约会的前提下，上例中的男子也可以把他打算约会的十个女孩分为三组，一组四人，两组各为三人。这样他可以先与第一组四人约会，总结每个人的优点与缺点，但是不作出选择，即便女子是多么优秀；然后再与剩下的两组约会，如果发现比第一组更好的人选，便可以义无反顾地选择。

这种方法就像“麦穗理论”中第三个学生摘麦穗一样，它并不能保证选择出的是最饱满、最美丽的麦穗，但却能选择出比较饱满、比较美丽的麦穗。

当然，选择到理想的伴侣还有很大的运气成分，但是好的方法的确可以增加达到目标的几率。在现实生活中，人们往往就是这么进行选择的，通过总结从前恋爱的经验与心得体会，作为评估后来者的基础。

随着婚龄男女比例的失调愈加严重，未婚男子挑选女子的现象可能会越来越少，而未婚女子挑选男子的现象会越来越多。对于大多数女孩来说，她们心中的白马王子首先应该是个成功人士，囊中羞涩的男子很难让女孩体验到生活的美好与浪漫。当然，每个女孩都想找到一个最懂得珍惜自己、对自己好的另一半，而这样的男子往往经济条件非常普通。

有人说，“一个男人爱一个女人有多深，就会为她掏出多少钞票”。如果选择成功男士做伴侣，女孩可能会收到钻石、珠宝甚至汽车、房子这样贵重的礼物；反之，如果选择了一个穷小子，恐怕收到的礼物也只能是廉价的鲜花或者打折的服饰。

女孩往往会被眼前的光鲜所吸引，而忽略了一个道理，那就是价值对于不同人来说存在着巨大差异。一个身价千万的生意人也许宁愿送给女友一个价格不菲的钻石，也不肯花费宝贵的时间陪女友去游山玩水；反之，一个穷小子，省吃俭用辛苦工作几年，为女友买上一颗钻石的价值就要高得多。

所以，在约会的时候，千万不要被表面现象所迷惑，要试着探询和发现对方内心深处的想法；也应当意识到，你的约会对象同样会对你的言谈举止挑拣一番。在此期间，你也应该采取能真正代表你具有高素质的行为，而不是采取谁都能很快学会或者装出来的行为。

每个人都渴望寻找到自己心中理想的另一半，这个目标往往是可遇而不可求的。许多人结婚之后才发现，自己的另一半并不是自己遇见的最完美的人选，当然也不一定是自己遇见的最差的人选。

无论是选择爱情，还是友情，抑或职业，最优结果也许只存在于理论上。不要把追求最佳结果作为最终目标，而要设法避免出现最差的结果，尽可能避免不必要的损失。这种规避风险的观念，也可以作为我们在人生选择时的标准。

2. 情侣博弈的讨论

欣瞳和家铭是一对热恋中的小情侣，因平时上班工作繁忙，留给俩人甜蜜约会的时间有限。难得的周末来临，两人就寻思着如何缓解一下工作的压力，放松放松心情，享受一下简单又有意义的二人世界。

家铭是个足球迷，从小就梦想成为足球先生，恰逢这个周六晚上有一场欧冠西甲联赛的直播，搔得家铭的心直痒痒。而欣瞳从小生长在艺术家庭，受家人的熏陶，她对歌剧艺术情有独钟，恰好这个周六晚上俄罗斯著名歌唱家 Vitas 要在当地的大剧院里做最后的巡回演出，演出的是他的经典曲目《歌剧 2》。欣瞳心里琢磨着，要是能让家铭陪自己去感受一下现场气氛，那该有多好。

到底是看足球还是看歌剧？在这对情侣作出最终选择前，我们不妨借用博弈理论帮他们分析一下该如何选择合适的博弈策略达成共识。

如果借助定量分析，把他们看足球赛或是歌剧演出分别所能获得的幸福感具体数字化，则会呈现以下几种情况：

两人一起在家看球赛直播，对于家铭来说，他的幸福感是 10。而欣瞳本身对足球一窍不通，为了陪伴家铭才来看足球，此时她的幸福感只有 2。

两人一起去剧院看歌剧演出，欣瞳热爱歌剧又有恋人相随，幸福感自然是 10。而对于家铭来说，他对歌剧并不感兴趣，于是这种与欣瞳一起看歌剧的幸福感只有 2。

如果欣瞳自己去欣赏唯美的歌剧音乐，而家铭则在家独自度过激情的足球之夜，这种处理方式看似能够合理解决情侣恋人之间因兴趣爱好差异而产生的矛盾，其实则不然。欣瞳和家铭正处在如胶似漆的热恋时期，恨不得能一天到晚黏在一起，这种怡情的相聚机会对他们来说必定十分珍贵，点滴的时间都需要格外珍惜。所以，分开并不是最好的选择，一旦分开，无论是欣瞳一个人独自欣赏歌剧，还是家铭单独在家蹲点守候全场赛事直播，抑或是双方都放弃这次相约见面，对于作为个体活动的他们，双方的幸福感都是 0。

从直观来看，双方都没有明显占优势的条件。换句话说，就是欣瞳和家铭都是根据自己的喜好来选择看歌剧还是看足球，彼此都欠缺占主导优势的理由让对方放弃喜好跟从自己的选择。对于这种间歇性循环上演的中立局面，还应倒退思考，展望未来，运用博弈论分析研究。

我们先来分析家铭，要是欣瞳去看球，自己也去看球，他的幸福感就是 10；如果自己一个人看球，幸福感降为 0；陪瞳瞳看歌剧，幸福感可以提升为 2。作一个折中的选择，陪伴欣瞳看歌剧。

再来讨论欣瞳，倘若家铭去看歌剧，自己也去看歌剧，她的幸福感同样是

10；如果自己一个人欣赏歌剧，幸福感依旧变为 0；陪家铭看球，虽然自己不喜欢足球，好歹有喜欢的人在身边，幸福感怎么也有 2，还是陪家铭看球划算。

两个人都没有明显的博弈策略优势，那么双方之间可以通过沟通协商来解决矛盾。比方说，情侣双方可以制定一个规则，专门针对这种双方都没有明显优势的博弈现象，如欣瞳和家铭商议以“石头、剪子、布”定胜负，谁赢了就听谁的，或者以扔硬币或抽签的方式来决定最终是谁陪谁去看球呢，还是谁陪谁看歌剧。

如果恋人之间都是比较较真的人，假设家铭比较大男子主义，而欣瞳又有公主病，非依着自己不可，否则就要哭就要闹，拿根小绳要上吊。对于这种现象，用扔硬币、抽签的方式根本不可能有用，必须铆足劲坚持到底，告诉对方自己绝对不会妥协。谁坚持己见，死扛到底的信念更足一些，谁就是最后的赢家。

假若家铭私心比较重，非常非常想看球赛，为了达到目的就必须想尽办法说服欣瞳，让欣瞳欣然接受两人一起去看球就是最好的选择。要是欣瞳是个温柔婉约的小女人，家铭则可以尝试用糖衣炮弹，甜言蜜语攻击法，功破欣瞳柔软的心理防线。比如告诉欣瞳，能够与她在一起看球是自己心中多久多久的未了心愿。欣瞳心房一软，脸颊泛过一丝害羞，嘴角上扬一抹微笑，心中泛起片片涟漪，自然蹦跶跶乐呵呵地陪家铭看球了。

假若家铭能够让欣瞳相信看歌剧会让他痛不欲生，欣瞳为了能够与他共度周末便会陪他看球；相反，欣瞳要是能够让家铭相信看球赛会让自己生不如死，家铭为了享受甜蜜的二人世界，只有陪她去看歌剧。

当然，要想让对方相信自己，就需要用一些威胁和承诺。例如，家铭不太愿意陪欣瞳去看歌剧，欣瞳可以采取威胁诱逼的主动攻略，要是家铭不愿意陪，她只好找青梅竹马相伴；要是家铭这次愿意陪她去看歌剧，那么以后不论何种性质的足球赛事，只要家铭想看，她都会委身相伴左右。

经过以上的分析就不难发现，在博弈情侣中，欣瞳和家铭最佳的博弈策略就是双方去看足球或者双方去看歌剧。无论哪种搭配，都需要两人同时参加，因为单独活动没有好处，无论做什么、看什么，幸福感都是最低的。所以，两人一起去看足球是稳定的结局；同样，两人一起去看歌剧也是稳定的结局。

中国老一辈人有句话，夫妻之间“不是东风压倒西风，就是西风压倒东风”，大多数年轻情侣们心智不够成熟，总是在东风和西风间转换着角色。起初的时候男方依着女方，到了中年，更多变成女方让着男方了。虽然口头上义正辞严，针锋相对，但内心还是相互体谅对方的。最后，总有一方在迂回博弈战斗中摆出妥协的姿态，谁让他们是你侬我侬的一对呢。

3. 情侣的选择——夏娃为什么比不过玛利亚

在伊甸园里，亚当和夏娃过着无忧无虑的幸福生活。一天，亚当靠在大树旁，望着眼前这片如痴如醉的美景画面，温柔地叫住夏娃：“亲爱的，你依然像从前那样全心全意地爱我，呵护我，对吗?”夏娃百般无奈地叹了口气，回答道：“是的，我对你的爱从未改变，可是这里只有我和你，除了爱你，我还能有什么其他选择吗?”

在伊甸园的时光里，一切都是那么美好，那么简单。没有纷飞的战火、绵延的纷争和无端的猜忌，只有和煦的阳光、淙淙的流水和缱绻的爱情。但是，在当下如此快节奏的商业社会中，幸福和快乐似乎可以通过投入和产出比来计量，就连婚姻的本质也被更改。许多人将婚姻看成一项风险投资，甚至有人将婚姻看作两个人共同经营的资产项目。

的确，婚姻也存在着一定的风险，幸福美满的婚姻需要夫妻双方共同经营，共同承担其中的风险。正如柏杨先生所说：“爱情是不按逻辑发展的，所以必须时时注意它的变化。爱情更不是永恒的，所以必须不断地追求。”在现实社会中，男女携手走进围城，接下来的旅程是甜蜜还是苦涩，是增值还是贬值，全都取决于他们自身，这也是婚姻正常运行与否的基础。

随着岁月的流逝，曾经吸引彼此的出众才华会变得平庸无奇，曾经相互欣赏的美丽外表也会逐渐黯然失色。白雪公主会变成黄脸婆，白马王子也会变成白发王子。随着相处的时间越来越长，双方的熟悉度与日俱增，新鲜感逐渐淡化到消失殆尽，随后，倦怠和乏味感难免会接踵而至。这时，有人甚至会对当初的选择后悔不已。

很多彷徨的择偶者都会心存这样的疑问："如果我现在就结婚了，我怎么知道将来还会不会有更好的对象出现?"而事实上，这类人尚不具备步入婚姻殿堂的资格，因为他们还不懂得珍惜当下的道理。每次到了婚姻抉择的关口，总是因为担心自己将来会后悔，便一遍遍地在心里打起了退堂鼓。最后仍就选择重复地等待、发现、担心、放弃……白白浪费了时间不说，自己的年纪愈来愈大，相对条件也变得愈来愈差。

选择自己的另一半，其实是选择自己今后的生活方式，你需要知晓的不是想怎样生活，而是能怎样生活。你选择了爱足球的男人，那么在电视播出足球赛的时候，你就要学会放弃自己的喜好而尊重对方的选择；你选择了教师作为你的妻子，那么当她在一个个深夜里伏案备课的时候，你也要懂得给予她理解和关怀。

婚姻不是条件的比较，而是选择的艺术。当一个人具备了成熟的身心条件，无论和谁结婚，都有可能组成幸福的家庭。下面是一个很有趣的小故事，她的经历也许会让夏娃嫉妒。

出生于名门望族的玛利亚是个天资聪颖的美丽女子，父母对她疼爱有加。依照当地的习俗，女子 18 岁的时候就要挑选一位如意郎君步入婚姻殿堂。如今，18 岁的玛利亚也不得不在父母的安排下进行征婚。

玛利亚出身显赫，自身条件又得天独厚，在她征婚的消息发出之后，自然吸引了众多形形色色的未婚男子前来应征。有才华横溢、才高气傲的；有家境殷实、资产丰厚的；还不乏许多面如冠玉，目若朗星的俊美男子。

经过玛利亚父母的几次面试筛选，只留下了三名条件相对优越的男子进入到复试阶段。复试的流程很简单，玛利亚提出一个问题，三位候选人要根据玛利亚的问题轮流作出回答。

复试开始，玛利亚发问："在座的各位男士如何看待自己的婚姻选择?"

最先回答的是 1 号麦克先生。麦克先生曾经有过好几段感情经历，但他怀疑与自己缘定今生的对象还未出现，所以一直没有结婚。他告诉玛利亚，自己一直在等命中注定的那个人出现，直到碰见了玛利亚。她的高贵、美丽吸引了麦克的眼球，也使他滋生了结婚的想法。

随后回答的是2号史密斯先生。他说玛利亚的长相与自己的初恋女友有几分相似，看到玛利亚，就能让自己回想到初恋的美好时光。

最后回答的是3号瑞特先生。他告诉玛利亚，如果自己有幸能娶她为妻，那么这辈子他就满足了。能够和玛利亚一起成熟，一起老去，就是一种幸福。

对方是不是最完美的，根本不重要；将来是不是还会遇到更好的，瑞特先生也根本不在意。他认为婚姻大事就应该是彼此在适婚的季节里潇洒地作出唯一不二的选择。从现在开始，他已经决定全力以赴去经营自己的婚姻，希望玛利亚能够与他一起共度今生。

这番真挚的话语打动了玛利亚，玛利亚毅然地选择了3号瑞特先生作为自己的未婚夫。在众多人选之中，玛利亚挑选出了自己的Mr. right。而夏娃则是在没有其他选项的前提下，与亚当过着无忧无虑却又无可奈何的小日子。相比较之下，玛利亚的幸福更来之不易。

每一个人都希望为自己找一个最好的伴侣，正如“弱水三千，只取一瓢饮”。如果人生是一片森林，那么在无垠的森林中也许会有无数只孔雀可以和你结缘，可是你宁愿选择眼前这只小麻雀。因为，你早已懂得了选择的艺术，而且已经从中得到了喜悦和收获。

如果人生是一片海洋，我们一直漂泊在海上，坚持着心中最完美的理想，渴望寻找能够停靠的港湾。在这段航程中，我们一次次停留又一次次起航，总是怀疑远方还有更美好的避风港，于是便这样一路错过。

不懂得真正的美好曾经就在我们的手中，却为自己选择了最后的遗憾而后悔。如果懂得选择的艺术，就会知道在茫茫人海中谁才是那个最适合自己的。

正如人们常说的，妻子决定男人事业的高度，而丈夫决定女人一生的幸福。的确，婚姻是人生当中的一大要事，选择什么样的人生伴侣，也就意味着为今后选择了什么样的生活。幸福美满的婚姻是需要两个人共同努力的。当缘分到来时，学会彼此珍惜，不要轻言放弃；当两人一起生活时，学会互相体谅，互相信任；当你真正懂得了爱，懂得了宽容和信任，懂得了选择的艺术，幸福就会不期而至。

4. 如何维持稳定和谐的家庭关系

婚姻幸福、家庭和睦是每一个人所希冀的。营造和谐的家庭关系，与其他许多艰难而伟大的事业一样，是一个赢得合作的过程，需要双方用心去经营。

俗话说：没有勺子不碰锅沿的，也没有舌头不碰腮的。两个原本陌生的人生活在一起，难免有所争执，吵架就成了生活里的日常小菜，“吵”得不好会两败俱伤，最后挥手说“拜拜”，“吵”得好反而能越吵越相爱，在争吵中磨合增进感情。幸福的婚姻不是不吵架，而是懂得用温柔的方式化解不和谐。

王琼和顾斌是一对夫妻，两人结婚已经快 7 年了。在生活的压力面前，曾经的浪漫和新鲜感早已荡然无存，两人对婚姻生活逐渐产生麻木感，经常为一些鸡毛蒜皮的小事大吵大闹。

虽说顾斌性格好，起初还能忍受王琼的抱怨，可时间一长，他的忍耐限度也渐渐降低了，两人好几次因为一些琐碎的事差点动起手来。王琼看到丈夫对待自己的态度变了，便忍不住胡思乱想起来，她甚至开始担心顾斌移情别恋不爱自己了。

这一天两人又因为家务分配的事吵了起来。王琼指挥顾斌洗碗，而自己却坐在沙发上看电视。顾斌宁愿干点力气活也不愿意待在油腻腻的厨房。于是两人你一言我一语，嗓门也渐渐地提高了。

争吵中，王琼脱口而出骂了顾斌一句，虽是无心但伤到了顾斌的感情，气得他扔下手中的盘子，重重地摔了厨房的门。王琼吓得不敢说话，本来已经打定主意去卧室睡觉，但又觉得不妥，只好转回客厅装做什么都没发生似地涂起了指甲油。

顾斌一句话也不说直勾勾地盯着电视，心理却对妻子非常不满。王琼很内疚自己刚才骂了丈夫，便略带生硬地撒娇说：“把手伸过来，我给你涂指甲油。”顾斌当然不愿意涂了，但一看到老婆的内疚表情心就软了，只是象征性地拒绝说：“我一个大男人涂什么指甲油啊?”王琼却笑着抓起他的手，“没关系嘛，浅粉色的涂上之后只是发亮而已，不会有人注意的。”顾斌没办法，讨价还价说：“只涂一个!”“不，最少两个……”就这样，涂完指甲油后的他们，握着的手再也没有分开。

夫妻吵架，床头吵床尾和，但很多时候妥协的小细节更利于夫妻感情进一步升温。夫妻之间的稳定状态不是所谓的平等，能够长期保持举案齐眉的夫妻也不是没有，只是太少而已。一辈子夫妻之间都保持客客气气、相敬如宾，这也实属为难。

大多数夫妻都是要吵架的，按照现代婚姻家庭理论和心理学的研究，吵架实际上也是夫妻间的一种沟通。但是许多夫妻吵架到最后，都发展成一场“控诉会”，一方恨不得把心掏出来，另一方却句句都在误会，这样，几乎所有的吵架都以冷战不了了之。有的夫妻平时不吵不闹，但矛盾很容易积累，一旦爆发出来往往会很危险，而且不好解决。

某种意义上说来，夫妻在日常生活中吵架也是一场心理博弈。其实这个吵架也是有讲究、有技巧的，应当适可而止，不能越界。小打小闹，会为夫妻生活增添调味剂，和好之后，彼此会更加珍惜。闹大了，反而会产生对抗情绪，甚至导致婚姻的破裂。有人研究发现，夫妻双方争吵最激烈的时候，如果丈夫声音很高，妻子声音就低了。相反，妻子的声音高时，那丈夫声音就低了下去。夫妻双方在争吵时都只有这两种策略，强硬或者软弱。

维多利亚女王是18—19世纪英国汉诺威王朝的最后一位君王，也是英国历史上在位时间最长的一位统治者。维多利亚女王虽然不是历史上最伟大的君主，也算不上是最有才华的女人，但是她身旁总是不乏有能臣，她的丈夫就是其中一位。

维多利亚的丈夫阿尔巴特起初对政治、国事并不感兴趣，但是在女王的影响下，他也逐渐地关心起国事来，之后竟然成了女王的得力助手。虽说是至高无上的女王，维多利亚也免不了与丈夫发生矛盾。

有一天，夫妻两人为一件小事拌嘴，阿尔巴特一气之下跑进卧室，紧闭房门。维多利亚女王处理完国事，有些疲惫，想回房休息片刻。面对紧闭的房门，女王重重地敲了敲门，丈夫生气地问是谁在敲门。维多利亚先后用“英国女王”、“维多利亚!”作出回答，房门依旧未开。维多利亚开始焦虑了，徘徊半晌之后，又敲了敲门。

“谁?”阿尔巴特又问。

"我是您的妻子，阿尔巴特先生。"女王温柔地答道。

这时，房门立刻开了，丈夫双手把她拉进去，迫不及待地拥抱她。维多利亚女王不仅敲开了房门，也敲开了丈夫的心门。面对态度强硬的阿尔巴特，维多利亚女王发生了转变，她用女性特有的温柔征服了丈夫，打消了丈夫的怒气。两人不仅和好如初，感情还得到了升华。

有人说，婚姻是夫妻两人你争我夺的钩心斗角；有人说，婚姻是两人相依为命的牵手扶持。不同的人对婚姻、家庭的理解不一样，给出的答案也就不尽相同。在所有对婚姻的认知中，有这样一种共识，那就是：婚姻的发展就是夫妻之间的不断博弈。

夫妻间的博弈关系有四种状态：妻子宽容丈夫；丈夫宽容妻子；彼此宽容；彼此都不宽容。根据实际生活观察，夫妻彼此宽容的状态是婚姻最稳定的状态，因为互相都不愿让对方受到伤害或感到难过，常常愿意自己主动作出让步。

彼此之间的宽容不是从一开始就能表现出来的，往往要经过"有限次的重复博弈阶段"，才能决定是妻子宽容丈夫还是丈夫宽容妻子。许多夫妻吵架就是这样，终归有一方要作出让步，不是丈夫沉默退到屋里抽烟、喝闷酒，就是妻子跑到卧室里嚎啕大哭或者找闺密诉苦。夫妻关系在一方的退让下，家庭关系还是能继续维持稳定状态的。

夫妻双方如都强硬，彼此不宽容，那是婚姻状态最不稳定的一种。因为大多数结局就是双方负气离婚——你走你的阳关道，我过我的独木桥。

在家庭生活中，经常看到夫妻之间经常为吃什么、喝什么这样的小事而吵嘴。比如男方喜欢吃鸡肉，女方喜欢吃牛肉；丈夫喜欢喝啤酒，妻子则喜欢喝可乐。到最后确定下来，才发现能引起争议的都是一些无关痛痒的小事。事后多少都会感到有些后悔，觉得自己没必要那么苛刻，弄得大家都不开心。

每一对将婚姻进行到底的夫妻都是这么过来的，吵吵闹闹一辈子，最终还是要白头偕老。夫妻相处是一个漫长的过程，双方的博弈也是无限次的。有爱作为基础的婚姻，夫妻之间都不会将对方视为"对手"，最终都会采取妥协策略，尽量"相互宽容"。

"在天愿作比翼鸟，在地愿为连理枝"，因为有爱，两人才走到一起。只有沟通才能相互扶老。吵架不是为了伤害对方，在辩解没用时，丈夫可以闭上嘴巴，伸出双手，一个拥抱所表达的疼爱远胜千言万语。

5. 花枝与丑汉的合理搭配

“爱美之心人皆有之”，很多人在欣赏美女姿色的同时，都会不约而同地认为只有极其优秀的男子才能与之相配。

在生活中，人们常常会看到这种现象，许多称得上“花枝”的美女最后却嫁给了让众多男性跌破眼镜的“丑汉”，而大多帅哥的身旁也只是姿色平庸的女子。因此，很多人都心存疑惑，为什么越美的女子却越没有人追求?

在正常择偶情况下，女士通常都会更青睐于比自己优秀的男士，这就致使男士不得不降低一个等级选择异性伙伴。假设现在有四男四女，依次分别是ABCD四个等级。A等级代表优秀，B等级为良好，C、D等级分别代表中和差。在实际生活中最为常见的搭配便是A男配B女，B男配C女，C男配D女，而“花枝”A女和“丑汉”D男轮空。

这一轮搭配完，A女和D男都是单身，A女确定D男是没有人追的，而D男推测A女是极难追到的。这种情况会导致两个搭配结果：假使A女想结束单身的状态，在没有多余选项的情况下，只能勉强选择D男，而D男必定会欣然接受；假设是D男主动追求A女，这种情况则不一定会有结果。

长相“四面楚歌”的D男本身就没有人追，心里也没有了盼头。反正追谁，失败的几率都会很大，所以他也没有什么后顾之忧，干脆抹开面子“誓死一搏”，追求那朵“花枝”算了。若是没有追到，也是意料之中的事，这对于D男来说也不算什么损失；若是“丑汉”D有幸得到“花枝”女的垂怜，那就收益不菲了。

在一家环境优雅的咖啡厅里，一大群前来相亲的单身男女坐在一起聊天，其中还有一位绝色美女。男士们固然更倾向于那位绝色美女，但是，他们都没有足够的把握能追到她。如果在追求大美女失败后，辗转又对其他中等姿色的女士展开爱情攻势，女士便会知道自己只是作为备份参考，那么她们就会因为成为别人的第二选项而气愤，也就会拒绝男士们的追求。为了防止一无所获，男士们一般都会放弃那位绝色美女，第一时间去追求那些中等姿色的女士。

很明显，人们普遍会认为绝色美女的择偶标准很高，一旦身边真有绝色美女出现，男士们往往都是采取退而取其次的“保底”策略。这时会出现一种现象，越美的女子越容易被冷落，条件越好的女子越没有人追求。相反，中等姿色或者相貌平平的女子大多可以找到幸福伴侣。其原因是：条件太优异的女子会给别人一种“只可远观不可亵玩”的主观印象，从而让很多男士望而却步；而条件一般的女子更会让男人感觉到平易近人，容易相处。

绝色美女的异性同事会想：这么漂亮的女人，怎可能会轮到我来追？我那么平庸，肯定有很多比我有钱的老板在追求她。于是，男性朋友们觉得自己不敢高攀，转而去追求其他女士了。当老板看到如此美丽的女子，即便家中早有妻室，也免不了对她有几分动心。然而，这个成熟的男人转念一想：这么漂亮的绝色美女，怎么可能会轮到我来追？毕竟年龄差距摆在那，肯定有很多富二代早就对她下手了。于是，老板打消了这个念头，和原配夫人吃大餐去了。而富二代遇到绝色美女时会想：这么漂亮的绝色美女还会没人追？恐怕早就被不知名的青年才俊追走。于是，富二代开着自己的豪华汽车，扬长而去。

男士们都是根据自己的主观判断来决定要不要追求身边的绝色美女。他们只看到美女倾国倾城之貌和自己的不足之处，除此之外，别无其他信息。由于事先大家都认为绝色美女的门槛高，追求她需要付出很大的代价，最后造成大家都不采取行动。也正是因为他们无法得知绝色美女的真实想法，因此，让很多平庸的人有机可寻。

我们假设“花枝”有2位追求者，一位是“丑汉”，另一位是“俊男”。“俊男”自身条件较为优异，从小就被很多女孩追捧着，因此多少都会养成一些坏脾气：不懂得珍惜，不会体贴，更不懂包容。当情侣之间闹矛盾的时候，女人是无法依附在“俊男”身旁撒娇的，因为他们普遍娇惯，根本不懂得倾听女性的心声，他们也不会站在女性的角度立场上替她们考虑。那么，这样的男人，除了好看，还有什么用呢？

而“丑汉”却不是这样的。他们虽然长相不够俊美，却能够很真诚。他们心思细腻，愿意包容，值得依赖。他们往往懂得去疼爱身边的女子，懂得女孩需要关心慰问。久而久之，自然会受到女士的青睐。只要能一心一意对她好，就算再美丽的女子也会有动心的那一天。

某报刊社对当地成年女性做了一项社会调查，题目是“唐僧、孙悟空、猪八戒、沙僧这四个人，你会选择谁当夫君”。反馈的结果相当让人震撼：绝大多数女性选择了嫁猪八戒，理由是唐僧啰啰嗦嗦、婆婆妈妈，还没有男人味；孙悟空整天“打怪”，一心放在工作上，不顾家庭，也不近女色；沙僧唯唯诺诺，男性气概不明显；只有猪八戒才像个好男人，虽然是有那么一点色，长的还有那么一点丑，但是，他知道疼女人。再说丑也没什么不好，没有别的“狐狸精”惦记他，不必担心他有婚外情，夫妻关系能够稳定，省去了很多不必要的麻烦事。

在当下情侣交往中，“花枝”与“丑汉”的搭配越来越被大众接受。年轻美丽的女子起初难免会有些高傲，对待伴侣相当挑剔，可一旦时间久了，眼看周围的姐妹们早已觅得佳偶，她们心里就会开始发慌，进而产生自卑心理，时不时地问自己：我是不是长得不够漂亮，不够讨男人喜欢呀?

特别是那些到了适婚年龄的“花枝”，如果还是没有男士追求自己，她们会变得心烦气躁、寝食难安，恨不得赶紧找一个男人嫁出去，哪里还有挑三拣四的心情。而“丑汉”当机立断，在这个时候对“花枝”发起爱情攻势，“花枝”考虑到随着时间的推移，自己的年龄也愈来愈大，身价自然也跟着贬值，眼下的这个要是真能对自己好，倒也不错。

其实，女人心里都很清楚，再美的容颜也无法抵挡岁月的摧残。花开得再美丽也会有凋谢的一天，爱情再甜蜜，历经太久也会渐渐失色。因此，爱情不仅需要在生活中磨练，同时也需要“丑汉”的精心呵护。尽管丑汉很平凡，但往往平凡的爱情中才能看到长久，在平凡的生活中才能够寻到美丽的爱情。

6. 不要汝百金，情义动芳心

随着社会经济的不断发展，金钱在人们心中的地位变得越来越重要。金钱

至上的观念早已渗透到婚恋之中。

许多年轻人恋爱或结婚之前，总要打探对方的家底，先看看有没有房子，有没有车子，有没有票子，然后再作决定。有些征婚者更加明目张胆，不仅点明要富翁，而且还划定具体的家产，对于那些条件不满足的当然是“非诚勿扰”。这完全是一种明码标价的情感出售行为，他们对此不仅毫不脸红，似乎还要大书特书几个字：价格公道，童叟无欺。

一个聪明的人，绝对不应该在恋人面前表现出过多、过分的金钱欲望，这样会让对方觉得你看上的是钱，而不是人。对方对你会不自觉地产生一些不好的印象，信任度和好感也会降低，甚至感觉双方的关系更像是一种金钱交易，从而心生厌恶，想要尽快地结束这段不健康的感情。

即便对方可以坦然地接受你的“无礼”要求，满足你的欲望，但是这段感情也不会持续太久，因为婚恋是以感情上的默契为基础的，没有感情的恋爱和婚姻是畸形的，不可能健康顺利地成长。金钱毕竟还是不能买到真爱，融入金钱元素的婚恋往往不会是一种纯粹的真感情。即便两人真的能够喜结连理，也容易出现“坐在宝马车里哭”的婚姻悲剧，因为一旦对方用钱来满足了你的胃口，以后他们也会用钱去购买其他的感情。

金钱铺成的路永远不会很牢固，一旦双方的关系出现罅隙，钱很容易成为引发感情危机的导火线，而且也容易成为陷阱，很有可能会酿成苦果。现实生活中那些嫁入豪门后不久就尝到失败婚姻苦果的女明星，就是很好的例证。有的女明星甚至被骗财骗色，因为拿感情当成儿戏的人往往会被感情当儿戏。

很多时候，即使是真心相爱的两个人，也难免会因为金钱的干扰而受到影响。香港某女星当年不顾外界的劝阻，毅然嫁给了一个富豪，大家都没有看好这场婚姻，都怀疑这个女星的目的无非就是为了钱。面对外界的质疑和嘲讽，她始终保持淡定从容的姿态。后来，富豪在经济危机中遭遇“滑铁卢”，几乎倾家荡产。

外界开始纷纷猜测该女星会“识时务”地选择离婚，可是令人没想到的是这个女星并没有在丈夫落难时拂袖而去，反而选择留下来陪丈夫一同度过困境，同时还拿出自己的积蓄帮助丈夫东山再起。“患难见真情”，该女星用自己的真情改变了外界对她的看法，还坚守住了这段相濡以沫的爱情。

“拜金主义者”也知道谈钱伤感情的道理，可是不谈钱就伤心情，他们常常无法抵制金钱的诱惑，没钱就一拍两散。可是他们往往会忽略一个事实：金钱既是灵丹妙药，也会是一剂毒药，它甚至会将拜金者自己变成毒药。到那个时候，拜金者最终还是要被人冷落和抛弃，将金钱当成爱情博弈的筹码，往往就会输得更惨，那时候他们就会发现自己真正需要的就是一个可以值得依靠的肩膀。

一般来说，谁都不会排斥金钱的存在，而且人们也很难回避金钱的存在，但是在追逐爱情的时候，最好不要过多地谈钱。过多地表现出追求金钱的欲望，实际上就已经把自己看低了，也将自己摆到了不利的位置，同时还会影响两人之间的关系，使原本纯真的爱情打上折扣。

谈恋爱本来讲的就是感情，而不应该像菜市场上货比三家的商品那样，可以论斤论两地称卖。靠金钱来支撑的爱情，往往不够长久，到头来可能会人财两空。相反，追求真感情的婚恋更容易让人放心，同时也更稳固、更持久。婚恋既注重爱情的纯度，更需要爱情长跑的耐力。纯度不够，爱情就不牢靠；耐力不足，爱情就不能长远。

两个人在恋爱或结婚中博弈，目的就在于追求一种最大化的幸福。用钱来衡量爱情，不仅降低了一方的好感，还激起对方的防范意识，这样一来双方就很难坦诚相对，以后肯定会矛盾重重。另外，金钱在一定程度上破坏了爱情的和谐氛围，使整体的幸福度降低，而以纯真的爱情支撑和维系起来的婚恋关系可以保持得更持久，双方也能得到最大的幸福。

把爱情当成婚恋的基础，实际上是一种自我保护措施，没有金钱的干扰和利益的纠纷，自己受伤的几率就会减少。同时，一个注重感情的人，往往会收获更多的感情；那些懂得付出真心的伴侣，往往能够得到更多的幸福。

卓文君身为千金小姐，从小到大一直养尊处优，没想到她却喜欢上了穷苦的司马相如。这份感情是真挚的，她违逆父亲的意愿与司马相如私奔，甚至放下身价当垆沽酒，这更是难能可贵。生活虽然清苦，但是她却乐在其中，她知道自己需要的只是一份真感情。

如果卓文君只看重钱财，即便她真的喜欢司马相如，她可能也不会和司马相如私奔，相信司马相如也不会一直喜欢这样一个贪财的女人。那么他们之间就不可能产生这段流传千古的浪漫爱情。

当然，不谈钱不是说不需要钱，生活也需要一定的经济基础，没有钱，生活就难以维持下去，“贫贱夫妻百事哀”，没钱的爱情同样会出现问题。人们应该理性地看待金钱与婚恋之间的关系，不要刻意地去追求财富，把金钱当成婚姻的筹码。当然也用不着故意躲避金钱，因为害怕别人的闲言闲语而放弃一段美好的爱情以表清白。

想找一个值得托付终身的人，最重要的是拥有一份相对纯洁、稳定的爱情，而钱往往会是婚恋中的大忌。英国小说家菲尔丁说：“把金钱奉为神明，它就会像魔鬼一样降祸于你。”金钱购买到的爱情可能会给你带来暂时的满足，但一定会加倍剥削你的幸福。爱情应该永远是独立的，加入了金钱的砝码，爱情也就不再成为爱情了。

7. 不做爱情的囚徒

在文学世界里，爱情似乎是个亘古不变的话题。列夫·托尔斯泰说：“当我们爱别人的时候，我们希望别人爱我们。”而关于幸福，大多数人的定义都是在最合适的时间遇上合适的人，然后顺理成章地爱与被爱。

年少时，爱是一种崇拜；成年后，爱是一种欣赏；当岁月流逝，银霜渐染时，爱成了一种依靠。许多人在爱情中容易迷失自己，总想把最好的自己展现在爱人的面前，把真实的自己藏在爱情背后。因为太爱对方，所以时刻都在算计着，作对自己最有利的选择。他们在患得患失中度过每一天，渐渐地变得敏感起来，把接触范围内的每一个同性都当做假想敌，终日惶惶不安。一旦沦为爱情的囚徒，人们便会在爱的牢笼中真实地体验到博弈理论中的囚徒困境。

美国经济学家罗伯特·爱克斯罗德曾经组织过一场计算机竞赛，让每一个参赛者利用程序扮演“囚徒困境”中的一个角色，每一个人都要在坦白和沉默之间作出选择。更为关键的是，他们要连续玩上百次，这就是所谓的“重复的囚徒困境”。正是这一点加剧了囚徒坦白的决心，原因就是他们还有机会重复博弈。竞赛得出结果后，让罗伯特大为吃惊，因为获得这场竞赛的冠军采取的策略非常简单：一报还一报。他采取背叛的行动来惩罚对手前一次的背叛，策略一点儿不高深，但却是走出困境最有效的策略。

将这个案例应用到爱情里，两个相恋的人就好比一对被困在牢笼里的囚徒，不断上演爱情的博弈。所不同的是恋人在“重复的囚徒困境”中，并非处在独立的环境中。他们有大把的时间可以黏在一起，用誓言画地为牢，将对方困在爱情的牢笼中。那些不能厮守一生的恋人，要想在这场博弈中成为赢家，最好的方法就是不去遵守爱的诺言，这样才能走出困境。

爱情博弈，是一场高智商的博弈，双方既是合作伙伴，也是竞争对手，想要赢得这场博弈，就必须掌握其规律并能驾轻就熟地操作它。恋人之间的博弈通常会造成三种结果：两个人同时说不爱对方，缘分走到尽头，好聚好散；两个人都还爱着对方，幸福美满地生活下去；一方已经不爱，另一方却还在困境中苦苦等待。

在爱情博弈中，最主要的战略原则有四点：善意、宽容、适当强硬、简单明了。只有掌握好这其中的原则才能经营出幸福美好的爱情和婚姻。

爱情常常伴随着山盟海誓，可所有的誓言不过是想让对方相信自己的忠诚，博得另一半对自己的信任。当今社会，誓言早已变得不再永恒，爱情的保鲜期也越来越短，所谓的“爱你一万年”只是一个传说。

从心理学的角度来看，在爱情从萌生到湮灭的过程中，幸福感只能维持两年。接下来的故事有两种可能：一种情况是双方都遵守博弈原则，然后白头偕老厮守一生；另外一种情况是最终一方违背誓言，打破困境，这便意味着一段爱情的死亡，但是不论是谁抛弃了谁，最终他们都各自去寻找属于自己的幸福。

何涛和艾丽是一对青梅竹马的恋人，经过八年的爱情长跑，何涛决定向艾丽求婚：“我们结婚以后，你不用太辛苦，照顾好家，我打拼天下让你享福。”被爱情冲昏头脑的艾丽对此深信不疑，两人很快走进了婚姻的殿堂。

婚后的艾丽全心全意地照顾着何涛，把希望和理想都寄托在丈夫身上，从此做专职家庭主妇，她相信何涛是出于真爱才给予自己这样的承诺。如果艾丽是个理性至上的女人，她则会去思考承诺兑现的前提，必须是这个男人还爱着自己，一旦爱情没有了，誓言也就消失了。

生活渐渐地把一个娇小可人的小女孩变成不修边幅的妇人，疲惫不堪的何涛回到家想要找个肩膀互相依靠的时候，却很难和艾丽有共同话题，让他无所适从。再后来，何涛的事业渐渐如日中天，在他有充分能力为他年轻时的承诺买单的时候，却向家中的妻子提出离婚。

面对丈夫冷酷的脸庞，艾丽一下子懵了。但她没有去质问丈夫是否忘记了婚前给她的承诺，她还没有天真到以为靠声讨爱情誓言就能换回往日恩爱的地步，即使他为了誓言回头，也只是道德和责任使然，与爱情无关。无爱的婚姻，不如不要，最终，艾丽平静地在离婚协议上签下自己的名字。

男女闹离婚，能平心静气分手的寥寥无几，大多都像有着深仇大恨一般，忘却曾经的恩爱，声嘶力竭地互诉对方的过错。俗话说“一日夫妻百日恩”，不能白头偕老，只是缘分不够，为何不大方一些，和平分手，再次见面依然是朋友。平心静气地结束不愉快的婚姻，对双方来说已然是最好的结局。

常有一些言论用过分的理性去分析爱情的发生和发展，建议女人在不确定自己究竟要什么的情况下，切忌在一棵树上吊死，在选择了一个男人后将其他男人视作备胎，继续保持不疏不密的关系。这种多项选择式的爱情在现实生活中确实存在，那些女人只不过在潜意识中追求“个人利益”的最大化。同样，男人也会得到一些建议，比如相处的时候要考虑周详，要面对现实作最优选择，等等。

的确，能做到这些确实够聪明，但是连相爱都这么理性，一旦获得了物质上的满足后，爱情还在吗？男人也好，女人也罢，一旦陷入感情就变得感性起来，要不然世界上也不会有那么多的痴男怨女，哀怨缠绵了。

相爱着的人们总是相信爱是两个人一辈子的事情。“在天愿作比翼鸟，在地愿为连理枝”的爱情多么美好，但是情感的天空也时常会有不测风云：或双方都变心，好聚好散，各奔前程；或一方变心，觅得良缘，另一方却还在傻等。前者越是幸福，后者越是痛苦，连想念也变成会呼吸的痛。

田甜和男友就是这样的一对怨侣，在交往七年后，最终决定分手。男方很快找了个家庭背景比田甜好很多的姑娘结婚，过上了新生活，紧接着手忙脚乱地买奶瓶、尿不湿，等待新生命的降临。田甜却还在睹物思人，伤春悲秋，不断地尝试新恋情来填补内心巨大的失落和空白，以至于到后来都不清楚自己到底是放不下前男友还是爱上恋爱本身。

男女最大的差别就是：男人只看得到现实，而女人则永远不肯接受现实。田甜在分手半年后终于彻底认同了这句话。已经做了七年的爱情囚徒，突然的分手使她受到巨大的打击。不断地更换男友只是用来逃避现实的方法，她却依然在上一段失败的恋情中自我沉溺。

爱之所以是爱，只是因为其投射在那个可以给你内心激起涟漪的人身上。爱没了，却还在为情所困，可能这也是爱情最令人向往之所在。

有人说，人至少要经历三次诞生，每一次的诞生都要经历一次分离。第一次是来到这个世界，要经历和母体的分离；第二次是恋爱，两个相互独立的人从此建立最亲密的关系，却要经历和原生的家庭分离；第三次是失恋，经历着一场蜕变，从而与当初那个懵懂无知的自己分离。

爱与不爱，都只是内心的一种感觉。从相恋到失恋可能是一生中最惊心动魄的事情，它可能会摧毁一个人，也可能会造就一个不凡的人，爱情之所以神秘便在于此。只愿每个人都能走出困境，找到能与自己相伴一生的那个人。

8. 找一个可敬的对手

著名主持人李湘在接受某次访谈时说：“如果我很有钱，我一定会找一个更有钱的男人嫁掉；如果我是个演员，我就干脆嫁个导演。”听完李湘的话，很多人可能会觉得很不舒服，认为她有高攀富贵的不良心态，可是仔细想想，却不得不佩服她的智慧以及对婚恋的出色把握。李湘的本意就是想给自己找一个可敬的对手，而这样的婚姻往往会非常幸福。

爱情的萌芽状态就是所谓的好感，而好感的产生更多来自于崇拜，爱情的萌生和维持都离不开崇拜。当别人身上的某一特质将你吸引，令你着迷时，这一特质就是你情感的依附点。一旦你钦慕于这种特质，就可能无法自拔，而具备这种独特魅力的往往是一个值得你敬重的对手，尤其是一个异性的对手，正如王力宏的歌曲《竞争对手》中唱的那样：碰上对手才会着迷。在爱情博弈中，这个令人着迷的对手往往会成为你的爱人。

面对可敬的对手时，虽然会有对抗和矛盾，但是容易引起双方心理上的共鸣，两个人之间可能会有很多共同的语言，这是培养感情的基础。因此找一个可敬的对手来爱，两人结合的成功率相对较高，婚姻会有更多的保障，幸福度往往也更高。

宋庆龄与孙中山的爱情、婚姻就堪称典范。1913年刚刚从学校毕业的宋庆龄第一次见到了在横滨港口迎接她的孙中山先生，对于这个发动辛亥革命、推翻清政府的伟人，她心中一直都充满敬仰之情，这次的见面让她激动不已。

当时宋庆龄的姐姐宋霭龄正是孙中山先生的秘书，因为这样一层关系，宋庆龄就能经常见到孙中山，帮忙处理文件，甚至在孙中山卧病期间从旁服侍。两人经常在一起交流和探讨革命，各抒己见，有时候因为意见相左，就会争得面红耳赤，但双方仍然坚持立场、互不相让。在频繁的接触中，彼此之间有了更深的了解，宋庆龄对孙中山的崇敬和爱慕之情日益加深，而孙中山也开始欣赏这个充满了革命理想的可敬的少女。

宋庆龄对孙中山的爱执着而热烈，甚至不顾家庭的反对，毅然选择跟随年长自己好多岁的孙中山；而孙中山也不顾党内的反对声音，与前妻离婚。

婚后两人一直相互敬重，尤其是宋庆龄，作为一个具有留学背景、具有新思想的女性，她却完全体现出了中国妇女温婉贤淑的美德，一直悉心照料丈夫的生活起居，同时也全力支持丈夫的革命事业。孙中山先生逝世后，她依然坚守着他们之间的爱情，一直没有改嫁，而且全身心地投入到丈夫未竟的事业中。

宋庆龄正是因为找到了一个可敬的对手，才收获了爱情的幸福，谱写了一段刻骨铭心、为人称颂的爱情故事。

找一个可敬的爱人，可以让两颗原本陌生的心相互吸引，甚至两个死对头也有可能会为对方着迷，从而产生感情。

演员陈建斌和蒋勤勤如今早已结为了夫妻，还生了一个儿子，一家人其乐融融、幸福美满，让人颇为羡慕，可是以前的他们却是水火不容的两个人。

当年《乔家大院》在山西的平遥古城开拍，彼此都非常陌生的陈建斌和蒋勤勤在剧中饰演一对夫妻，可是陈建斌一直以来都是个“戏痴”，总是单独地在一旁研究剧本，不爱搭理人，剧组的人常常孤立他，蒋勤勤也觉得他是一个难以相处的“怪人”。

另外，陈建斌称得上是一个不折不扣的“戏霸”，他经常会主动提出改戏，只要自己认为不合适，他就会找到导演请求改变剧情，这让剧中其他演员叫苦不迭，尤其是蒋勤勤，有时候她辛辛苦苦背了一夜的台词，结果所有的努力在第二天无故的改戏中付之一炬。陈建斌“自私”、“霸道”的做法让蒋勤勤极为不满，两人也因此总是在剧中发生激烈争执。

随着拍戏进程的深入，两人的矛盾也不断累积，蒋勤勤甚至产生了辞演的念头，她实在无法忍受自己和一个自以为是还经常耍大牌的演员合作。剧组杀青后，陈建斌向她提出合影的要求，她几乎都想拒绝。

在两人不断的交往和接触中，蒋勤勤发现陈建斌身上其实有很多优点，比如敬业精神。这一点让蒋勤勤很佩服，她也改变了原先的一些偏见，渐渐地欣赏起他来，甚至暗生情愫。

后来陈建斌主动向蒋勤勤求婚，她一口就答应下来，因为她觉得可敬的陈建斌才是自己理想的归宿，一个执着敬业的人对家庭也一定会非常负责，这样的人值得去敬、去爱。

婚后两人一直十分恩爱，蒋勤勤也一如既往地敬重陈建斌，即便现在，蒋勤勤还称丈夫为“陈老师”。

找一个可敬的对手，一般有两种情况：一种是对手身上具备你所缺失的东西，另一种情况是对手的某一特质与你很相像。如果是因为自己某方面的缺失，两人就能形成很好的互补关系；如果是特质上的相似，那么两人感情就会比较合拍。无论哪种情况，对于爱情的产生和发展都是有利的。

当年鲁迅在女师大教学，作为学生的许广平早就对鲁迅的文才敬仰不已，但是她始终都认为鲁迅是一个文人，甚至是一个高傲冷漠的文人，而且他向来都不支持学生闹事，这让许广平心中有些不快。

后来女师大事件爆发，鲁迅因为站在学生的立场，成为了“帮凶”，结果被学校开除，而且还受到现代评论派的攻击和压迫，甚至遭到北洋政府的威胁。而许广平此时也因为参与学生运动，同样面临着被开除学籍的危险。

许广平作为一个热爱文学的有志青年，本来就对鲁迅的才学很崇拜。这时候，两人在相似的遭遇中，渐渐拉近了距离，也相互了解了对方的理想、志趣和人品，发现了许多共同的语言，许广平对自己一直都很敬佩的鲁迅渐渐产生了感情。

面对一个可敬的爱人，人们往往会产生强烈的依赖感，将其当成自己的精神寄托，这恰恰与爱情不谋而合，因为相爱本身其实就是一种精神和感情的寄托。一个可敬的爱人，永远都值得你去付出，因为一个可敬的人往往经得起爱，而只有经得起爱的人，才值得你去爱，而且相对而言，这样的爱情会更加美满。

第四章　交际博弈

——你是自己的地狱，也是自己的天堂

1. 平和才是最高层次的博弈

俗话说：“量小失众友，度大集群朋”，做人就要有宽阔的胸襟和过人的度量，只有这样才能赢得更多的友谊。

有位哲人在著作中提到过两种对立的人生哲学：猎人式和园丁式。很多人都把博弈论归结为前者，为了蝇头微利而陷入芜杂的纷争之中，甚至不惜一切代价。他们为自己树立一个又一个假想敌，最后在自我恐慌中止步，于是才有了博弈“以和为贵”的理念。

也许有人要说：人类是自私的，人不为己，天诛地灭。大到国家利益，小至私人事务，就连环保节约也是站在地球能够长远发展以及能源能够有效利用的基础上，这在一定程度上体现了人本主义，但是我们也应该看到人本主义的仁慈。“人敬我一尺，我敬人十丈”正是平和博弈在人际交往过程中的体现。

司马迁在《史记》中曾不遗余力地赞扬蔺相如，称其刚柔并济，收放自如。

完璧归赵与渑池之会后，赵王对蔺相如的表现大为赞赏，将其封为上卿，官位居于廉颇之上。身为武将的廉颇自是不服，于是同蔺相如在明里暗里展开较量。这时候的蔺相如避其锋芒，宽容忍让。但是如果仅仅依靠退让就能使廉颇幡然悔悟也是不可能的，于是蔺相如便借门人之口向世人解释了其退让的理由：并不是害怕争斗，强秦之所以不敢攻打赵国，是因为有我蔺相如和廉颇在。

在这个关键时期，我们两人争斗起来，势必两败俱伤，对赵国没有任何好处，反而让秦国得益。所以，不是我不能争，而是我不愿争。蔺相如“以先国家之急而后私仇也”的宽容打动了廉颇，廉颇负荆请罪，蔺相如与廉颇一起上演了“将相和”。自此蔺相如与廉颇携手保卫赵国，使得秦国望而兴叹。

在这个将相和的故事里，廉颇把蔺相如定位为假想敌人，所以不断挑衅以争高低，他的博弈是强弱之争；蔺相如则从大局出发，以退为进，赢得了最后的胜利。以退为进是自我表现的艺术，也是平和博弈的方法。不刻意追求反而有所得，过于执着只会徒增烦恼。

一群年轻人在饭店吃饭，服务员上来一盘辣椒特别多的菜。其中的一个客人提出换一盘不放辣椒的，可饭店有规定没有品质问题的菜是不能换的，因此遭到拒绝，最后双方因为不能协商一致而大打出手。饭店以人多势众的优势赶跑了那几个青年人，从表面上看，这场博弈的胜利者当然是饭店一方，而实质上，他们真的赢了吗?

从长远来看，饭店一方并没有赢，因为他们的胜利是建立在失败一方的辛酸和苦涩之上的，他们必将为此付出代价。当殴打顾客的消息被传开之后，这家饭店的生意必将因此受到影响。新顾客听说这家饭店的店员竟敢打顾客，肯定会认为饭店菜做得也不怎么样。老顾客得知这家店的人把顾客打得不轻，以后便再也不敢来这里吃饭了。

不能平和处事也许是人际博弈中最糟糕的表现。在平时，还有许多这样的事情，像在胡同里相遇的两辆车，一个要进，另一个要出，只有一方给另一方让路才能解决问题。可哪一个车主都不肯倒退，矛盾也就随之而来了。一方认为，只有我先出了胡同你再进来，先出后进理所当然；另一方则认为，我先进的胡同，你后进来的应该退回去。结果，两人在理论无果的情况下，你推我一下，我打你一拳，最后扭打成一团。只好找来警察将二人都批评教育一番，问题才得到解决。

日常生活之中，有很多人都会因为一些鸡毛蒜皮的小事而口沫横飞，甚至有的时候还会大打出手。其实用博弈的观点来分析，我们就可以明白，为一些不必要的小事而去争执，这样做不仅伤神而且费力，实在是不值得的。凡事要看开一点，不要对个人的得失斤斤计较，胸襟放得坦荡一点，凡事都处得平和一点。

所谓的平和博弈并不仅仅局限于人际交往中的争执纠纷，在很大程度上也体现在交际能力上面。博弈本是一种平和之道，没有什么是绝对的，小到人际交往，大至商场战场，博弈无处不在。

曾经有人问传教士地狱与天堂有什么不同，教士把他领进一间屋子，一群人拿着长柄的汤匙围在大锅前不停地叫嚷。由于汤匙柄部太长，无法将汤送至嘴里，所以他们也只能看着美味无可奈何。教士把他领进另一间屋子，同样的条件，这个屋里却其乐融融，一片祥和。因为他们在彼此用汤匙喂给对方吃。教士说，前一个是地狱，后一个是天堂。

这便是平和的博弈之乐，既能合作，又达到双赢。所以合作博弈正在逐渐取代以前的零和博弈，小至人际关系，大到企业间的强强联合，都在一定程度上证明了合作博弈所带来的效益。如果存在利益便以竞争的手段来解决，那社会将会陷入混乱的境地。

曼德拉 1991 年当选为南非总统，在总统就职仪式上，他邀请了当初被关监狱时他的三名看守，让在场的人十分感动。他说："当我走出囚室，迈出通往自由的监狱大门时，我已经清楚，自己若不能把悲痛与怨恨留在身后，那么我其实仍在狱中。"在这场与旧日恩怨博弈的过程中，曼德拉用平和选择了对过去的遗忘。人们常常因为挫折和失意而怨天尤人，如果以平和的心态面对这些挫折与磨难，就会懂得人生的真谛。

平和也是博弈的核心内容之一，只有平和的关系才能够使双方更好地合作，才能够让你在处事的过程中少一份烦恼。在人际交往中以和为贵，不争小节；在企业发展中诚信经营，以质取胜；在国家关系上互惠互利，合作共赢，只有这样人类社会才能和谐有序地发展。

2. 退让是一种处世方法

相传，南方某江河中有一条豚鱼，性格傲慢且容易发怒。一日，它游到桥下，撞在桥柱上。它没有绕过桥柱，反而为桥柱撞了自己而愤怒。于是它鼓起肚皮竖起鱼鳍，漂在水面与桥柱对峙起来。这时恰巧老鹰飞过，轻而易举地把它捉了起来。

这条豚鱼就因为自己不肯妥协退让，才葬身于老鹰腹中。苏东坡对此感慨道“因游而触物，不知罪己”，不去反思自己的错误，反而一味地争强好斗不懂退让，落得如此的下场，实在是可悲可叹。

在与人交往的过程中也应适当地妥协与退让。“路留一步，味让三分”，给人方便，别人也会在必要的时候给你方便；善待别人，别人也会回报以宽容；为别人留一扇窗，别人会给你打开一扇门。

利益的争夺是博弈的目的与基础，人际交往的过程也是通过博弈来取得利益最大化的过程。谦让于人，不仅能使你在人际交往中受到尊重，还能随遇而动，在人生中获得事业的大成就。

人生在世，不如意的事十之八九，不能为我们所拥有的就不要刻意去强求。选择退让不是消极的逃避，而是为了留有更多的余地去积极争取。临渊羡鱼，不如退而结网，以退为进才是人生大智大谋所在。

懂得退让的人，往往不会计较一时的利益得失，他们会选择等待时机，蓄势待发，历史往往是最有利的证明。

《三国演义》中有一段“曹操煮酒论英雄”的故事。当时刘备在落难之际投奔曹操，两位乱世英雄也都各有自己的打算。为防止曹操对其谋害，刘备放下身段，韬光养晦，不仅亲自下田务农，还处处对曹操以主上之礼待之，虽不及当年勾践卧薪尝胆时的困苦，但对于这位汉室皇家贵胄而言却依然是人生中最为屈辱的时刻。而曹操则不时地试探刘备，看他是否还有一争天下的野心。

于是，曹操在九曲河畔青梅煮酒，与刘备共议天下英雄。刘备自然清楚这是曹操对自己的试探，于是列举袁绍、刘表、孙策、刘璋等当时叱咤风云的人物，曹操却说：“今天下英雄，唯使君与操耳，本初之徒不足数也！”

曹操看似漫不经心的话，似是醉言，但是刘备知道此刻的曹操已经开始有了杀机，且不说如今刘备避难于曹操的门下，实力远不及他，即便是在外面，倘若证实了曹操的话，那自己也只能“命不久矣”。这时的默认，只能增加曹操的疑心。

慌乱之中，他手中的汤匙和筷子落在地上，恰在这个时候，雷声隆隆，刘备借机掩饰自己的慌乱，捡起了汤匙和筷子，说是雷声一震竟有如此大的威力，把匙筷都震掉了。曹操趁机取笑："莫非男子汉大丈夫还会害怕雷声。"刘备自嘲道："圣人听到雷声尚且还会动容，何况我一个凡夫俗子。"

刘备把自己的懦弱无能展现给曹操，用暂时的退让回避争取到反击的时间，真可谓是"成大事者不拘小节"。在这场博弈中，刘备境况尴尬，曹操气势凌人，若为了一时之快针尖对麦芒，势必会招致杀身之祸。而暂时的退让则让他保存了实力，也才有了后来三国鼎立的局面。

进取是积极向上的态度，退让则是保全实力的手段。刺猬在顺境的时候，凭着满身的刺，肆无忌惮，横冲直撞；而当危险一旦来临，它便缩回脑袋，把自己团成一个刺球，与其说是生物界的智慧，倒不如说是它的生存本能。

有"美国之父"头衔的富兰克林在年轻的时候也比较粗心。有一次他去拜访一位前辈，当他昂首挺胸大步迈进门槛的时候，一头撞到了门框上。看着富兰克林疼得龇牙咧嘴，这位前辈笑着说道："这是你今天来我这里最大的收获，也是我想告诉你的道理。为了进一扇门，你就必须低下头，使自己的头比门框更矮。"

退让，不仅仅是一种气度，还是做人的一种境界。生活中我们随时随地都在面临着进与退、利与弊、得与失的选择。一个懂得如何选择的人，不会一味地争强好胜，但凡成就大事业的人物，在必要的时候，宁可选择退让，作出一定的牺牲来成就自己。退一步海阔天空，这是尽人皆知的道理，也是生活的一种策略。

在经济学中有一个比较有名的鳄鱼法则，讲的是如果被鳄鱼咬到了脚，唯一生还的机会就是牺牲这只脚。如果你妄想通过搏斗来使自己逃离困境，只能被其咬得更多，直至最后丢掉性命。是暂时的放弃直至逃离险境，还是一味地心存侥幸最后却赔上性命，这个选择非常明确。但是有的时候，那些执着于眼前利益的人却因小失大。其实，与你博弈的不是鳄鱼，而是你自己。

博弈本身是为了追求利益最大化，当自己处于不利的境况时不妨退让一步，不仅能避其锋芒，还可以另辟蹊径，占据主动；而当自己处于有利的位置时更应该谨慎处事，有道是"千里修书只为墙，让他三尺又何妨"。

美国的国会会议常常上演口水大战，对立双方争论得面红耳赤，甚至要大打出手。最后，双方都骂得口干舌燥，问题还没有得到解决。唯一得到实惠的就是新闻部门，他们在为广大观众茶余饭后增添笑料的同时，也能捞到更多的收视率。

美国前总统马辛利在位的时候，就曾因为用人的问题，遭到许多人的强烈反对。在一次国会会议中，有位议员当众指着马辛利破口大骂，只见这位总统神情自若地站在那儿，似乎认真地听着每一句对自己的讥讽。等对方骂到无词可用的时候，马辛利竟然用温和的口气说："你骂完了吧，现在你的怒气也该消了吧。照理我没有义务向你解释我作出的任何一个决定，但现在我仍然愿意解释给你听……"

马辛利这种退让的姿态，使那位骂得他狗血喷头的议员顿时涨红了脸，心中的矛盾自然也就缓和下来了。如果马辛利据理力争，甚至利用自己的权力来压倒对方，对方自然不会服气，马辛利也不会得到大众的认可。

由此可见，处于矛盾中的双方，如果得理的一方能够作出忍让的态度，就可使双方的激烈情绪迅速降温。生活中如果每个人都肯站在他人的立场上，相互退让，彼此宽容，就会有助于创造宽松和谐的人际关系，从而使自己获得他人的敬佩和认可。

3. 权力与亲情的较量

权力可以给人在物质上和精神上最高的享受，也可以让一个人变得趾高气扬不可一世，还可以让一个人忘记很多原本珍贵的东西，譬如亲情。

封建社会一直沿袭成王败寇的淘汰方式，政权更替几乎都离不开杀戮与征伐。在权力的争夺过程中，参与竞争者都在不断进行博弈，同对手、部下甚至还有亲人。

春秋时期，郑武公娶了姜氏为妻，并生有庄公和共叔段。长子庄公出生的时候是逆产，也就是脚先出来，把母亲姜氏吓了一跳。后听信"寤生克母"的传言，姜氏逐渐厌恶这个儿子，甚至给庄公取名叫寤生。次子共叔段出生后，姜氏毫不犹豫地将所有的母爱倾注在小儿子身上。甚至多次向武公请求改立共叔段为世子，武公都没答应。

庄公继位以后，姜氏就替共叔段请求分封到制邑去。制邑是险要之地，庄公不同意，对母亲说："您在其他的城邑中任选一处，我都能照吩咐办。"姜氏便请将京邑封给小儿子，庄公答应了，让共叔段住在京邑，称他为京城太叔。

朝臣们纷纷表示不解，有人站出来对庄公说："您的母亲一直以来都在培养共叔段的势力，以便强大后取代您。将他们安置在京中要地，势必会对庄公您造成威胁啊！"庄公说："只要我母亲愿意，有什么关系。"

共叔段在京城不断拉拢势力，招兵买马，修筑城墙，伺机而动。等到时机成熟，便写信和母亲商量谋反日期，姜氏作出决定后便回信给共叔段让他立即起兵。其实，郑庄公早已发现他俩的阴谋，截获密信，并以此作为共叔段谋反的证据。隔日，庄公派兵包围京城。共叔段兵败如山倒，仓皇出逃，最终被堵截在共城。共叔段意识到自己已经是四面楚歌，心有不甘却无计可施，最后无奈在兵营中自缢。

庄公回到宫中，细想母亲一直都偏爱弟弟，如今竟然和弟弟串谋推翻自己。想到这里，对母亲更加不满了，下令把姜氏送颍地居住，并扬言"不到黄泉不相见"。

但是时间一长，庄公不免有些后悔，不论姜氏做过什么，终究是生养自己的母亲。母子间哪有隔夜仇，再大的恨也敌不过血液中流淌的亲情。

有个叫颍考叔的官吏听说这件事，想借着向庄公进贡的机会，化解这对母子之间的嫌隙。于是，在庄公为上呈贡品的各级官员举办的筵席间，颍考叔把肉都留着，庄公看见后，便问他为什么这么做。

颍考叔答道："小人家有老母，从没吃过君王赐予的肉羹，请允许我带回去给她吃。"庄公听后叹道："唯独我没有母亲可以孝敬。"颍考叔说："请问您为什么这么说？"庄公把原因告诉了他，并说出自己的悔意。颍考叔想了想说："您只要掘地挖出泉水，再挖个隧道，在那里和您的母亲见面，谁又能说大王出尔反尔呢？"

庄公依照颍考叔的方法，走进隧道去见武姜。姜氏没想到庄公不但不怨恨

自己，还百般曲折地来见她这个母亲，不禁痛哭起来。母子俩各自检讨一番，关系终于和好如初。

在王权的斗争中，亲情只是一种附属品。为了帝位和王权，亲情荡然无存：姜氏无情，牺牲长子，溺爱次子，最终使得共叔段走上不归之路；共叔段无情，不顾兄弟情义，起兵造反，妄图灭邦；庄公无情，为保皇权，不惜放纵亲弟，让他自取灭亡。

人们常说亲情无价，但是遇上至高无上的权力，其中的是非便很难用常理去判断了。历史上权力和亲情的较量，最激烈的一次便是“玄武门事变”。后来阴谋篡位的太宗李世民开创了大唐盛世，在举国一片繁荣昌盛中，还有多少人去追究他当年弑兄杀父的逆行呢？

穿越历史的长河，中国在上下五千年里，不断发生着权力的更迭，围绕着至高无上的皇权发生的一幕幕，在人们的津津乐道中渐渐生动起来。权力不是历史的全部，因为历史中的权力太过绝对，骨肉相残、枉顾亲情只是为了得到一根权杖，一根可以通往权力巅峰的权杖。让人扼腕叹息的是：大多数时候，权力不是上位者为百姓谋取福利的手段，而是其实现自身价值赚得功名利禄的工具。

亲情是生命的内核，而当一个人对权力的欲望不断膨胀，将权力作为人生追求的终极目标时，亲情就成为实现目标扩大化的手段，生命的内核变成躯壳，人对人的尊重实际上已经演变成生命对权力的尊重。

有道是“人非草木，孰能无情”。亲情是构建在家庭之上的，每个人都有义务为亲人去营造一个安乐的家庭氛围。现今社会，很多贪官被查处后，受到最大影响的，不是别人，而是其家庭。

有句话叫做：“权力越大责任越重”，说到底，权力就是一份责任。干部手中的权力来自于人民，理应为人民服务，为百姓谋福祉。但有的领导，却狭隘地认为自己的权力是通过个人奋斗得到的，其次就是家人的支持，所以通过别样的手段钻空子、打擦边球，把权力变成满足私欲、“回报”亲情的工具。最终不仅自己陷入腐败的泥潭不能自拔，还让亲人身陷囹圄。

对一个干部、官员来说，错误的亲情观会使他们的事业偏离正确方向，导致他们手中的权力变成为家族谋利的手段。权力一旦被亲情化，对整个社会都将后患无穷。

电视剧《天下粮仓》中的米汝成，是清朝的仓储总督，掌管各地大小粮仓。但是，为了同朝为官的儿子，向来为官清廉的米汝成宁可晚节不保。他发明了“双层仓”，虚报储存的粮食总数，这么做的目的不是为了中饱私囊，而是想让儿子在他死后有个立功的机会，把他的罪名和赃款呈给皇上，求得儿子在仕途能够飞黄腾达。

看重家庭，为亲人谋取福利是人之常情，问题的关键是不能放弃法律和道德底线。不论职位多高，权力多大，都要保持清醒。

当今社会，权力亲情化的现象更为普遍，“官二代”成为社会的普遍现象，他们的干部爹妈利用职务之便，给予他们最优质的成长环境，为他们的求学营商一路大开绿灯。扭曲的权力观让人觉得做官就是为了惠及后代，在其位而不为子女做几件实事是无能的表现。

牛玉儒有一句话：“我的权力是人民赋予的，不属于我自己，我不能随意支配。”只有先做到自律自制，才能管好一方天地。

无论如何，在人性上，亲情的高度都应该是其他任何东西都无法超越的。我们在享受自己的权利、履行责任及义务的时候，也要兼顾到其他千万家庭的利益。

4. 与人博利弈，去恶弈

博弈包括合作性博弈与非合作性博弈，两种博弈方式看似独立，却能够很好地相容在一起。合作博弈时往往具有一定的限度和底线，保护这个底线就是非合作博弈，一旦触动了底线，博弈也将毫无意义。因此，博弈时尽量要博利弈，去恶弈，即所谓的“同流不合污”。

尼采曾说：“想在人们中间保持清洁的人，必须知道怎么在污水中洗濯了自己。”的确，能做到出淤泥而不染，需要高尚的人格，更需要高超的技巧。

“同流却不合污，随波而不逐流”不仅是一种高尚人格的体现，还是一种博弈智慧。能够“同流”就不会被别人当成异类而受到排斥，从而保身避祸。很多时候，“同流”是一种战略安排，目的在于谋取利益。

俗话说“物以类聚，人以群分”，同流可以降低对手的防范，使你顺利争取到对手的信任，从而方便自己的行动，或者取得博弈所需的相关信息；而“不合污”则是坚持自己的立场，以免作出不利的决策，同时也能明哲保身，屹然自立。

1939年共产党拒绝了蒋介石提出的“溶”共主张，国共关系急剧恶化，国共合作抗日的情况也变得愈加不明朗。共产党担心政局有变，会影响甚至破坏原有的工作组织，于是决定创建一条秘密战线——广大华行，作为共产党的一个隐秘的经济支柱，为根据地输送情报、物资和经费，同时不断地吸收和培养大批经济型人才。根据周恩来的指示，这些人才必须“同流不合污”，既要当好资本家，努力赚钱，同时还要借着大老板身份的掩护，为共产党服务。

舒自清曾是英国义茂利会计师事务所的审计师，又受聘为上海洋行的高级职员，他受到好友张困斋的影响，一直积极投身于抗日活动的事业之中。得知舒自清具有这样的背景后，中共毅然决定让他加入了这个秘密的经济组织。

随后，组织安排舒自清去重庆工作，担任广大华行重庆分行的经理，并要求他广交好友，尽量多结交各界名流，甚至拉拢和借助蒋家的势力。有了这些关系和背景后，舒自清的活动就方便多了，财源也滚滚而来，甚至趁着太平洋战争爆发的机会大发横财。但是这些钱大都用在共产党的革命事业之中。

随着国际战场形势发生变化，法西斯也渐渐走到了穷途末路。这时候，为了应对战后国家工业化发展的需要，中共又决定让舒自清去美国创业，借机拓展中美贸易。

舒自清在美国华尔街干得很有声色，不仅积累了大量的资金，同时也为共产党提供解放战争所需的经费和药物。

在资本家的生涯中，舒自清一直坚守阵地，始终坚定自己的政治立场，严格遵照周总理“同流不合污”的指示，顺利完成了党和国家分派的任务。

“同流”只是“不合污”的一种外在伪装和保护，只有先做到“同流”，才能顺利得到所需的利益，才能有之后的“不合污”。

明朝的张居正也深谙其道，为了方便推行“万历新政”，他决定与当朝太监冯保“同流”。冯保是个小人，却是太后和皇帝面前的红人，他的话很有分量，取得了他的信任，就能得到太后和皇帝的信任。

于是张居正顶着被别人鄙视和唾骂的压力，千方百计地接近和拉拢冯保，对他平时的所作所为也尽量睁一只眼闭一只眼，还经常给冯保戴高帽。

张居正渐渐取得了冯保的信任，同时也因此得到了最高统治阶层的支持和信任，从此他的新政也得以顺利推行和实施。

同流有时候也许是无奈之举，但不合污绝对是明智的选择，一旦合污，自己就容易被对方抓住弱点，从而被牵着鼻子走，甚至落入对方设下的圈套之中。

这种现象在人际交往中很常见，一些人在谋取不正当利益之前，总是会千方百计地将周围的人拉下水，一方面是想让别人成为他的“作案”工具，另一方面为求自保。地位高的人就会想办法让别人成为替罪羊；能力和地位都在别人之下的，就想找个人当靠山。

还有些人则本着“法不责众”或“大家陪我一起垮台”的阴暗心理，一边降低自己所承受的风险和压力。等你上了贼船以后，就与他们成为了同一条船上的人，自然只能听从摆布，与他们“同舟共济”。

从古到今，总不乏这样的糊涂人，每次只要主事者落网，总会连带出一大批“组织成员”与“合作伙伴”，他们只能眼巴巴地看着自己成为主事者的“殉葬品”。只有那些有远见的明白人，才会抵挡住威逼利诱，始终坚持自己的底线，保持“清白之身”，甚至在取得对方信任时，借机打垮对手。

明朝嘉靖年间，首辅严嵩把持朝政，一手遮天，百官之中多有清廉正直之士，却苦于能力不足，一直是敢怒不敢言。

当朝的内阁大学士徐阶早就有心扳倒不可一世的严嵩，可是他认为时机不成熟，而且严嵩势力太大，一旦自己不能成功，就会带来杀身之祸。为此，徐阶决定暂时依附严嵩，从长计议。但是严嵩向来都老谋深算，他始终不能信任徐阶，于是进行百般刁难和考验，但徐阶都小心谨慎地应付下来，这下严嵩开始放松警惕，将徐阶当成了自己人。

徐阶升任次辅后，朝中官员都认为徐阶具备与严嵩分庭抗礼的资本，可是徐阶依然对严嵩毕恭毕敬，文武百官都在背后痛骂徐阶甘为走狗，没有良心，徐阶也都默默承受。

正因为徐阶始终都与严嵩“同流”，他渐渐取得严嵩的信任，在两人不断地交往之中，徐阶发现了严嵩的致命弱点，于是果断进行出击，最终扳倒了严嵩。

严嵩被捕后，甚至想拉徐阶一同下水，可是在两人同流期间，徐阶虽然对严嵩一直都言听计从，也算不上清流之士，却始终没有在大原则上犯过错，徐阶真正做到了同流不合污，严嵩自然是悔恨不已。

身份无关道德，“同流”也不是罪恶，它只是满足生存的需要，是争夺利益的需要。“不合污”则是自我要求和防备的需要，是自我的理性约束和克制。与人博弈时，尽量博利弈，去恶弈，可以“同流”但不能“合污”，这样才能保证自己可以取得最大的利益。

5. 利己不损人的分寸

亚当·斯密在18世纪末期提出“经济人”这一概念，所谓“经济人”就是追求自身利益最大化、体现利己主义本性的人。亚当·斯密认为，经济人的“利己”是积累财富、推动社会进步的动力。此外，他还在相关著作中指出，凡生活在社会中的人，无不心怀“自利的打算”。

人的行为是在利益驱动之下进行的，但是每个人的性格、教育背景及生活经验都不相同，因此，人们采取行动的方式也千差万别，产生的效果必然也不一样。在谋求利益的同时并未给别人带来损失，这种方式表现出来便是“利己不损人”。而谋取利益的另外一种表现方式是“损人利己”，这类人不惜采用一切手段为自己提升利润空间，通过让别人蒙受损失，来增加自己的所得。

当下，虽然说“经济人”的谋利行为被认为是市场经济的动力之一，但为了能让社会经济更健康、更有序地发展下去，“经济人”在谋利的同时，不应该损害他人、社会和国家的利益。“利己不损人”不仅是人们应当遵循的道德底线，而且还是一种博弈智慧。

在人际关系交往中，人与人之间相互矛盾、相互冲突的关系，实际上就是一种博弈关系。矛盾冲突的结果有三种情况：矛盾双方“同归于尽”；矛盾一方克服另一方；矛盾双方进一步发展，相互融合。与此相对应，博弈也有三种类型，即负和博弈、零和博弈和正和博弈。

“负和博弈”是指双方在交往时由于出现冲突和矛盾，以至于不能达到统一，使交际活动不能展开，结果交际双方都从中受损、两败俱伤。“零和博弈”指的是在一种严格竞争下，一方的收益必然意味着另一方的损失，博弈各方的收益和损失相加总和为零。也可以说，“零和博弈”下，一方的所得正是另一方所失，双方不存在合作的可能。

当博弈双方的利益都有所增加，或者至少是一方的利益增加，而另一方的利益却可以保证不受损害，这种情况就是“正和博弈”。

有两个人合伙做生意，一个出钱，一个出力。在两人共同努力下，生意经营得非常红火。那么在出力者的眼里，看着自己费尽心思疏通人脉才得以辛苦赚来的钱，就这么平白分一半出去，觉得划不来。

于是，他便向出资者提出：“生意能有今天这样的成就，大部分可都是我努力的结果，你只是出了点钱并没有出什么力，我把你之前出的钱还给你，就当我借你的，以后这份生意就算我一个人的。”

出资人当然不愿意，他告诉对方：“如果当初不是我提供启动资金，这生意就不可能做得起来，我可是功臣，赚的钱理应五五分账。”双方僵持了很长一段时间，谁都不能够说服对方。随着矛盾越来越尖锐，最后不得不诉诸公堂，请求法律裁断。

其实，那个出力的人早就起了歹心，想独吞生意。在登记注册的时候，只注册了他一个人的名字。虽然出资人是原告，却因中了对方的圈套而输掉了官司。结果，出资人就这么眼睁睁地看着对方独吞了生意，强占了自己的利益，这就是典型的“零和博弈”。

事实上，社会的方方面面都存在着与“零和博弈”类似的现象，胜利者荣光的背后往往是失败者的眼泪。然而，随着经济的发展、科技的进步和全球一体化的加强，“零和博弈”观念逐渐被“正和博弈”观念所取代。人们开始意识到“利己”不一定要建立在“损人”的基础上。通过合作，“利己不损人”、“利人利己”的局面都是可以出现的。

在自己获取利益的同时，能够不损害别人的利益，甚至还能给对手留下足够的利润空间，昔日的竞争对手不但不会对你打击报复，反而会因为这明智的举动成为你今后的合作伙伴。可见，博弈的智慧在人际交往中也是相当适用的。

刘邦曾说：论兴邦治国，他不及张亮、萧何；论带兵打仗，他不及韩信。尽管种种才能都不及他人，但他从未嫉贤妒能，伺机打击或损害他人，试图以此奠定自己的威严地位。相反，他还能将各位英雄的长处恰如其分地结合起来，并使其发挥出了最大的功效。因此，刘邦不以牺牲他人之利来成全自己的私欲，却以人尽其才的方式得到了天下。

与此相反，希特勒是一个军事天才，可是他却企图用专制的统治以及血腥的战争征服世界，在利己的同时损伤了他人的权益。本想借此霸占天下，殊不知正是这种损他人之利的做法，让自己陷入了窘迫的境地，最终寡不敌众，以失败而告终。总想依靠损害他人利益来成就自己的人，总有一天会因此遭受众人排斥，必定会为这种行为付出代价。以这种不正当方式谋取私利的人，终将会被社会所抛弃。

生物都有一种趋利避害的本能，而人类在这一点上更是做到了极致。在面对风险的时候，人们通常都选择规避风险。如果说“利己”是人的本性，那么趋利避害表现的则是人的社会性。“零和博弈”这一现象之所以频繁发生，大多是因为有人见利忘义，想私吞对方的利益。有这种想法和行为的人必然会失去人心，到最后除了拥有一点私利外，剩下的只有孤独和悔恨。

在现实世界的商业往来中，虽然双方都是以谋利为目的的，彼此都有私心，想为自己争取最大的利益，但是通过一系列协商，双方足以达成彼此满意的一致意见，能够继续和平共处下去。如果发生争论，也是由各方过于偏袒自身利益所引起的，其结果至多是沟通失败。倘若双方这次协商不成功，也许还会有再次交流的机会。正是因为大家都是自由、平等地交往，才能共同创造和谐的环境。

香港巨富李嘉诚曾对自己的儿子李泽楷说：“做人做事都要留有余地，不要只是一味地谋利，而不顾别人的窘境。有钱大家可以一起赚，犯不着损伤与他人之间的感情，破坏两方关系。”正所谓一个篱笆三个桩，一个好汉三个帮，李嘉诚在为自身谋求利益的同时，又没有损害别人的利益，不仅使自己的事业发展得如旭日东升，而且还赢得了许多商业伙伴的尊重。

人与人之间的交际往来，需要彼此之间相互体谅、相互适应。在发生矛盾和冲突时，倘若先能以不损害他人之利作为基点，进而站在对方的角度去思考，不但能使得交易长期发展下去，甚至还能达到互利互惠的“正和博弈”状态。

人际交往，要想达到效益的最大化，就不能以一方的意愿作为与别人交往的准则，而应该相互谅解，从“人不犯我，我不犯人”出发，进而在“我为人人、人人为我”中达成统一。熙熙攘攘，皆为名利，索求之时，但求利己不损人。

6. 利益有时是对手带给你的

鬣狗是非洲大草原上最臭名昭著的强盗，它个子比较矮小，速度也不算太快，在追逐猎物时往往会吃亏。虽然它们依赖惊人的耐力和出色的团队合作，也能得到丰盛的食物，但比起抢夺，这个代价要大了许多，效率也低了很多。

猎豹是草原上的超级捕猎者。依靠超快的速度和高超的捕猎技巧，猎豹可以轻松捕获猎物，所以鬣狗经常会跟踪猎豹，等到猎豹捕获猎物时，就上前争夺，而猎豹在抓捕过程中已经耗费了大部分能量，根本无力对抗鬣狗的进攻，只好忍痛割爱。

同为草原上的肉食动物，猎豹和鬣狗经常因为食物而发生冲突，它们是天然的竞争对手。猎豹有超强的捕猎能力，懂得如何去轻松捕捉猎物；而鬣狗则有出色的博弈技巧，知道何时能乘虚而入，不劳而获。

博弈其实就是一种利益之争，在利益的争夺中就不免会存在敌对关系，很多时候博弈的对手就是敌人。博弈双方因为利益常常相互缠斗，在竭力为利益拼搏时，殊不知利益也有可能是对手给你创造的，一个高明的博弈者懂得利用对手的能力来为自己谋取利益。

Mr.A 的公司准备在南非开采金矿，却遇到了一个外来的强劲竞争对手，两相角逐之下，Mr.A 决定暂时退出竞争，让给对方开采。

一个月以后，这个竞争对手面临了严重的资金压力。由于矿带埋藏得非常深，最佳开采地点一直没有找到，结果浪费了巨大的财力和宝贵的时间。此时，竞争对手对于 Mr.A 突然作出退出的决定渐渐产生了疑惑，甚至开始认为这是 Mr.A 设置的陷阱。

经过一番思索后，这个竞争对手动摇了开采金矿的决心，最终放弃继续开采，离开了南非。

等到对手离开南非后，Mr.A 迅速取得了金矿开采权，在对手已经开采过的旧矿井中轻易就找到了金矿带。正是因为对手的“艰苦开采”为自己减去了很大的麻烦，减少了巨大的开采成本，结果不费吹灰之力就得到了预期的利益。

Mr.A 成功搭上对手的顺风车，利用对方投入的成本来作为自己事业的敲门砖，让竞争对手替自己创造了利益。

除了利益争夺上的针锋相对、互不相让，竞争的双方也许会存在合作的可能性。也许你的对手具备创造利益的能力和条件，将来可以为你争取到特定的利益，一旦双方开始合作，你离成功就不远了，一个有远见的人不应该抹杀这种合作的可能性。所以为人处事不应该做得太绝，应该明白“势不可去尽”的道理，凡事要给别人留有余地，这也是在给自己留些退路。

成立于 1946 年的索尼公司，是电子消费业的先驱，也一直是电子产业的巨头，树大根深、实力雄厚。而三星则是后起之秀，是数码电子业的新星，发展势头非常强劲，渐渐具备了与索尼分庭抗礼的实力，打破了索尼公司垄断市场、一家独大的格局。

两大公司为了争夺市场，经常会发生冲突，从网络销售到商场零售，从电视产品到录像机、DVD，两大巨头总是不可避免地要进行正面交锋，互相竞争、互相排斥。

索尼将三星列为最大的竞争对手和敌人，处处打压三星的势力，而三星也将索尼当成超越的目标，不断挑战索尼的权威。双方你来我往，互不相让，一直缠斗下去。在双方的激烈争斗中，谁也没有占到多大的便宜，索尼面临多重忧患，无力作出重大反击；而三星在争夺战中也显得底气不足，毕竟“瘦死的骆驼比马大”。

面对这种局面，索尼开始主动改变策略，停止对三星的打压，因为自己现在实在没有多余的能力去压制三星的发展，如果一直都采取对抗打压战术，将会给自己增加很大的风险和负担。而三星也认为长时间与索尼斗争下去对自己的发展非常不利，渐渐放弃了激进的挑战策略，开始寻求相对保守的平和策略。

双方罢兵后，渐渐产生了合作的意向。索尼急于脱困，希望重振雄风；而三星则想稳中求胜，欲再创新高，合作已是大势所趋。

索尼借助三星这个合作伙伴，一步步实现了自己的复苏计划；而三星靠着索尼这棵大树也逐渐提高了自己的地位和形象，得到了迅速发展。

索尼与三星如果一直缠斗下去，势必会两败俱伤，而索尼及时作出调整，向三星伸出橄榄枝，双方开始罢兵言和，甚至找到了合作的契机，结果双方都依靠对手获得了所需的利益。

博弈双方地位和角色的转变往往会因为利益的变化而变化，“是敌是友”常常取决于利益。博弈之中，很少有纯粹的竞争对手，也很少有纯粹的合作人，这就考验着博弈者的技巧和眼光，需要把握好竞争的分寸，不能将竞争关系变为敌对的仇恨，这样就容易陷入僵局。

无论是策略上的后发制人，还是合作潜力的发掘，体现的都是一种博弈智慧，这些是主观上的争取。有时候，对手给你带来利益则是对方为了获得利益所需要作出的一部分牺牲。

20 世纪 20 年代，两个英国的偷猎者到非洲猎杀大象和犀牛。历时半个月，他们得到了很多象牙和犀角，可是等到他们准备拿着“战利品”回国时，见财忘义的两个人都开始打起独吞财产的算盘。

于是，找到机会两人便大打出手，结果不小心滑进了一个大洞里。里面暗无天日、漆黑一片，只能抬头看见洞口的白光。两人寻找了半天，也没有找到出口，而想要爬出去则是比登天还难。两人显得很沮丧，于是在洞里面又争吵起来。

两天过去了，食物严重缺乏，两人渐渐体力不支。其中一个人发现地上掉着一大块面包，这显然是打斗时滑落下来的。两人都开始提高警惕，在这种情况下，这块面包就等于救命符，谁拥有了面包，谁的生还机会就更大，可是一方得到面包，另一方必然会增加死亡的风险。

在这场生死之战中，捡到面包的人却将面包的一半分给了对手，因为他知道一旦自己准备独享面包，对手一定会拼死争夺，这样对自己非常不利。更重要的是，当时是猩红热的高发季节，虚弱的人很容易感染这种传染性疾病，如果对方这时候不幸患病，那么自己的处境也将会非常危险。权衡利弊之后，他“大方”地拿面包救了对手一命，三天之后，两人安全获救。

在博弈过程中，不要一味地主动发起进攻，争夺自己想要的利益，应该更睿智地看待问题，分清形势，利益有时候是对手为你创造的，而这种博弈方法可以为你节省更多的成本，减少更多的正面冲突，使索取利益之路变得更加轻松。

7. 智者与傻瓜的相对论

聪明是一种状态，它并不能完全等同于智慧,亦如傻瓜并不代表愚昧。而所谓的智商测试，只能被当作划分智者与傻瓜的参考。

从前有这么一个老人，他是众人口中的傻子，甚至连名字都充满愚性。但是这位老人却是后人学习的榜样，他就是愚公。

愚公，又叫北山愚公，住在北山脚下。他家门口有两座大山挡住出路，一座叫做太行山，一座叫做王屋山。愚公下决心带着他的家人，用锄头挖走这两座大山，全家商量出方案后便开始行动。

村里有个聪明的老头叫智叟，他嘲笑愚公："这么做未免太蠢了，凭你们的力量，要挖掉这两座大山是完全不可能的。"愚公回答道："我死后有我儿子，我儿子死了又有我孙子，子子孙孙是没有穷尽的。这两座大山虽然很高，却不会增高加大，总有一天会挖完的。"智者听完，无言以对。

后来，这件事传到天帝那里。天帝被愚公的诚心感动，命令夸父的两个儿子背走大山，一座放在东部，一座放在南部。

这个故事很难说清楚到底谁智谁愚，从寓言本身来说，它是赞扬愚公的。那个被村民公认是聪明人的智叟，也不得不发出“愚公不愚，智者不智”的感叹。

判断一个人是智是愚的标准究竟是什么呢？有人总结出：傻瓜相比智者，要冒失一些，要天真一些，要单纯一些，要舍得一些。傻瓜头脑里那些灵光闪现的想法，是自由无羁的，看似愚鲁可笑，却通常成为他们成功的先决条件。

没有人愿意被别人当成傻瓜，可是那些最后获得成功的人，往往一开始是许多聪明人眼中的傻瓜。

在一个城市里，住着一个被大家叫做傻瓜的人，他因此非常苦恼。有一天，有位智者来到这个城市，傻瓜跑去向他求助。智者问他："你有什么困惑吗?"

傻瓜挠了挠头，说："认识我的人都觉得我是傻瓜，有什么方法可以让别人把我当成聪明人吗?"

"这个很简单，你只要给予任何事情最无理的批评，尤其是那些美好的事情。七天以后，大家都会认同你是个聪明人了。"

"就这么简单吗？那我具体应该怎么做呢?"

"例如有人说月色很美，你就立刻驳斥那个人，直到他觉得月色惨淡为止；有人说生命中最重要的是爱，你就批评他，直到他相信爱对人生毫无意义。这样，你明白了吗?"

"嗯！懂了！"傻瓜说："但是，真的只需要这样就可以让人相信我不是傻瓜吗?"

"相信我，这样吧，我会在这里停留七天，七天后你再来，我保证所有的人都会认为你是个聪明人了。"

于是，傻瓜回去后就按智者教他的去做了，不管听到什么，就立刻批评，把他知道的所有非理性的字眼都吐出来，直到别人都相信他才住嘴。

七天之后，傻瓜再来找智者，他的身后还跟着好些个门徒，对他毕恭毕敬并且称呼他为"大师"。

在多数情况下，智愚很难区分。有时候你觉得自己的行为十分聪明，可实际上非常愚蠢；有时候你觉得别人的某些行为愚不可及，实际上却恰恰是十分明智的。一定程度上，智愚的转化是人始料未及的。

古往今来，大智者大多不显山露水，却总能在关键时刻，表现出非常人所及的大智慧。大智若愚，大愚若智，而那些在生活中看似精明的人，处处计较，瞻前顾后，终日为一些蝇头小利绞尽脑汁。

生活中，有很多"聪明人"，他们处处都算计着别人，占人便宜，与人相交显得很没诚意，把功利当做人际关系的重中之重。

的确，过日子需要精打细算，但是，为了能把日子过得舒适些，仅依靠揩油是不行的。总想着在与人交往的过程中有所得，这样的人功利心太重。相反，不太聪明的人总能交到更多的朋友，这是因为与这些人相处往往会令对方放松心情，没有任何顾虑。

人们需要聪明和机智，但不要过分的聪明。“傻人有傻福”这句话也不无道理，因为“傻瓜”简单实在，让人信任，这种“傻”可以让你感觉到他发自内心的友好。做一个聪明的傻瓜，这样才能把日子过得更有意义。

某村有这样一个村民，没怎么念过书，脑子有点迟钝，老大不小也没娶上个媳妇，村里其他的人都在背地里嘲笑他是个傻子。

村里不管大人还是小孩，都喜欢逗他，他们经常在手上放上一元和五角两枚硬币，让傻子在里边挑一个，结果他选了那个五角的。再放上一枚五角硬币，他还是拿五角的，村民们都笑话他连钱都分不清。渐渐的，连隔壁村都知道有这么一个傻瓜，纷纷用这种方法戏弄他。

但就是这么一个傻瓜，现今却拥有百万资产。无论谁问到他的发家史，他都要讲到这段往事：“人人都笑我痴，但我知道，如果选面值大的，下次就再没人摆出硬币让我选了。正是因为得到这些硬币，我才有了最初的资本积累。”

本来应该是大伙儿逗他玩，到最后他反而把大家给耍了。而那些把别人当傻瓜，自以为聪明的人，才是真正愚蠢的。

莎士比亚说过：“愚笨的人往往认为自己很聪明，而聪明的人却一直觉得自己很笨。”最傻的人，往往是那些把别人都当傻子的人。

西方有这样的一则寓言，在太平洋的荒岛上住着一群三眼人，一个聪明人就开始琢磨：如果能抓住一只三眼怪兽到世界各地巡回展览，一定能赚很多钱。

于是聪明人制造了一个大铁笼，带上捕猎装备，来到荒岛上。没想到的是，岛上的三眼人从来没见过长着两只眼睛的人，他们把这个聪明人抓起来，装进他带来的铁笼子里，运往荒岛各处供人观赏。

聪明人自以为找到了生财之道，最终聪明反被聪明误，成了他人眼中的异类。一个刚踏入社会的人，阅历很浅却常常自认为是聪明人，随着在社会的摸爬滚打，经历的事情多了，城府也渐渐加深，这时他才会意识到自己并没有之前想像的那么聪明。

处事圆滑固然重要，但是与其处处谨慎，为何不糊涂一些，保留纯真的本性呢？人际交往的成功，是需要一定技巧的，过分的耍小聪明，玩手段，把别人当傻子，往往会自取其辱。真正的智者，他们的生命词典中绝对找不到“聪明”一词。

智者和傻瓜，好像一对连体婴，难解难分。在一定的条件下，智者变愚，愚者变智。事物都是相对的，有智慧的地方，就一定存在着愚昧。

聪明难，做聪明的傻瓜更难。将智慧藏在肚子里，如果事事都表现得太过张扬，也就难与人很好地相处。所以无论是在朋友还是同事面前，要甘当一个傻瓜，摒弃小聪明，走向大智慧。

8. 站在对面，看愚蠢的自己

常有一些年轻人过分自信，他们认为“天生我材必有用”、“是金子到哪里都会闪光”。但老人们总会告诫这些年轻人，在人生的路上，要把自己看轻些，为人处事太过盲目自信的话，最终将一事无成。

的确，能适当地看轻自己，才是智慧的表现，也是在清醒中的一种苦心经营。人生最大的失败是输给自己，也只有把自己看做对手，将自身的缺点当做是最大的敌人，才能看清自己，把可能造成失败的隐患扼杀在摇篮之中。

世界上最可靠的朋友是自己，最无法逃避的对手也是自己。站在对面看自己，不是为了自我贬低，而是从一个旁观者的角度，理智看待自己的错误。一个人如果不能换个角度自我审视，那么他就永远不能完善自己。

深受敬仰的周总理，不管公务多么繁忙，仍然抽出时间深入群众了解问题。有一次他到上海考察，和出版社的工人们会面，在亲切交谈中，有位同志向他建议道：“总理，要不您写本自传吧！”周总理听后笑了笑，说：“如果我写书，会写我一生的错误，让后世的人们从我的错误中总结经验。”

人贵在有自知之明，一个人如果太自负，让自己陷入自我陶醉之中，就会变得不切实际。自傲的人，容易主观地评价自己，终日沉浸在自我满足之中，对于这样的人，恐怕谁都不屑与之为伍。

人们看重的往往是那些脚踏实地干实事的人。一个成功的人，不一定非得站在智慧的巅峰，而是要用平和的心态看待自己，不断地去否定和完善自己。越是伟大的人，越能看清自我；越是谦卑待人，越能受到人们的尊敬。

诗人鲁藜说过：“老是把自己当作珍珠，就时时有被埋没的痛苦。把自己当作泥土吧，让众人把你踩成一条道路。”

很多时候，我们的烦恼都是狂傲自大带来的。最大的欺骗是自我欺骗，而深受其害的正是说谎者自己。学会适当看轻自己、袒露自己的疑惑和无知，才能更好地融入工作和生活，最终在事业上得到更好的发展。

张兵是清华建筑系高材生，毕业后进入了一家国有企业。报到当天，公司就把他派到远离公司的施工现场，和工地的工人师傅们同吃住同劳动。大兵觉得自己是一个名校的高材生，如今却被安排到这种最基层的岗位上工作，空有一番才能和抱负。

他认为公司的安排是对自己能力的蔑视，因此做什么事都打不起精神，还三天两头地请假回家。工地的王师傅看出了张兵的心思，觉得这样下去对公司、对他来说都不是件好事，就想找个机会和张兵好好谈谈。

下班后，王师傅拎了瓶二锅头和一点儿下酒菜来到张兵的宿舍，亲切地对他说：“小伙子，刚来单位，还不怎么习惯吧，来，咱哥俩儿喝几杯。”几杯酒下肚，张兵觉得眼前的老师傅亲切了许多，不觉地将他当成自己家中的长辈，把自己心中的郁结都告诉了他。

王师傅听了，笑着说：“这没什么，谁年轻的时候没有点儿轻狂劲儿，大家都是从这个年纪过来的，你心里边怎么想的，我都懂。我刚来那会儿，也很苦闷，心想着公司怎么就把自己安排到这么个荒凉的地儿呢，可能心里边多少都有点瞧不起工地的同事，每天下班了就一个人待着，一段时间工作下来，也没认识几个同事。有一天，工地上来了一个老人，看得出来，同事们都很喜欢他，争相和他谈论建筑方面的事情，大家一起喝酒唠家常，其乐融融。后来老人回去的时候，同事们就像送别多年的哥们儿似的，一直送了很长一段路才道别。送走老人后，同事拍拍我肩膀，问我觉得梁总怎么样。我挺纳闷，哪冒出个梁总来。结果同事告诉我，那个老人家就是梁总。”

王师傅吞了口烧酒接着讲："我当时特别震惊，那个民工打扮的老人家竟然是叱咤地产界的梁总，堂堂大公司的老总却跟工人们处得哥们儿似的。后来我就悟出个道理来，不管做什么事情，都得好好掂量自己，取得再大的成就，也要适当地看轻自己。"

说完，王师傅放下手中的酒杯子，看着张兵。只见他沉思了一会儿后，坚定地对王师傅说："我懂了，谢谢您！"从那以后，张兵像是换了个人似的，工作上积极了许多，跟同事们相处时也热情了不少。

著名的哲学大师苏格拉底曾经说过："我平生只知道一件事，那就是为什么我那么无知。"一个有自知之明的人，会更加谨慎地去做事，而自作聪明的人却往往只能看到自己的长处，忽略别人身上的优点，不懂得扬长避短，结果只能在竞争中一败涂地。

真正的智慧在于自知无知，只有认识自己，才能认识人生。不论你的才能和天分有多高，都要把自己看得愚蠢些，因为对于整个大社会来说，你只是其中渺小的一分子，你需要做的是谦虚谨慎地走好每一步。

能够看到自己的愚蠢，是一件令人欣慰的事情，因为清楚地看到自己的不足，才能更好地调整和改善自己的状态。适当的自我否定并不是自卑，相反，一个人总是逞强，把自己的身份定位在强者，往往是不自信的表现。

莎士比亚有这么一句名言：聪明的傻瓜比傻瓜的聪明更可笑，因为聪明的傻瓜用他全部的聪明来证明他的愚蠢。的确，如今的社会，浮夸之风渐盛，随处可见一些妄自尊大，自以为是的人。但是真正有内涵的人，身居高位依然能够看轻自我、忘记曾经的辉煌，在每一次的成功后都警惕自己。

人的一生，好比爬山，在到达山顶之前，都要想象自己正处于山的最低处，这样才能给自己不断往上爬的信念。看轻自己是福，把自己当成傻瓜，淡泊平和地过好每一天，踏踏实实地走好每一步。

第五章　职场博弈

——老板向左，员工向右

1. 做聪明乌龟，不做笨蛋兔子

《伊索寓言》中龟兔赛跑的故事是许多人在幼儿园的时候就听过的，其中蕴涵的哲理和深意也尽人皆知。行动缓慢的乌龟竟然大败于以跑跳擅长的兔子，人们在惊讶和感叹乌龟的坚韧和执着的同时，不免同情起那只有才但自大的兔子。它浪费了上天赋予它的天赋，仅仅因为个人的懒惰错过了探囊取物般的胜利，实在可惜。

假如兔子在比赛的时候，没有在半途中打瞌睡，那么乌龟就算再怎么坚持，也不可能跑得过迅捷的兔子。兔子会在比赛途中睡着，是因为它疏忽大意，轻视了敌手。对兔子来说，与乌龟赛跑，就算自己闭着眼睛跑，也能赢过号称世界上跑得最慢的动物，没必要那么费神，还不如放松心情，睡个大觉。结果，兔子最终因为自己的“聪明”输掉了比赛。

乌龟在途中看到了打瞌睡的兔子，如果它具有公平竞争的精神，就会选择把睡着的兔子叫醒，但它并没有这样做，反而把对手的疏忽当成了自己的机会。当乌龟爬过兔子身边时，必然是蹑手蹑脚，生怕惊醒了兔子丢失了自己取得成功的好机会。

的确，潜在的优势并不一定带来必然的胜势，即使面对实力远不如己的竞争对手亦不可掉以轻心；如果你的对手有失误，锲而不舍的“弱者”也完全可能在实力悬殊的竞争中获得最终的胜利。

寓言故事中的赛场尚且如此，现实中的职场也是一样，不怕慢就怕站，谁能笑到最后，才能笑得最好。表面上看似笨拙迟钝的人，往往能使对手放松戒心，从而给敌手致命的一击，乘其不备夺取胜利；外表看似聪明的人，也可能因为自己的疏忽以致让人贻笑大方。在职场博弈竞争中，若想成为最后的胜利者，就要做聪明的乌龟，不要做笨蛋兔子。

新员工在进入公司的时候，往往积极性都会特别高。尤其是在试用期，谁都想要好好表现一番，在领导面前拿出好成绩，从而得到上司的认可。手段高明的人，可能会伪装得很单纯、什么都不懂。私底下却开始分析每位前辈的性格特点，收集他们的资料，试图抓住他们的弱点或喜好，进而利用或者取悦。

郭美在某大型企业工作多年，工作经验非常丰富。半年前部门调来一个新人由她管理，她对这个新员工也毫无保留倾囊相授，不仅为其制作了日程表，详细说明工作流程，甚至还在她的电话旁边贴上了提醒小字条。

新员工在实践操作中，总是表现得很笨拙，连一些很简单的问题都要向郭美请教。郭美觉得这个人看上去很老实，虽说接受速度慢了一点，学习态度还是值得肯定的，每天的工作任务也能顺利完成，所以就一直积极地帮助她，在处理每一件业务的时候，都不忘叫她来观摩学习。

郭美心想，自己很快就能有一个得力的好帮手，每天繁重的工作也可以找人来分担了，可是没过多久却发生了一件让她深感意外的事情。公司有个主管跳槽走了，空出来一个位置，按照资历来说，获取这个职位对于郭美来说，简直如探囊取物一般，可是，最后这个位置却被那个新员工抢去了。

经过仔细分析后，郭美发现在近几次的工作安排中，这位新员工表现十分出色，很快崭露头角，获得了老板的赏识。而且她勤奋好学，一直利用业余时间去充电，可是自己却偷懒，把工作都交给新人去做，给了她很好的锻炼机会。久而久之，新人早已不再是当初的“菜鸟”，而是技艺娴熟，能够独当一面的员工了。

其实，决定郭美与主管职位失之交臂的还有另外一件事：有一个客户传真来一份订单，郭美看到是老客户，就没怎么在意，放在一边忘了处理。过了几日，她早已把那份订单的事忘得一干二净。而那个新人发现后，没有提醒郭美，选择了自己处理。后来在公司的内部会议上，老总问起订单的事情，郭美这才想起自己忘了处理，而那个新人此时将处理好的结果交给了老总。因为这件事，老总当众表扬了这位新员工，私下里还对郭美给予严重的批评。至于后来新员工升任主管一职，老总认为是理所应当。

业精于勤而荒于嬉，郭美自身的能力虽然不错，但是，她却因此放松了警惕，自以为有助手帮忙，便可以高枕无忧了，就像龟兔赛跑中肆无忌惮呼呼大睡的“兔子”一样，丧失了警惕性，忽视了新人的潜力。在职场中，要想平稳发展就一定要大智若愚，切忌像兔子一样聪明反被聪明误。

三国时期，杨修是曹操手下的一个幕僚，他天性聪颖，思维敏捷，连曹操都自叹不如。曹操建造花园时，动工前工匠们拿着工程的设计图纸请曹操阅示，曹操看完图纸后什么也没有说，只是在园门上写了一个活字。工匠们不解其意，只好去请教大才子杨修。杨修听完后，不紧不慢地说：“丞相的意思说园门设计得太大了，你们赶紧重新设计一下吧。”

工匠们按照杨修的提示修改了方案，曹操见到改造后的园门，心里很满意，问工匠是如何知道自己心意的，工匠们实情相报，说是多亏了杨主簿的指点。曹操会意一笑，口中称赞杨修智慧过人，其实心里却嫉恨杨修的才华。

后来，刘备攻打汉中惊动了许昌，曹操亲自率军平定汉中，哪知连吃败仗。曹操想继续发兵攻打，又担心马超拒守；如果退兵，又怕遭到蜀军的耻笑。就在进退两难之际，军中厨师端来一碗鸡汤，碗底有一块鸡肋，曹操看着鸡汤沉思了很久。这时，夏侯惇入帐请令，曹操随口说：“鸡肋！”

杨修听到口令，即叫随行的军士收拾行装，准备返程。士兵们觉得很奇怪，问其由。杨修说：“鸡肋者，食之无味，弃之可惜。今进不能胜，退恐人笑，在此无益，不如早归。魏王班师就在这几日，不如早早传令营中士兵打点好行装，免得到时候手忙脚乱。”

曹操得知后大为震怒，他早就对杨修恨之入骨，今见杨修又猜透了自己的心事，便以扰乱军心的罪名将其诛杀。杨修太喜欢炫耀自己的聪明，然而真正的聪明却是大智若愚，杨修只能成为聪明反被聪明误的典型。

在职场，老板也是一样。为了自己名利地位的稳固，他们都会喜欢言听计从、便于管理的员工，如此方能彰显自己的领导才能和智慧。倘若提拔了杨修式的人才，岂不每日忧心忡忡，担心某一天对方会抢了自己的权位。

龙斌在一家国企工作了10年，终于爬到了销售部经理的位置。当然，他为此也付出了很多努力。销售部在这家公司中占有举足轻重的地位，因此公司的上上下下对龙斌都刮目相看。

渐渐地，销售部的职员们发现，龙斌以前接到总经理的电话总是恭恭敬敬，而现在，他可以一边和大家聊天，一边在电话里应付总经理，还常常骗对方说："老总啊，我现在很忙，正在和客户谈话。"

没过不久，原来公司主管销售的副总经理申请退休，最有希望接替他的只有龙斌一人。可不知哪个关节出了问题，龙斌仍然当他的销售经理。而一个办公室主任"一步登天"成了他的顶头上司。

龙斌的愤懑是可以想象的，到处放话说自己不想干了。最后总经理找他谈话，让他安心工作，董事会再好好考虑一下。但时隔多日，董事会没有带来任何好消息，他原有的许多权益反而被取消了。

一怒之下，龙斌给总经理送去了辞职信。之前，他曾告诉手下，一旦他提出辞职，公司必定会挽留，因为自己为公司作出过重大贡献。但现实却是在他提出辞职的时候，总经理并没有多大惊讶，只是要他再考虑一下。龙斌赌气说自己已经考虑好了，总经理叹了口气，说下午给他答复。过了几个小时，总经理秘书打电话给龙斌，说："总经理请你办好离职手续。"

龙斌就这样离开了，他本想看公司产品销售不出去的笑话，但事实又一次回击了他。公司产品仍然源源不断地发往外地，他的离去没有给公司造成任何影响。他企图拉拢曾经合作过的商人朋友，却没有一个人理睬他。因为他们是商人，商人都是以利润作为自己的终极目标。

职场生态是复杂多变的，即便是久居其中的老员工也必须遵循职场规律。过多的张扬卖弄，只会让人觉得不可靠，让他人产生反感和戒心。所以，在职场中应谦虚好学，多做聪明的乌龟，而不要做笨蛋兔子。喜欢耍小聪明只会落得个聪明反被聪明误，最后葬送了自己的大好前程。

2. 底牌不可轻易亮

相对上司而言，下属永远处在弱势地位；而作为下属，为了更好地生存下去，就应该具备自己的“杀手锏”，以便在关键时刻发挥作用。同时，下属也不能太过迷信和依赖自己的“杀手锏”，不要把它当成制胜的法宝，更不能随心所欲地乱用，应该等待最佳的机会。

《易经》中提到的“潜龙在渊”意思是人应该懂得待时而动，千万不能轻举妄动。不轻易行动是一种策略，尤其是弱势一方，更要懂得把握出击的时间。如果心浮气躁，提前亮出底牌，不仅不能发挥它的效用，反而会深受其害。

小王平时工作很认真，深得领导赏识，他与同事的关系也不错，还经常与同事们一起出去聚会。小王把周围的同事都当成知心朋友，一有心事就向他们诉说，同事们也都愿意分享他的小秘密。

有一次公司刚发完工资，小王高兴地提出请同事们吃饭。饭桌上大家无话不谈，话题的主角当然是东道主小王，大家都认为小王能力强、人缘好，还深得领导器重，前途一定不可限量。同事们对小王羡慕不已，纷纷向他敬酒。

有些醉意的小王听到同事们的赞扬，不禁有些飘飘然，一时忘形便把自己隐藏多年的一个秘密抖搂出来。他得意地告诉同事，即使自己能力不强也照样可以在公司里混下去，因为他的父亲和公司里的韩主任是多年的老友，他能够进公司还是人家帮的忙。

此言一出，大家对他就更加羡慕了，可是第二天有人有意无意地跟领导说出了小王的秘密。一个月以后，小王的靠山韩主任正式退休，而小王也很快就被安排到公司收发室，美其名曰收发室主任，其实就是个看门的，从此小王整日郁郁寡欢。如今事情少了，工资也降低了，甚至与同事们聚餐的机会也渐渐少了，至于为什么会沦落到这种地步，小王无论如何也想不明白。

之所以会发生这样的悲剧，其根源就在于小王自己无意中透露了底牌，犯了职场大忌。他的“靠山”在任时可能会得罪某些人，其中难免有公司的中高层领导，当“靠山”卸任后，必然会有人对小王痛下黑手，这也就是小王沦落为看门人的主要原因。

一个聪明的员工应该懂得如何去隐藏自己，凡事留有一手，以备不时之需。不到万不得已，千万不能暴露自己的意图和能力，平时只有隐藏好自己的杀手锏，才能在关键时刻起作用。

与领导博弈时，底牌往往就是员工需要隐藏的核心能力，这是对方所没有掌握的信息，从而造成了信息的不对称，也就能够影响对手的判断和决策，这对员工来说十分有利。隐藏自己的底牌既是自保的需要，也是寻求进一步发展的要求。

一个聪明的员工应该让老板觉得你有潜力可挖，而不是认为你只有这些潜力可挖。轻易把自己压箱底的能力和方法透露出来，老板对你的培养和利用兴趣会有所减弱。保持老板的好奇心非常重要，一旦老板彻底地了解了员工的能力，就会制定相应的标尺来衡量和定位你的角色，这样会限制你的发展。

有个新应聘的青年上班时非常拼命，每天都竭尽全力地工作，因此创造了不凡的成绩。作为一个新员工，这样的工作表现堪称惊艳，老板对他的工作能力十分满意，同时也为自己捡到了一块璞玉而欣喜不已，还决定过一段时间提拔这个新人。

经过一段时间的观察，老板却发现这个员工根本没有任何进步，每天的工作量、工作效率都没有得到提高，于是就认为新员工的潜力已经开发得差不多了，已经没有了提升的价值，之后便渐渐冷落了他，原本提升他的计划也就此搁浅，再没提起过。

这个员工一上来就鼓足了劲工作，努力发挥出自己最大的价值，看似很得老板欢心，实际上却亮出了自己的底牌，也直接暴露了自己的能力极限，给自己圈定了发展的范围。而老板总是希望员工可以不断提高和进步，这样才能为自己创造更多的利益，一个没有太多开发价值，不能取得进步的员工，不能真正长久地吸引老板的注意，被老板冷落自然也就在情理之中。

刘先生在一家销售公司已经工作了8年，算得上一个老员工了，工作经验非常丰富，公司的领导对他也还不错。可是他就是一直没能得到提升，依然是个普通员工。随着新员工的不断成长和冲击，刘先生觉得自己再不往上爬的话，以后就更加没有机会上升了，而且用不了多久自己就会被新人淘汰掉，可能连现在的地位也保不住。一想起这些，他就非常郁闷。

刘先生一直认为自己的能力足够胜任主管的位置，上司也对他的能力颇为看好，刘先生觉得如果自己一年内还得不到重用，还不如跳槽去别的公司。他的家人也劝说他趁早离开公司另谋出路，以免一辈子都耽误在里面。

对于跳槽这个想法，刘先生一直都将它当成自己向公司邀价的“筹码”，借此来威胁领导提拔自己，不到无路可走时，他也不想走到这一步。他甚至有了一个完美的构想，等到自己帮公司揽下生意时再“逼宫”，让领导们措手不及，这样获胜的希望更大。

新员工对刘先生的评价一直不好，因为他们经常会受到刘先生的严厉批评。一方面是因为双方存在竞争关系，另一方面则是新人往往爱擅作主张。经常批评人，刘先生也因此得罪了许多人，但他一直觉得新人不能把他怎么样，也没怎么在意。

有一回，领导把他叫到办公室谈话，对他打压新人的行为进行了严厉的批评。刘先生对此很不满，就与领导大声理论起来，结果越说越激动，一不小心就把自己跳槽的想法说了出来，领导当时很惊愕。没过几天刘先生就被公司炒了鱿鱼，而公司也找了另外一个老员工来替代他。

在职场博弈中，每个人都要注意隐藏自己的底牌。轻易就托出自己的底牌，可能会失去生存和发展的根基，同时也容易暴露出自己的弱点，给对手以可乘之机。

“鱼不可脱于渊，国之利器不可以示人”，想要在职场中生存下去，员工就必须保证自己拥有隐藏着的“利器”，一旦提前暴露了这种博弈优势，优势往往就会转化为劣势，只有把握好时机，才能让老板对你始终都保持一定的关注度。

3. 行百里者半九十

1930 年，美国爆发经济危机，一个刚刚失业的年轻人为了能够养家糊口，就向某家大公司投了一封求职信，信中只有一句话：请给我一份工作。

公司以没有空缺为由拒绝了他，但年轻人依然不死心，不断地写信给这家公司，而且每次都加上一个请字，结果在写到第 2 500 封信的时候，他的诚意打动了这家公司，公司决定给他一份处理邮件的工作。

年轻人遭遇了 2 499 次拒绝，他所面临的压力可想而知，但他依然不断地坚持下去，取得了最后的成功，

一项工作，越接近成功，往往也就越困难，很多人经常因为看不到结果而停止前进的步伐。有时候前面看似山穷水尽，可如果能够再多坚持一会儿，也许就能柳暗花明，人们却往往不能坚持下去，结果遗憾地错失成功的机会。一个做事不能善始善终的员工，往往不会得到老板的赏识。老板虽然看重员工的能力，但同时也看重员工的执行力、毅力、专注度、自信以及耐力。

某家公司准备招聘新职员，于是进行了一场别出心裁的面试，公司的老总亲自进行监督，他要求前来应聘的大学生，先绕着公司跑上三圈，然后拿着简历到公司各个部门去盖章。大家都觉得莫名其妙，可是又不好多言，只好照办，结果三圈下来大家都累得气喘吁吁，一些应聘者因为体力不济就直接退出了面试。

打算留下来的人又忙着去盖章，当时正值中午的休息时间，许多部门都没有人，结果又有一部分人离开了公司，放弃了面试。

下午上班时，剩下来的一批应聘者把简历交给了老总，可是老总连看也没看，就直接扔到垃圾桶里，他说简历上除了章印什么也看不清了，所以干脆不看。这时候，一部分应聘者对此开始不满，直接掉头就走。

老总没有说什么，只是把剩余的人叫到了会议室，然后宣布：今天的面试让我很不满意，你们整体表现不尽如人意，我只能这么说，今天的面试可能只录用一人，也有可能一个都不会录用。

话一说完，人群就开始骚动起来，接着大批的人愤愤地离开了会议室，只留下四个应聘者。老总看了看手表说：你们先去外面等我，等会儿我还要在这里开个会，四个应聘者无奈只好到外面的大厅中等候。一个小时以后，看到老总还没有出来，有两个应聘者实在等不下去了，于是失望地离开了公司。

2 小时之后，老板走出会议室，把两个信封分别交给了两个应聘者，两人立刻撕开封口，可是里面还是信封，继续撕下去，结果又是信封，一连打开了五六次，里面除了信封，什么都没有。这时，其中的一个应聘者当场就发起火，

认为公司是有意整人，根本不像面试，于是把剩余的信封直接撕碎了，然后生气地离开大厅，老总则无奈地摇摇头。另外一个应聘者却依然坚持下去，终于看到了信封中的一张纸条，上面写着“录用”两个字。

职场就像一场马拉松长跑，越是坚持到最后的阶段，就越是要专注和努力，最接近成功的地方往往就是最危险的地方，而这种危险有可能是自己带来的。有些员工在接受任务时，一开始总是非常卖力，可是等到快完成的时候，就掉以轻心，认为成功唾手可得，于是渐渐松懈下来，结果遭遇到失败。只有做好最后的冲刺准备，具备坚定的信念，坚持不懈地走下去，才能收获成功。

林风是一家外贸公司的业务员，初入职场的他工作非常努力，办事毫不马虎，对于这样的工作表现，老板全都看在眼里，于是就想将林风当做重点培养的对象。一次，老板临时派林风外出联系客户，希望给他一个锻炼和表现的机会，林风也想干出一番成绩，这个出差的机会来之不易。

任务下达后，林风认真地收集客户的相关资料，并逐一进行核对、联系、洽谈。经过三天的不懈努力，他顺利联系上了一个大客户，但是对方对林风公司开出的条件并不很满意，似乎没有太强的合作意向，林风便多次上门进行游说，最后终于打动了对方，客户有感于林风的诚意，甚至请他吃饭。

双方达成口头协议后，约定两天后签订合同，林风眼看着就快成功了，心里十分高兴，长期压在胸口的大石头终于放了下来，当天晚上他睡了自接手工作以来最安稳的一觉。他以为双方的合作几乎是板上钉钉的事，所以好好地休息了三天，没有把谈判签合同的事放在心上。结果三天之后，那个客户打电话过来，决定取消双方的合作计划，因为这几天，其他的公司开出了更好的条件，所以放弃了这次的合作。

林风接到电话后，一下子懵了，原以为十拿九稳的事，现在却突然出现变故，到手的生意被别人抢走了。努力了那么久才联系到了客户，他却忽略了最后的也是最重要的一点：如何稳住客户。结果眼睁睁地看着成功与自己擦肩而过。鉴于林风的拙劣表现，老总对他的印象也大打折扣，渐渐地也就放弃了原先的培养计划。

职场之中最忌有始无终，不能坚持到底的员工，很难收获成功，而且大都不能得到老板的赏识，老板看重的是最后的业绩和利益，无论员工多么努力、认真，一旦遭遇失败，老板没有见到预期的结果，自然会不高兴，尤其是那些在关键时刻放弃或放松努力的员工，老板更加不能重用，因为这种员工根本不能依靠，更不值得依靠。所以，一个不能坚持到底的员工，往往处于职场博弈的下风，甚至会被对方淘汰出局。

4. 定位但不越位

在现代职场中，不同的人处于不同的阶层，相对应的职能也有所区别。每个职场人在扮演自己角色的时候，都要明确自己的职能和权限。对自己有一个清晰的认识，在自己的职权范围内有分寸地做事，才能获得职场博弈的胜利。

杜越是个很活泼的人，脑子里总有很多点子，做事也很有冲劲。身为总经理秘书，她很讨得上司器重，自己也觉得前途是一片光明。也许正是因为自己春风得意，杜越也渐渐地开始飘飘然了。

一次公司召开内部大会，杜越提前到了会场，许多部门的同事也已经到场，等待着总经理的到来。看到同事们都在小声地聊着天，杜越清了清嗓子，学着总经理的口气对一些部门的工作发表了自己的看法，这样指手画脚的评论自然引起了其他部门同事的反感。

类似这样的事情，之后还发生过几次，对于别人的工作，她都想发表自己的评论，自认为同事们都没有她想得周全。直到有一次，一个需要总经理签字的合同，她没有经过同意就擅自代签，总经理问起时，杜越很自信地说："我觉得这个没什么问题，所以就签了。"结果，没过多久她就被解雇了。

其实，杜越被解雇的原因并不是她办错了事，只是她没有摆正自己的位置，越权办事犯了职场的大忌。一个秘书最重要的就是了解自己的职责范围，做好自己的本职工作。她应该做的就是在领导需要了解情况的时候，认真地作出有针对性的建议，而不是以自己的想法来评论。每个领导都喜欢聪明的下属，但是他们更喜欢懂得把握分寸的下属。

在职场中，处在什么样的位置上，都要知道自己所在位置上的职责，不可越俎代庖。有的员工自认为与领导走得很近，常常代领导传递信息、发布命令，便称得上是领导的化身和影子，甚至把自己比作公司的“二把手”，从而产生一种优越感。久而久之，这种优越感会演化为骄傲自负，变得盛气凌人，甚至欺上瞒下，以领导的名义招摇撞骗，谋取私利。这样不仅会影响领导的工作开展，也会败坏了领导的形象，甚至损害公司的利益。

自古以来，在上司与下属的博弈中，上司总是占据有利地位。孔子曾经说过：“君君，臣臣，父父，子子。”做君的要有“君”的样子，能够统率好臣子；做臣子的也要有“臣”的本分，能够尽忠于君王。古代很多臣子往往死于君主的一句话，可是在临死前依然无怨无悔，恪守着“君要臣死，臣不得不死”的纲常。

在现代企业中，上司要炒下属鱿鱼，下属就不得不离职。作为职场中的一员，一旦对自己的角色认识不够到位，往往就会出现一些不好的结果，例如：当你详细地向上司汇报工作安排时，上司却显得不太耐烦，说你太拘泥于这些细枝末节；而当你简略地汇报一项工作计划的时候，上司却责怪你交代得不够细致，转而追问一些琐碎的细节问题。出现这种问题的根本原因就在于：你对自己的角色定位得不够清晰。

从海外留学归来的穆凡长相俊美，人也精明能干，在公司里深受领导和异性的青睐。有着多年的海外生活经历，他在跟外商谈判时，总是能轻易拿下订单，也因此成为公司的新宠儿。相比之下，他的顶头上司就显得逊色多了，不仅个头比穆凡矮一大截，学历也没有他高，因此，这位上司从内心里对穆凡有些嫉妒。

在一次与上司一同参加的酒会中，穆凡得意地和外商频频举杯，流利的外语，优雅的举止使他很快就吸引了众人的眼球，成为了全场的焦点。酒会结束时，他竟然抢在上司前面跟外商道别，把上司冷落一旁，弄得上司很不高兴。

没过几天，穆凡就被调到公司的一个非常清闲的部门去了。他对此当然疑惑不解，可曾经一块工作过的关系不错的同事却把这件事看得非常清楚。在一次小聚中，这位同事向穆凡道出了事情的原委，穆凡原来的上司在那场酒会之后便眉头紧锁，找个机会向公司老总打了小报告，说穆凡这个人太浮躁，与客户交流没有深浅，很容易得罪客户，因此不太适合做销售。

经同事点拨，穆凡才知道自己犯了职场大忌，没有把自己好好定位，工作中还常常超越上司。虽说自己是业务骨干，但终究是一个受上司管理的员工，一旦“越位”，引起上司不满，受苦的当然是自己。

的确，作为员工在各种场合应当以上司为中心，突出领导的“主人翁”地位。如果喧宾夺主，在公众场合抢风头，必然会让上司陷入尴尬的处境，那么你卷起铺盖走人是早晚的事了，没有哪个领导愿意把“越位”的下属留在身旁。

从此，穆凡汲取了教训，在新部门对上司恭敬有加，跟上司一块走路的时候，他习惯性地后退一步；与客商谈生意时，他会先在一旁保持缄默，偶尔在上司词穷的时候，才会恰到好处地补充几句。谦虚、谨慎的穆凡很快就博得了上司的赏识，上司觉得他能力出众，之后便极力推荐他任职这个部门的副经理。

上司就是决策者，而你就是执行者。在职场中，千万不要忘了自己的身份。什么话不该说，什么事不该做，都要了然于心。给自己清晰地定位，不要越位，以防误陷雷区。

与此同时还要注意，在工作中帮助别人是一个很好的习惯，但是应该有限度，如果事事都要插手，那你是否太过“热心”了。你有没有考虑到别人是否会接受你的意见，或是只认为是麻烦呢？

大多数的领导者德才兼备、经验丰富，他们的意见和决策大多是经过全盘考虑和深思熟虑的。一般情况下，这些意见和决策都不会有太大的问题。作为下属，按照正确的意见和决策去做就可以了，不应该自作主张地认为自己与领导不同的意见就是对的。

有时有些工作是有时限性的，不能因为你认为不对或你有不同看法就不按领导规定的时间去传达落实，而有意扣压领导的指示决定，传达你自己错误的决定，那样可能会造成工作上的被动，甚至出现不可挽回的损失。下属多数情况下只是一个执行者，坚决按照领导正确的决定和指示去做就可以，千万不可本末倒置，否则会得不偿失。

5. 上司永远是对的

好的下属往往能看到自己的错误，也勇于承担错误，而能够称得上“优秀”的下属则永远“看”不到上司的错误，他们不会当众揭露上司的过错，会尽量维护上司的权威和面子。人非圣贤孰能无过，身为上司也难免会犯错，但是鉴于上司的特殊地位，下属最好不要立即反驳上司或者指责上司的错误，因为这样做极有可能会遭到上司的打压。

有人说：“宁可得罪君子，也不得罪小人，宁可得罪小人，绝不得罪上司。”这话不免有些夸大，但是却颇为实用，学会无视甚至掩饰上司的错误是潜在的职场生存法则。

刘军是一名专业的矿工，为人正直且爱打抱不平，只要看到谁犯了错，他就会不留情面地当场指出甚至批评，同事们都知道他的脾气和性格，也就不与之计较。他曾经好几次力排众议，提出许多正确意见，结果避免了工作事故，保证了工作的正常进行，所以大家对他的仗义执言并不反感。

有一次，总局派人到矿井里视察工作，并召集所有矿工们集中在一起开会。会上总局巡视员针对近来各地出现的矿难事件，对矿井的安全防护工作提出了几点建议，结果说错了一句话，在场的矿工都知道这位领导犯了常识性错误，但是没人敢声张，可是向来就心直口快的刘军没能控制自己，站起来纠正了对方的错误。巡视员的脸当时就红了，没有再讲下去，场面非常尴尬，而刘军却当成什么事也没发生一样。

第二天，刘军就被上司找去谈话，上司责怪他鲁莽得罪了总局领导，整个矿上都跟着背了黑锅，可他却觉得自己理所应当指出领导的错误。就这样，刘军又跟上司吵了起来，上司声称要找矿长解雇刘军，而刘军听了一气之下主动离开了矿场。

在职场中，员工永远都处于被动的一方，是职场博弈的弱势群体。领导始终掌握着“生杀大权”，懂得保护上司的面子便显得尤为重要。尊重和保护领导的尊严和威严，也是员工的一种自我保护措施。为了更好地在职场生存下去，员工不仅不能当众指责上司的错误决策，有时候甚至应该帮着掩饰和转移错误。

某公司招聘了一批新员工，老板为了让大家更好地适应和了解工作环境，也为了对每位员工有一个清晰的认识，就将新员工召集在一起开个内部会议。

会前点名的时候，老板将一位叫黄珏（jue）的员工名字读成了黄 yu，结果没人答应，老板于是提高了嗓门又喊了一遍名字，这时候，一个员工怯生生地站起来，轻声地说：您说错了，我叫黄 jue 不叫黄 yu。

老板当时就脸红起来，显得极不自然，而人群中出现的一阵低沉笑声更让他觉得难堪。就在此时，一个小伙子站起来说道：不好意思！我是打印名单的打字员，是我写错字了。

老板见到有人给他台阶下，顿时很欣慰，同时又示意这个小伙子下次认真一些。两天之后，这个自认为打字员的员工被提升为经理助理，而黄珏则被公司解雇了。

适当地替上司顶包，可以赢得他们的感激和信任，也许上司会因为这份义气而加倍补偿员工，这样有利于员工的发展。有时候，上司犯了错误，员工不能明说也不好顶替，这时候还不如将错就错，使之能够自圆其说。

陈先生是一家纺织厂的老总，为人没有多少文化，平时说话时总是容易出错，下属们也都习以为常，从来没有人当面指出他的错误。

某一次，市政府准备派人到厂里视察，老板自然非常重视这个机会，希望可以趁此打响公司的招牌。为了给前来视察的领导留下好印象，他让员工把公司里里外外都打扫了一遍，自己则到处进行巡检，看看有没有纰漏的地方。

走到大门口时，他发现工厂的门口除了印有厂名的招牌以外，连个厂训标语都没有，这显然不太合适，标语往往是公司企业文化的象征，没有标语的公司总给人一种混乱、没有内涵的感觉。想到这里，他有些着急了，于是赶紧在纸上写下几个字：不怕新苦，无惧挑战。然后交给一个员工，让他去打印店制作一个横幅，并要求这个员工把条幅挂在公司大门的正上方。

下午，陈老板想看看条幅，却发现自己把“辛”误写成了“新”，顿时紧张起来，这时他看见领导的车子缓缓地向公司驶过来，根本没有时间换条幅，他只好打消撤走条幅的念头。

市领导们下车后，直接就盯上了大门上方的红色条幅，向人群中问道：这是谁写的标语？陈老板低着头准备答话，不料人群中抢先回答：我们的老板自己写的。陈老板抬头一看此人正是帮他打印标语的员工，脸色立刻阴沉下来。

这个员工却镇定地向领导们解释："新"与"辛"同音，又有直面新挑战、新工作的寓意，一语双关。领导听后不住地点头，老板这时才放下心来，决定一定要好好奖赏这个聪明的员工。

原来这个员工早就知道老板写错字了，但是害怕自己提出来会引起老板的不快，为了保险起见他就没有说破，同时他又发现写错后，依然可以换个说法来圆场，于是将错就错。结果不仅没有伤害老板的自尊和面子，还有效地提升了老板的能力和智慧，同时也扭转了自己所处的尴尬处境，制造了最佳的结果。

有人说职场有三样东西，员工们千万别和它们过不去，即公司的票子，自己的位子，上司的面子。不顾上司的面子，就很容易得罪他们，这也是职场中最忌讳的事。一个精明的员工应该懂得如何与上级人员保持良好的关系，懂得如何维护上司的地位和尊严。

得罪上司，对自身的发展根本不会有任何好处，职场的生存秘诀之一就是：上司说什么就一定是什么。这既是维护上司面子的需要，同时也是公司执行力的表现，没有多少领导会喜欢一个擅作主张的员工。

在对待领导犯错这件事上，关键是员工们该如何去把握领导犯错的度，只要不是原则性的错误，员工尽可以当成正确的表达，只要执行的时候改正回来就行，有能力的话，甚至可以曲解错误，打好圆场。

职场中，没有犯错的上司，只有做错的下属。理解了这一点，才能在博弈中收获更多利益。

6. 跳与不跳，是个问题

战国时期，秦楚两国准备联合攻齐，但碍于齐国宰相孟尝君的势力，一直不敢出手，于是便派人实施离间计，离间齐王和孟尝君的关系，结果齐王果然听信谗言，罢免了孟尝君的相位。

此时，孟尝君门下的食客冯谖想到一条妙计，他先到魏国进行游说，希望魏王拉拢势力强大的孟尝君，结果魏王心动，大张旗鼓地聘请孟尝君去魏国当宰相，而孟尝君依据冯谖的安排和计策，始终没有表态，三次拒绝魏使。

齐王听闻魏国要聘用孟尝君，心中十分不安，立刻向孟尝君道歉，希望他不计前嫌继续出任齐国宰相一职，结果孟尝君又官复原职，而且还博得了齐王的信任。其实这是冯谖精心策划的一起“跳槽”计谋，目的就在于抬高孟尝君的身价，保住他原有的地位。

在现代职场中，同样存在这种胁迫式的跳槽行为，把跳槽当成加薪提位的筹码。

李先生是一家大型广告设计公司的职员，能力突出，而且工作表现也非常不错，给领导留下了很好的印象。领导曾经多次提出要给李先生升职，但是也不知是什么原因，一直没有兑现承诺。虽然他的呼声总是最高的，但是真正一到提拔员工的时候，他往往就会被上司忽略掉，为此他十分苦恼。

有一次，他向朋友诉说自己不公平的遭遇，没想到朋友竟然劝他跳槽，李先生虽然对自己不能升职的境遇极为不满，但是却从来没有跳槽的打算。他对目前的工作还比较满意，换个环境也许会变得糟糕。

这时候，朋友想到一个妙招，希望李先生用跳槽来胁迫公司，自己则从旁协助。此后朋友便假扮某个广告公司，每天都向李先生的办公室打电话，而李先生总是装出一副爱理不理的样子，可是电话一直没有断绝，这引起了公司领导的注意。

这时候，李先生就依计向老板提出辞职，说是身体抱恙，想换个轻松一点的工作。老板原本就非常敏感了，听说李先生想辞职，就立刻联想起近来频繁出现的“骚扰”电话，心里有些不舍，就希望李先生能够留下来，并且许诺加薪升职，态度十分诚恳。李先生借故拒绝了几次之后，“勉强”答应了领导的请求。

跳槽可以作为一种胁迫武器，但前提是你有足够的资本，缺少这个条件，那么计谋就很难获得成功，这是一种假跳槽。很多时候，跳槽只是为了替自己寻找一个更适合发展的环境。

张可经朋友介绍，进入到一家外贸公司工作，可是这里工作环境让他很不

适应。每次外出洽谈业务总免不了和客户喝酒，虽然自己的酒量还算可以，但是每次陪客户喝完酒后，肚子里就翻江倒海，十分难受，有几次甚至吐出胆汁来，以至于后来见到酒就害怕，可是一到工作需要的时候，还是要硬着头皮顶着。时间一长，身体受到了很大的伤害，家人很不放心，也多次劝他离职换个工作。

工作两年多，张可依然只是个普通的业务员，原本希望闯出一番事业的他渐渐有些灰心，最终向公司提呈了辞职书。辞职后，他来到一家杂志社工作，虽然和自己的专业不对口，但是他向来就喜欢投稿写文章，所以对杂志社的工作比较满意，而且不必陪客户喝酒，自己也不用再遭罪。

在杂志社里上班，张可觉得很合适，与自己的性格很相配，而且远离了原先的每日应酬，生活变得十分规律，工作精神也更加充足，没过多久，张可就因为良好的工作表现得到了提升。

有些人跳槽是为了换个工作环境，找到一份适合自己的工作，有些人则借着跳槽的机会学习更多的技能和知识，希望可以得到更多更大的发展机会。

阿里巴巴网络技术有限公司的 CEO 卫哲，曾经也有一段“光辉”的跳槽史。1993 年大学毕业的卫哲进入上海万国证券公司上班，给证券公司的经理当秘书，每天做一些端茶递水、打扫卫生之类的小事，但是卫哲渐渐学到许多服侍上司的技巧，经理见他聪明肯干，就开始有意提拔他，并经常带他出入各种高层，卫哲接触的人和事更加宽泛，也为他积累了成功的经验。

由于表现突出，没过多久，他就被提拔为公司的副总经理，一段时间之后，卫哲发现自己欠缺财务方面的知识，于是决定辞掉副总经理的职位，转而去了普华永道会计师事务所担任财务顾问，地位一下子下降了很多，但是在这个位置上，他学到了许多财会知识。因为踏实勤奋，公司不断提拔他，他很快就被调往总部任高级经理。

在巨大的成就面前，卫哲并没有自我满足，他发现自己的执行力不够好，于是再次辞职，进入百安居集团担任财务总监兼执行副总裁，并且很快就升任为百安居中国区的总裁。随着电子商务的迅猛发展，卫哲看到了电子商务发展的巨大潜力，可是他对这方面的知识比较生疏，于是就决定跳槽，最终来到阿里巴巴。

与大多数人不同，卫哲跳槽是为了充实自己的能力，他将职场跳槽当成一种游戏，轻松自如，甚至有些随心所欲，但前提是他具备这种游戏职场的资本，所以他才能在不断的跳槽中攀上人生的巅峰。

无论出于何种目的，都要谨慎对待跳槽的事，不能单纯的因为想换工作就跳槽，这样对自己的发展可能不利，当然也不能永远困守在毫无发展前途的岗位上。跳槽可能会带来发展的转机，也有可能将你打入更糟糕的境地。跳槽之前一定要了解自己的实际情况和实际需要、盲目跳槽可能会面临的风险、未来的发展潜力等等，做好充分的心理准备。同时也应该衡量自己的能力和潜力，合理定位自己，然后确定自己的奋斗方向和奋斗目标，制定一个合理的人生规划，这样才能更好地作出决策。

7. 做好绿叶衬红花

泰戈尔说："果实的事业是尊贵的，花的事业是甜美的，但是让我们做叶的事业吧，叶是谦逊地专心地垂着绿荫的。"在职场中，老板永远是主角，是"红花"，身为下属应该甘当绿叶，时刻维护上司们的威信，这是职场的"潜规则"，更是职场生存的重要策略。

一个有效的团队必须有一个核心人物，这个核心往往就是你的上司，只有大家都心甘情愿地围绕着核心去转，事业才会取得成功，那么作为员工，也就能得到相应的利益。如果员工耐不住寂寞，想要"出人头地"，希望成为职场舞台上的焦点，那么有可能会被炒鱿鱼，大多数上司都不会喜欢功高震主的下属，因为这些急于表现的下属往往会威胁到自己的地位，为了免除后患，上司一般会打压甚至解雇他们。

江乾是一家模具制造公司的职员，因为能力出众，颇受上司的关注和欣赏，为此，他总不免有些孤傲和自负。有一回，公司准备研发一种新型模具，就将任务分派给表现一直不错的研发二组，这正是江乾所在的部门，由江乾任副组长，正组长是一个能力平平的中年人，但却是整个研发部的副经理。

公司下达指示之后，江乾非常兴奋，他希望借着这次研发机会好好表现一番，让整个公司都意识到自己出色的能力，没准能够得到重用和升职。江乾对自己的能力非常有信心，他希望大家都听他的指挥，这样才能更好地贯彻实施自己的想法，相信不出半年就可以研制出新产品。他的能力毋庸置疑，但是他这样做完全忽略了上司的感受，这毕竟不是自己全权负责的团队，他也不应该成为团队中的主角。

其实他可以成为上司的幕僚和军师，直接将自己的想法告诉组长，然后由组长进行指挥，但是自傲的江乾认为想法是自己的，就应该自己去传达和实施，组长不应当出面干预，他不想把自己的独特创造拿去和别人一同分享，而是迫切地想证明自己的才能，以引起更多人的关注。

正当江乾信心满怀地实施自己的研发大计时，组长对他的表现越来越不满，认为他太过目中无人，完全忽视了组长的地位和作用。处于爱才心理，组长不方便直截了当地斥责这种“出格”行为，对他暗示了好几次，可是江乾总是有意无意地转移话题，组长最终忍无可忍便以“莫须有”的理由将他开除出去。

一个有能力、有主见的员工，应该懂得如何去当好参谋，为上司出谋划策，成为上司身后默默无闻的配角。在职场中，员工首先要成全上司的事业，然后才追求自己的事业，千万不要和上司争功，有时候甚至应该主动让功，表现你的忠诚，只有这样你才能争取到更多的利益。

刘天是一家物流公司的小职员，工作能力并不突出，表现也非常一般，唯一的特点就是为人很老实，从来不贪功，无论是同事还是上司都非常喜欢他。

最近物流公司的生意不很景气，公司要求就员工尽可能多地联系客户，争取得到更多的生意，为此公司还制定了一系列的奖励措施，以提高员工的积极性。

原本在库房做库管工作，对于联系客户的工作刘天根本就不在行，可是在非常时期也管不了那么多了，只能硬着头皮顶上。刘天的上司韩主任对此也很无奈，与员工相比，他所面临着的是巨大的压力，如果任务不能顺利完成，自己免不了要受到公司的处分。

虽然没有多少技巧，但是刘天却幸运地联系到了一位大客户。这是一家知名的外贸公司，而且也有强烈的合作意向，于是双方迅速达成了协议。一下子就解决了公司的客户短缺问题，刘天自然成为了公司里的焦点人物。

生意谈判成功之后，公司准备对刘天进行奖励，这时候，刘天却向公司说自己只是在韩主任的授意下去和客户交流，真正联系客户的人是韩主任。没过几天，韩主任就被调到总部去上班，而韩主任为了表示感谢，向公司提议让刘天担任自己原来的位置，结果公司很快就采纳了他的建议。

不想当元帅的士兵不是好士兵，但在当元帅之前，必须要先当好一个合格的士兵，给元帅充当绿叶。正如歌德曾说过："想要使别人认可你的价值，你首先得为别人创造价值。"只有具备甘当绿叶的精神和态度，才有机会"媳妇熬成婆"，成为别人的上司，成为职场的"红花"。一个不争名利、处处为上司着想、事事以上司的利益为先的员工，经常会得到上司的青睐和器重。

联想现任执行总裁杨元庆，一直以来都默默地站在柳传志的背后，为联想的发展出谋划策，以前大家一说起联想，都会习惯性地想起柳传志，柳传志就是"联想之魂"，而很少有人会提及同样劳苦功高的杨元庆。

自 1989 年硕士毕业以来，杨元庆就一直在联想工作，从普通员工到部门经理再到集团副总裁、总裁，他一路走来，使联想的销售额节节攀升，给联想创造了巨大的商业利润和发展空间。然而直到 2001 年，柳传志"功成身退"，将旗帜传给新一代领导核心杨元庆手中，把他推上联想舞台的正中央，大家才开始真正认识杨元庆。

翻开杨元庆的履历表就会为他的能力和价值而惊叹，他在柳传志身后默默地工作了十几年，成绩出色却甘当绿叶，可以说柳传志的成功肯定离不开杨元庆的支持和帮助。而杨元庆的绿叶精神也感动了联想，感动了柳传志，加上他出色的能力，柳传志一直对他寄予厚望，最终决定将位置传给他，让他带领联想继续发展壮大下去。

甘心为红花输送营养、衬托红花的魅力的绿叶往往能长得更滋润、更健康。在职场中，最重要的就是获取上司的信任，一个甘当绿叶，为红花保驾护航的员工，能够博得上司的欢心和器重，同时也可能会得到上司的保驾护航。

第六章　官场博弈

——弱肉强食的屠宰场

1. 低俯之草，更经风霜

一位渔民带着儿子出海打鱼，不料当渔船行驶到海中央时，突然狂风大作、巨浪滔天，几乎掀翻渔船。渔民艰难地掌着舵，同时让儿子用斧头把桅杆砍断。儿子对此疑惑不解，却也不敢怠慢，照父亲所说的砍断了桅杆。

没有了桅杆的渔船变得平稳许多，直至大海重新恢复平静，父子俩才手摇着船桨返航。回去的途中，儿子问父亲："没有桅杆就无法扬帆，为什么还要砍断它呢?"渔民语重心长地说："桅杆虽说是帆船前进的支柱，但是，一旦遭遇风暴，高立的桅杆就会使船的重心上移，削弱船的稳定性，砍断它是为了降低重心，保持稳定，这个时候安全是最重要的啊!"

渔民的儿子长大后选择了从政，虽然离开了渔村，但他把父亲说的话牢记在心。"竖起桅杆做事，砍断桅杆做人"，无论在工作中取得多大的成就，他都会想起那根被砍断的桅杆。

人们总是把为官比作海上行船，几经沉浮后，只有能经受住风吹雨打，才能到达梦想的彼岸。在官场博弈中，要想立于不败之地，就必须懂得谦逊做人，低调处世。谦逊不是懦弱，而是为人处世的智慧，懂得谦逊的人必将受到人们的尊重；低调也并非不思进取，在低调中修炼自身，无论是做人还是为官，都有进可攻、退可守的高深谋略。

西晋的名臣羊祜虽出身于官宦世家，但他为人谦恭有礼，为官更是两袖清风，毫无骄横跋扈的恶习，甚至有人将他与孔子最喜欢的学生颜回相提并论。晋武帝司马炎上位后，羊祜因为辅佐有功，被封为郡公。虽居当朝要职，但是羊祜对同朝的文武百官甚至前朝的大臣都十分尊敬。

因辅助有功，武帝有意给羊祜加官至车骑将军，可他却坚决推辞，认为自己入仕的时间不长，不应该受封这么重要的官位，并且自己身为外戚，受到过分宠爱，其他的官员多少会有些不服，于是上表乞求武帝收回成命，但是武帝并没有同意。

在这之后，每逢因功受封，羊祜都坚持不受，态度十分诚恳。朝中百官听说了羊祜的事迹后，都对他推崇备至，甚至觉得他的胸怀和才能足够胜任宰相之职。

虽然掌握着机要大权，但羊祜从来不钻营权势。他呈给皇上任何计谋或是手稿都要亲手焚毁，为的是防止秘密外泄；经由他举荐的官员都是贤能之人，但他从来不张扬，有时就连被举荐者也不知道自己是在羊祜的帮助之下才入朝为官的。

羊祜生活十分简朴，吃穿用都和平常百姓一样，所得的俸禄都用来接济百姓，家无余财。羊祜临终留下遗言，让家人恳请武帝不要以侯爵的级别厚葬他。武帝听说羊祜的遗志感叹道："羊祜一世清廉，身虽死，美德仍在，遗志更为感人，他的贤德可以和古代的伯夷、叔齐相媲美了。"

不论是做人，还是当官，羊祜都做到了低调务实。正因为如此，上至一国之君，下至全城百姓，都对他表示敬佩。

低调做人既是一种姿态，也是一种风度，更是一种智慧。用平和的心态来看待周围的一切，是立世的根基，也是成功的前提，只有这样，才能适应所处的环境。

谦卑往往被当成软弱，其实不然，它是一种生活态度，是尝遍辛酸的成熟；是一道可以将锋芒藏起的保护膜，把所有指向自己的生硬，都化成绕指的温柔。

武则天时期的宰相娄师德，进士出身，在他入朝为相后不久，他的弟弟也升任代州刺史。眼看弟弟就要离京赴任，娄师德在弟弟临行之前郑重地问道："为兄现任这一人之下万人之上的宰相一职，而你现在又承蒙圣恩出任州郡的最高长官，人们难免会疑忌，这个该怎么化解呢?”

弟弟当即答道：“大哥所说的我明白，我去代州上任之后，即使有人往我脸上吐痰，我自己擦掉就算了，绝对不与对方计较，请大哥放心。”

听了弟弟这番话，娄师德不禁摇了摇头，感叹道：“这正是我担心的地方啊！别人往你脸上吐痰，这说明他对你已经非常不满，才会有这种过激的举动；你把它擦掉就更加惹恼了对方，唾沫么，不擦也会干，你只要朝着对方微笑就好。”

娄师德的低调，可能被其他官员看做是懦弱，但就是因为这份“宰相肚里能撑船”的气量，他才一直受到武皇的重用直至官拜宰相。后世的人们在面对蔑视和羞辱时，常常以娄公“唾面自干”的精神鼓舞自己。

山不显露自己的高度，不影响它的高耸云端；海不炫耀自己的深度，不影响它的容纳百川；大地不解释自己的厚度，但是谁都不能取代她作为万物之主的地位。智者不作解释，因为他明白，解释只会把事实越描越黑。用微笑面对他人的指责，以宽容对待他人的过错，具备如此胸怀的人，往往都是为人处世的大赢家。

“曲高者，和必寡；木秀于林，风必摧之”，自命不凡、行事高调的人，往往容易遭到打压。不懂得低调，总是喜欢将自己的才华展现在世人面前，自身的锋芒很容易便会被折断。

隋唐的著名才子薛道衡，13岁时便能背出《左传》，隋高祖时期曾官任国史侍郎。大业五年，隋炀帝在位，听闻薛道衡的盛名，想一睹其文采之风，便召他进宫，命他现场作文一篇。薛道衡为了显示自己的文章水平，挥笔写下《高祖颂》，对高祖功绩的赞扬之词溢于纸上。炀帝心存嫉妒之心，看了文章却很不高兴，说：“这只是文辞漂亮而已。”

有一次，炀帝和大臣聊天，自负说自己才高八斗，傲视天下文人志士。那些大臣们，平日便和薛道衡不和，其中御史大夫更是乘机在炀帝面前说他仗着有几分才气，不听训示，甚至不把皇上放在眼里。炀帝听到这番言语，联想起上回的《高祖颂》，便下令把薛道衡绞死。

假使薛道衡平日懂得深藏不露，便不会得罪炀帝和御史大夫了，也不至于招来杀身之祸。在低调中修炼自己，将才华、声望、野心、权欲都隐藏在甘为

愚钝的谦卑之后。即使是功成名就后也保持一颗平常心，这是一种气魄，更是精益求精、执着追求的风格。

愈丰实的稻穗愈低垂，低俯间往往具有更充实的美；而每棵低俯的草，都更能经受风霜的考验。低调为官，正确地对待名和利，以己为镜，恰到好处地表现自己，不要锋芒毕露，坦然面对局势，方能化不利为有利。

2. 孟子曰：孔圣人所言极是

俗话说“大树底下好乘凉”，要想在复杂多变的官场中始终立于不败之地，最保险的方法就是寻找几棵可以依靠的“大树”。如果你没有什么背景和后台，你最起码要保证不得罪人，尤其是领导。既想不得罪领导，还想让领导成为你可以依靠的“大树”，那么你首先就必须学会奉承，迎合领导的心意，逐渐得到领导的信任和器重，这样既能稳固现有的地位，同时还有希望高升。

可以依靠的上级领导，官位也有大小，但是大有大靠，小有小求，即便与你只有半级之差，权利大小还有很大区别，毕竟“官大一级压死人”是个不争的事实。即便是一人之下万人之上的宰相，还是照样要俯首在君主的权威之下，稍有不慎就会有失爵丢官之祸。

上级始终是上级，官位没有程度上的多少之差，只有职位的大小之分，如果忽略了这一点，那么官场必定不会一帆风顺。

何承最近刚刚升任为副科长，全家人都为他高兴，凭着自己的能力和辛苦打拼才有了今天的晋升，实属不易。他觉得自己应该趁机好好表现一番，以增加领导对自己的印象，所以，在之后的工作中他更加积极，一有机会就努力表现自己。

某次开会时，处长提出了几点工作要求，大家都纷纷表示同意，只有何承觉得工作要求有问题，应该从长计议，甚至还提出了不同的意见和要求。处长对何承的举动有些不满，但碍于情面没好意思发作，但是他对何承的建议却置之不理。

何承认为自己身为副科级干部，虽然官位稍低，但是不应该遭到无视，自己完全有资格、有理由发表看法，甚至提出不同的见解。于是，他一直坚持着自己的观点，结果在大会上与处长发生了争执，两人互不相让，旁人纷纷劝何承收敛一下，争得面红耳赤的他根本听不进去。

对于处长而言，何承的行为已经严重影响到他的权威，他认为何承公然与自己唱反调，摆明了是在挑衅，于是就召开党委会议，重点讨论何承破坏组织团结，不服从组织命令的行为。没过几天，何承所在科室的科长就莫名其妙地找他谈话，原来上级已经决定他的副科长职位由别人接管，他重新干以前的科员工作。

虽然还是副科级，但是何承每天都要听新来的副科长安排工作，他的心里对此意见很大，但更多的还是后悔，后悔当初不应该对上司如此不尊重才造成今天的下场。

的确，作为下属，对上级一定要表示充分的敬意，应尽量顺从领导的意思，领导说什么，你就做什么，不要问太多原因，更不能违逆领导的命令。溜须拍马、阿谀奉承并不是奸臣抑或贪官污吏的专属，君子也有奉承领导的时候，但却高尚而睿智，而且有时候迎合上级也需要讲道德，不能睁眼说瞎话，更不能昧着良心说假话。

战国时期，魏国攻占了中山国，魏王为了显示自己的仁慈风范，就将中山国赐封给了自己宠爱的儿子，满朝文武都高呼君主贤明，只有大臣任座对魏王的举措极为不满。任座认为魏王将封地给了儿子而不是弟弟，明显是有意偏袒儿子、任人唯亲。魏王听了任座的想法后非常生气，于是将他赶走，甚至还想重重地处罚他。

第二天，翟璜了解了事情的前因后果，前去拜见魏王。魏王看见翟璜后就故意问他自己是不是位明君，翟璜恭敬地回答道：您当然是一位好皇帝。

魏王平时就听惯了大臣们的奉承话，所以对翟璜有些失望，于是略带讽刺地问道：那你说说我到底好在哪里。翟璜从容说道：有部下敢于批评的君主，肯定就是明君。昨天任座在朝堂之上批评了您，可见您也是一位好皇帝。魏王听了翟璜的话恍然大悟，当即派人把任座请了回来并加以重用。

翟璜的马屁拍得很有艺术水准，既迎合了君主，又向君主暗示了任座是个人才，在与君王博弈中，制造了一个最完美的结局，达到两全其美的效果。可见，翟璜既称得上正人君子，也堪称官场高手，他深谙为官之道，是一个具有道德修养的“马屁精”。

奉承上级官员也需要技巧，如果处理不当反而会聪明反被聪明误，惹来上级的反感和厌恶，影响自己的发展前景。在官场中，善于奉承拍马从来都不算错，但是拍马屁也得找准地方，一旦拍到蹄子上，可能会伤害自己。

有个官员幼年时家境贫寒，小时候就经常给人家放牛、放羊，因为生活困难甚至当过小偷和乞丐，干过许多坏事；现在当了大官，他也极力地掩盖自己这段不光彩的经历。但是每当和下属们谈论起人生，他还是要隐晦地表示自己曾历经坎坷，借着自己的特殊经历来激励他们，同时好好地炫耀一下自己的成功之路。

有个姓陈的下属官员了解到他的这一嗜好，就总是想着办法来引出此类话题，好奉承一下上司。有一回，这个陈姓下属前去拜访他，就千方百计地引出了官场奋斗类的话题，果不其然，他又开始谈论自己的人生，陈姓的下属认真地倾听着，显出佩服敬重的神色，他聊得起劲，这个下属听得也很高兴。

两人聊得正酣，这时官员的儿子从卧房里走了出来，陈姓下属立刻上前抱起他，和颜悦色地说：哎呀！公子和您简直就是一个模子里刻出来的，想必将来也会和您一样有一个光辉的奋斗经历。

官员一听，脸立刻阴沉下来，自己毕竟做过小偷和乞丐，再怎么样也不会希望儿子重走自己当年的路，所以他认为这个下属是存心拐着弯来讽刺他，于是怀恨在心。没过多久，他就把这个下属调到基层工作了。

下属本来还希望靠着奉承话来和上级拉拢一下关系，给自己的前途做一些铺垫，没想到一时不慎，反而适得其反，造成负面影响，就此断送了自己的大好前途。

有人总结奉承领导的官场潜规则：“上司的话就是金玉良言，上司的规定就是金科玉律。”迎合上级、奉承领导、顺从上司，对自己官场的生存和发展有百利而无一害，不过溜须拍马必须有一个限度，过犹不及，而且应该掌握奉承的技巧、掌握领导的信息，这样才能在官场博弈中无往而不胜。

3. 韬光养晦不露锋芒

曾国藩曾说：“寡言者可以杜忌，寡行者可以藏拙，寡智者可以习静，寡能者可以节劳。人之精神，贵藏而用之，苟炫于外，鲜有不败者。”正因为他懂得适时掩藏锋芒，大功不举，沽时而动，并日省三身，才能在满族人统治的清政府中成功立足，成为晚清权倾朝野的汉族大臣。

清政府原先一直都支持曾国藩兴练湘军，目的就是为了利用湘军的势力来打击洪秀全的太平军，为此曾国藩还连升数级，统领江苏、浙江、江西、安徽四省军务、政事，成就了清朝官场的奇迹，更成为满清入关以来第一位受到如此重用和礼遇的汉臣。但是曾国藩清醒地知道这不过是清政府的权宜之计，湘军势大，始终都会被朝廷视为祸患，而自己因为功高震主之势，迟早会成为清政府的眼中钉、肉中刺，统治者肯定欲除之而后快。

打败太平军后，朝廷就对湘军保持着高度的警惕，为了减少朝廷对自己的猜忌，曾国藩在朝廷封赏时，总是把功劳归于朝廷和友军，而自己和湘军却从不居功自傲，并在人生的巅峰从容撤退，解散了90%的湘军队伍，从险恶的政治激流中成功抽身。

曾国藩看准时势，功成身退，解除了大清的猜疑，结果保全了自己。

权利往往也是祸根，一个人站在权利的巅峰，既是人生得意之时，也是最危险的时刻。能力过强或是政绩显赫，就可能会遭到上级打压，失去发展机会；鹤立鸡群也会受到同事排挤，无法安稳任职。一个不懂得掩藏锋芒的人，往往容易成为众人攻击的对象，尤其是受到政敌的攻击，只有能够韬光养晦，低调处事，才可以迷惑对手，从而免除祸事。

东晋杰出政治家、军事家谢安善于隐忍、藏锋，他从政入仕期间，正好是桓温把持朝政、独揽大权的时候。桓温气焰十分嚣张，不仅废立皇帝、总领军政大权，而且还极力打压各种反对势力。

谢安知道桓温始终都将自己以及谢氏的力量视为大患，为了保存陈郡谢氏的权势，以待日后能够谋取大事，谢安处处向桓温示弱、示好，以解除对方的防范之心。面对桓温咄咄逼人的政治攻势，谢安总是逆来顺受，表现出一副胆小怯弱的姿态，而且不时讨好桓温。

有一回，在朝堂之上，谢安远远看见桓温的大轿子威风凛凛地走进朝堂之上。谢安立刻恭恭敬敬地上前作揖。桓温得意地说：你这是做什么，何必要如此殷勤呢？谢安则一本正经地回答：您位高权重，连皇上见了都要行跪拜之礼，我不过是一个臣子，当然也应该向您行礼。桓温听了非常高兴，对谢安也客气了许多，之后便大摇大摆地走开了。

郗超是桓温的心腹，他凭借桓温的势力在朝中也是一手遮天，掌握生杀大权，而且他与谢安多有罅隙，早有整治谢安之心。谢安为了防止郗超报复，于是主动前去拜谒，不料郗超有意刁难，借故不便相见，让谢安吃了闭门羹，不过谢安坚持隐忍下去，一直在郗超的门外等候。结果直到晚上，郗超依然不出来见客，只是派管家出来应付一下，说是公务繁忙，早就睡下了，而自己则躲在屋里偷听。

谢安识破管家的谎言后，依然不动声色，反而当着管家的面奉承起来，认为郗超勤劳为国，忙于公务，实在是自己学习的榜样。一席话说得郗超十分舒畅，此后就不把谢安放在心上了，谢安由此成功躲过政敌的报复。

正因为谢安谦卑善忍、深藏不露，才迷惑了政敌，保存了自己的势力，也正是因为有谢安以及谢氏力量的牵制，桓温一直没有实现篡位的梦想。

官场上的韬光养晦不仅可以用来防范对手的打压，而且还能够适时地克制自己的欲望，修身养性。一个善于掩藏锋芒的官员，往往能够不为名利所动，安然自处，不求富贵加身，但求祸不临门。

人往往容易在权势名利的追逐中迷失自我，最终走上自我毁灭的道路。为人处世最忌讳的就是不知足，人的欲望一旦膨胀，就很难收手，最终可能失去自制力和判断力，给自己招来祸害。在官场这种特殊的环境中，人更容易接触到各种诱惑，如果不能把握住自己，就有可能越陷越深，难以自拔，结果被对手抓住把柄，为人所制。

韩国前总统卢武铉堪称平民总统，他没有背景、没有学历，完全靠着坚韧不拔的意志渐渐登上总统的宝座，他的奋斗经历颇受韩国民众的喜欢，而他在任职期间的“阳光政策”也深得民心，一时间风头无俩。

在位期间他并没有什么政治污点，可是事实上，卢武铉执政后期已经涉嫌

贪污受贿，只是没有东窗事发。卢武铉卸任后，新任总统李明博为了进一步打压主要的竞争对手民主党，于是就对民主党实行政治清算政策，结果刚刚卸任不久的卢武铉就因为贪污受贿被推到了政治斗争的风口浪尖上。

在权利的巅峰上，卢武铉最终没能逃过金钱的利诱，反而越陷越深，给自己清清白白做人的履历表上添加了不少污点。面对民众的责难和外界的批评，他无法承受巨大压力的折磨，最终选择了跳崖自杀，以此结束了自己富含传奇却跌宕起伏的一生。

卢武铉本来可以功成身退，安享晚年，不料被对手抓住了把柄，结果英名丧尽，反而背负骂名，他的死更是令人唏嘘扼腕。身为总统树大招风，如果他能够掩藏自己的锋芒，谨小慎微，不利用职权牟利，始终像早期一样清正廉洁、洁身自好，能够抵御住巨大的诱惑，那么就不会贻人口实，而对手的攻击也就无从入手。

“非淡泊无以明志，非宁静无以致远”，为官之道就在于拥有一颗平常心，凡事不要太过张扬，应该时刻克制自己的欲望和野心，掩藏自己的锋芒，这样才能更好地生存和发展下去，才能在官场博弈中寻求发展的契机。

4. 刚柔相济的权谋韬略

一个精明的官员对待下属时，应该懂得恩威并施。平时严格约束部属，有效地予以监督和管理，对于犯错的下属要严惩不贷、以正视听，防止他们越界做出不法之事；同时上司又要适当地对部属加以表扬、施以恩惠，这样就能保持良好的工作关系，工作时才能够上下一心，事半功倍。

如果总是实施惩罚制度，会让下属觉得上级领导太过严酷，有些不近人情，就不免要与上级疏远开来，那么上级在处理问题时往往会处于孤立状态，这样不利于工作的开展；如果只用恩惠“收买人心”，会让下属觉得上司非常仁慈，久而久之，下属办事时就经常会我行我素，完全不顾领导的规定，忽略法纪的约束，从而失去控制，这样很容易误入歧途，造成不可挽回的损失。

在官场中，应该懂得灵活运用“胡萝卜加大棒”的策略，时刻警示和激励下属，既维持了下属工作的积极性，同时又加强了上下级的合作关系。这种刚柔相济的策略是一种高明的驭人之术，同时也是一种进退有道的人生谋略。

强尼是俄亥俄州的一个普通警察，他的工作能力突出，深得民众的信任和上司的欣赏。原来的警长因为工作出色，对地区安全的维护治理有方，被调到洛杉矶当警务处处长。老上司被调走，强尼不免有些失落。

趁着新任的警长还未到任，原本有巡查任务在身的强尼准备去酒吧里消遣一下。那天街上却发生了一起抢劫案，当时强尼的一个同事正在巡街，看到犯罪分子手里还拿着枪，就向强尼请求援助，可是强尼已经喝得大醉，同事们怎么也联系不上他，幸而最后犯罪分子被及时制服，没有酿成大错。

第二天，新上任的警长听到昨晚的事情后非常生气，就把强尼叫到办公室，他语重心长地告诉强尼：“出于警局规定，我应该对你的失职行为进行严厉的处罚，不过鉴于你一直以来的良好表现，我决定暂时不予追究，只进行记过处分。”听到这番话后，原本对新任警长还抱有一丝抵触情绪的强尼渐渐消除敌意。

“另外，这次的事并没有破坏你在我心中的良好印象，你还是一个出色的警察。”警长又补充了一句。听到警长的赞美后，强尼心里十分愧疚。

后来警长和强尼数次破获大案，两人的配合默契十足，也因此成为了很好的搭档和朋友，他们还因为出色的表现受到了州长的接见。

刚则易折，柔则萎靡，刚柔并济才是官场生存的秘诀。建功立业时要有积极奋发之心，坚韧不拔的意志；而争名夺利时要采取柔和谦卑的战术，甚至适时地隐退，只有进退有道、能屈能伸，方能成就大业。

春秋时期，越国的大将范蠡曾经积极辅佐朝政，与越王勾践同甘苦共患难，誓要帮助勾践打败吴王夫差，称霸南方诸国。他的忠心日月可鉴，他也因此深得越王的赏识，但是当越王成功复国后，范蠡却主动提出放弃高官厚禄，带着西施远离政治，飘然隐世。

范蠡认为：飞鸟尽，良弓藏；狡兔死，走狗烹。如果他继续留在朝廷任职，难保不会功高盖主，勾践迟早会视他为心腹大患，并借机将其铲除掉。范蠡深谙官场生存之道，所以在强势建功立业之后，采取相对保守的柔弱措施，放弃

名利，以求自保。

无独有偶，西汉的张良也知道此类官场的游戏规则，在帮助刘邦夺取天下时，才智过人的他一心辅佐朝政，积极为刘邦出谋划策，成为刘邦最信任的人。可是刘邦夺取天下之后，欲论功行赏时，张良却机警地选择离开政治舞台，结果选择享受荣华富贵的韩信和萧何无一幸免，成为汉室稳定的政治牺牲品。

官场斗争十分复杂，稍有不慎往往会给当事人带来灭顶之灾，即便强权在手，谁也没有必胜的把握。官场博弈忌讳恃勇逞威，权力和地位不能解决一切问题，有时候需要采取相对柔性的办法，避其锋锐，却能挫敌锐气。

宋太祖赵匡胤“杯酒释兵权”之后，认为江山就此稳固，于是就渐渐地贪图享乐，荒废政事。一日，他手持弹弓在御花园里打鸟，正玩得兴起，忽然有太监慌慌张张地跑来禀报说有位大臣急事求见，赵匡胤虽然觉得有些扫兴，不过听说是急事，也就没多耽搁，立刻接见了大臣。

听大臣报告完他所谓的急事，赵匡胤非常生气，认为这种小事根本就不值一提，于是反问大臣：“这也叫大事、急事?”大臣随口说了一句：“虽不是紧急军务，却比打鸟更重要吧!”

赵匡胤一听，立刻火冒三丈，上前就给了大臣一个耳光，结果把大臣的两颗牙齿打掉了，大臣从容地俯下去捡地上的牙齿。赵匡胤余怒未消，故意问道：“怎么，你还想捡起牙齿和我算后账?”

大臣依然面不改色，但态度缓了些：“罪臣自然不敢再冒犯天威，不过这事自有史官们会记得的，是非对错也自有后人去评说。”赵匡胤一听，虽心中不悦但脸上却故作微笑，不仅没有治这位大臣的罪，反而重重赏赐了他。

大臣在立场上、人格上始终刚直不屈，但在强权面前主动示弱，言语之中柔和婉转却也不失道理，既没有冒犯之意，又直击对手的软肋。借着软硬兼施，刚柔并济的手段，成功征服了至高无上的皇权。

刚是目的，柔是手段，为官者首先必须要具备一定的“刚”气，就是俗称的官威，在官场中，这是身份、地位、原则、法纪的象征，无论何时何地、面对何人，都要具备代表自己地位的气势和威严。但是为官应该懂得灵活应变，许多时候用柔性的措施来解决问题，反而会事半功倍。

“至刚非刚，大柔非柔”，只有刚柔并济，才能从容地应对官场的各类问题，才能在官场博弈中始终处于优势地位。

5. 借力谋权的生存之路

《红楼梦》里薛宝钗填柳絮词中的一句“好风凭借力，送我上青云”，意思是凭借外力,使自己青云直上，诗句展露宝钗之雄心壮志其意甚明。能够凭借外力，为自己谋取利益，这是为人处世的生存法则，更是官场的潜在规则。一个人想要在官场获得更多、更大的发展机会，就必须懂得借力谋权的技巧，这是升官的捷径，可以让你少奋斗许多年。

慈禧初入皇宫时，身份只是一个地位卑微的秀女，她知道宫廷政治复杂残酷，而像自己这样没有什么地位和背景的女人，很难在后宫生存下去，唯一的机会就是拼命往上爬，等到位高权重也就高枕无忧了。

想要向上爬，慈禧首先想到的就是借助外力。于是她费尽心机得到了咸丰皇帝的宠幸，使自己的身份成功上升为贵人，但是在后宫之中，她的地位仍属下层。好在慈禧怀上龙种，母凭子贵，慈禧因此受封为懿嫔，地位又得到提升，但她依然没有满足。

经过细心地观察，慈禧认为自己想要在后宫站稳脚跟并谋求发展，就必须赢得皇后慈安的信任，于是她千方百计地接近并讨好皇后，没过多久，两人就情同手足，而慈禧也如愿借助皇后的力量成为后宫中的第二号人物。同治帝即位后，慈禧受封为西太后，地位几乎等同于东皇后慈安。

慈安天性仁厚，也没有什么心机，这更让慈禧有机可乘，独揽了后宫大权。此时的她已经不再满足于统治后宫，她的野心越来越大，甚至想仿效武则天执掌朝政。可是朝中八位辅助大臣却成了她执政最大的障碍，慈禧发现恭亲王奕䜣势力较强，于是想方设法拉拢了恭亲王，并借助奕䜣的力量发动了辛酉政变，粉碎了八位大臣的力量，从而顺利地实施了她的“垂帘听政”。

大权在握，慈禧实际上已经成为了清朝真正的统治者，但是恭亲王奕䜣位高权重，实力不容小觑，始终都是慈禧的一块心病，慈禧也想找个机会给奕䜣

点颜色看看。编修蔡寿祺意外获知了慈禧与恭王之间的矛盾后，打算借机讨好女主、求得富贵，于是上书严劾恭王贪墨、骄盈、揽权、徇私四大罪状。而慈禧宣奕䜣问话时，他的态度极为不好，结果也惹恼了东太后慈安，两宫决定传召内阁，商议如何处罚奕䜣，慈禧于是便借助慈安顺利罢免了奕䜣议政王的职务。

从此之后，慈禧便成为满清王朝的真正统治者。能够在竞争激烈而残酷的皇宫里生存下来，并独揽大权，最重要的一点就是她懂得利用身边的资源为自己谋福利、帮助自己铲除异己，扫清前进的政治道路。

对于普通的官场中人来说，上级永远都是比较可靠的保护伞，依靠上级的力量，不仅可以寻求保护，还能够得到提携机会，很快获得提升。而上级们也乐于多拉拢人才，培植势力，壮大自己的嫡系队伍，形成庞大的裙带关系和裙带组织，以增加自身地位的稳固性。

在这场博弈之中，双方各尽其力，又各取所需，一个精明的官员自然应该懂得其中的利害关系。借助强势的政治力量永远都是官场谋权的捷径，有时候，找到一个可以依靠的好上司比自己的埋头苦干更为重要。

1845 年李鸿章投帖拜于湖南大儒曾国藩门下，学习经世之学，成为曾国藩的学生，而曾国藩对他也颇为器重，不惜倾囊相授。后来太平军发动起义，曾、李二人各自回乡办理团练。李鸿章因为镇压起义军有功，受到朝廷封赏，但也遭来嫉恨和排挤，于是黯然放弃团练，投靠到曾国藩的湘军阵营，希望借助曾氏的力量获得更多的发展机会。

曾国藩十分看重李鸿章的能力，有意培养并提携他，而李鸿章在曾国藩的调教和维护之下，羽翼渐丰，在湘军中开始崭露头角。之后曾国藩又多次向朝廷举荐李鸿章，甚至帮助李鸿章创立了战斗力极强的淮军，至此李鸿章开始了自己辉煌的政治生涯。

正是靠着曾国藩的赏识和提携，李鸿章才一步步地走向成功，最终成为满清的重臣。当然，精明的李鸿章也知道曾国藩需要他的才能来壮大自己的幕府。其实曾国藩广纳群贤的目的也是为了巩固自己的地位，他一生结交、荐举、网罗的人才数量庞大，大批人才得到朝廷重用，其中李鸿章、左宗棠等人甚至封侯拜相，他的幕府堪称中国历史上规模与作用最大的幕府。

纵使李鸿章有经天纬地之才，如果少了曾国藩的帮助，他可能只是一个报国无门、出仕无望的失落者。正因为李鸿章利用曾国藩爱才的心理，主动接近并全力辅佐，才能借助曾国藩的力量，一步一步地壮大自己的权力和势力，使自己成功地走上人生的权力巅峰。

借助外力不仅可以提升自己，还可以帮助自己避免在官场斗争中受到损失。与官场对手竞争时，可以借助外部力量打击对手，不仅可以避免与对手正面交锋，还能够赢得更多的主动权和获胜的几率。

明朝万历年间的首辅大臣张居正一直胸怀大志，在他没有执掌大权之前，就有改革国政之心，但是自己的力量太过弱小，根本无法对抗当时的权臣赵贞吉。权臣严嵩倒台后，赵贞吉便成了朝廷中最有权力的大臣之一，他深得皇上赏识，为人也骄横自大，有很强的权力欲望。

与张居正一样，赵贞吉贵为内阁成员，但是他经常干涉张居正的政策，使之难以实施，这让张居正十分不满。为了铲除眼前的障碍，张居正决定向朝廷举荐已被罢职的高拱，利用他来对抗赵贞吉。

待朝廷重新任用高拱之后，张居正又帮助他夺得内阁首辅之位。这样一来，高拱和赵贞吉就势均力敌，可以相互制衡，而张居正则坐山观虎斗，安心处理内阁大小事务。经过一段时间的缠斗，能力稍逊一筹的赵贞吉渐渐败下阵来，不久就辞官告老还乡，张居正利用高拱成功扫清了改革路上的障碍。这时候，内阁之中就只有高拱和张居正两位能人。

赵贞吉一走，两个能力超群的人还是互生戒备，这时张居正的对手已经变成了昔日的好友高拱。高拱忌惮张居正的能力，担心他会影响、抢夺自己的权力和地位。而张居正也意识到高拱能力太强，对自己的仕途一定会产生影响，而且两人政见上常有分歧，自己的改革一定会受到对方的阻碍。

为了维护自己的官场利益，两人开始明争暗斗，高拱处处刁难和考验张居正，张居正则表现出逆来顺受的坚忍姿态，暗中却接近、拉拢宦官冯保。因为冯保深得皇上和太后的欢心，所以取得冯保的信任，对张居正实施改革很有帮助。最重要的是冯保与高拱素来不和，张居正想利用冯保的势力来打压高拱。

取得冯保的信任之后，张居正多次献计让冯保在皇上和太后面前进谗，结果皇上果然对高拱大为不满，于是就找理由罢黜了高拱，张居正再次借助外力除掉了自己的竞争对手。

借力谋权是官场生存的惯用手段，它能够有效地降低“成本”，使成功来得更为轻松、安全。同时，只有借力才不会被别人孤立，才能有效地制衡对手，官场博弈之中，谁手上的资源更多、更好，谁取胜的机会往往也就更大。

官场之中没有借不着的力，只有不会借力的人。懂得了如何借力，权力自然也就唾手可得。

6. 外圆内方话铜钱

著名教育家黄炎培告诫自己儿子的处世之方是“和若春风，肃若秋霜；取向于钱，外圆内方”。这里提到了“外圆内方”，“圆”是处世之道，是中庸和圆滑，象征通融成熟；“方”为立世之本，是正气和原则，是独立人格的体现。

外圆内方是一种人生境界和生存策略，也是在官场之中应该遵守的规则。一个办事教条、不会变通的人，在官场之中免不了会栽跟头。行走官场，要学会说场面话，行场面事，甚至常常需要“口是心非”、“表里不一”，只要不违背道德、法纪，不违背自己立身的原则即可。

大诗人李白的确是才华横溢，也深得皇上欣赏，不过他为官不懂得圆滑变通，一直正气凛然，不肯摧眉折腰。据说他不仅让权臣高力士给他脱靴，甚至“使唤”杨贵妃替他磨墨，结果得罪了朝中势力最大的两个人物，最终只能落得“赐金放还”的悲剧下场。可见一味的自命清高、不近人情，很容易得罪同僚和上司，只有做到圆滑处事、圆融待人，才能更好地融入到官场中去。

小张是县长的秘书，平时帮忙处理各种大小事务，对于县长的一言一行自然都了如指掌，因为具备这种优势，县里的基层领导干部平时对小张都很客气，还有些干部千方百计想接近他，当然小张也清醒地知道他们想拉拢自己的最终目的。

最近县里面又准备提拔一批后备干部，大家都想知道自己是否“榜上有名”，就想方设法试图提前了解县长的真实想法和决定。当面问县长当然不可能，不过大家认为小张一定知道相关的消息，他也因此成为唯一的信息来源。

小张觉得最近大家对他分外“友好”，总是主动向他打招呼，而且许多基层干部有事没事就来他的办公室里转转，一些平时不大联系的人也主动来找他聊天。小张知道他们的动机和企图，向来正直的他就总是显得比较冷漠，不过大家并没有因此而放弃，有些比较熟悉的干部还打电话邀请小张一起去吃饭。

这天，某科长给小张打电话邀请他参加好友聚会，邀请的都是熟悉的好友，这个理由足够冠冕堂皇，小张实在不好拒绝，即便是“鸿门宴”也只能硬着头皮前往。

一开始，饭桌上还比较热闹，大家都畅谈家事，显得非常自然融洽，不过酒过三巡之后，大家渐渐安静下来。有位干部这时候靠向小张，然后笑着问道：“张大秘书，大家都这么熟悉，我也就不拐弯抹角了，你也知道最近县里准备提干，大家都比较关心这件事，不知你方不方便透露一点消息。你放心，我们只是有些好奇而已，绝对没有其他意思，再说了县长都作出决定了，我们也无济于事。”大家也都附和着点头。

小张看了看大家，然后摇摇头说：“这事是县长做的主，我一个秘书哪会知道呢！”

这个干部还不放弃，圆滑地赔着笑脸说：“你怎么会不知道呢，大家都知道你是县长身边的红人……”在场的其他人也都随声附和。

对方的话还没说完，小张就站了起来，义正辞严地说：“不是我不想透露给你们，大家在官场也都很久了，都应该知道这是机密，不能随便透露。我能给县长当秘书，说明县长信任我，我要是把有意无意听到的消息随便传扬，我这秘书也当不了多久了，所以很抱歉你们的忙我帮不了。”

话已至此，大家都没好意思再往下问，况而从小张的话中，他们似乎听出了几分傲慢和鄙视。在座的官员心里自然十分生气，也没有吃饭的心思，坐了一会儿便纷纷怏怏而回。

没过几天，人事变动的结果正式公布，许多基层干部得到了提拔或重用，其中就有两位曾经向小张打探消息并遭到拒绝的。其中一位科长调到县人事局任局长，还有一位科长调到县委组织部任副部长。

对于这两位官员的任免，小张也颇感吃惊，之前他并没有留意平级调动的消息。一个月过后的一天，新官伊始的人事局长与组织部副部长从县长办公室经过，途经小张办公室顺便寒暄了几句。过了一会儿，县长便把小张叫到自己办公室，先对他的工作表示了肯定，之后又说为了将来能够更好的发展，希望他下基层锻炼一下，恰好县史志办缺少一位副主任，于是叫小张出任副主任的职位。

小张听了顿时感觉心灰意冷，史志办没什么实权不说，办公室一共也就四五个人，平调过去当副主任等于剥夺了自己的所有权利。想到刚才经过自己办公室的那两位领导，小张顿时明白了事情的原委。

调入史志办后，小张的工作清闲了许多，也没有人试图拉拢他，饭局也几乎没有。偶尔有相关部门过来检查工作，看到昔日的张大秘书都会有意无意地冷嘲热讽几句。而小张整日沉浸在悔恨之中，他后悔自己太坚持原则，没有处理好官场的人际关系，才落得今日的下场。

的确，“方”是为官的基本准则，是为官出仕的基本要求，也是官员素质的核心体现，一个有正气、有原则的官才称得上合格的官。不过太过方正刚直的人往往难以与别人融洽相处，也只有做到圆融处事、圆滑待人，才能更好地融入到官场环境中去。

公元前 265 年，赵王驾崩，其子孝成王新立为王，实则由太后掌权。政权过渡期间，赵国局势非常不稳，秦国于是趁机攻打赵国。国难当头，大臣们纷纷上谏，建议太后迅速联合齐国一同抗秦，为表联齐的诚意，大臣们主张把太后的儿子长安君送到齐国充当人质。

长安君是太后最为宠爱的儿子，让他去当人质，太后心里自然不会乐意。大臣们坚持原来的主张，游说太后让长安君去齐国。太后龙颜大怒，明确告诉这些敢于直谏的官员，如果还有哪位大臣敢进谏，就必定吐他一脸唾沫，于是官员们都不敢再去进谏。

看到赵国形势越来越危急，大臣触龙再也坐不住了，决定前去求见太后，太后知道触龙一定是来进谏的，于是就生气地接见了他。可是触龙并没有直接提起叫长安君出使齐国的事，而是与太后闲话家常，慢慢地牵引出“父母爱护孩子”的话题，认为父母疼爱子女，就一定会为他们长远的发展做打算，甚至以此故意说明太后疼爱女儿更甚于疼爱长安君。太后否认之后，触龙拿出了太后宠爱长安君，没有为长安君的长远做打算的论据进行反驳。

太后最终明白了道理，于是便答应让长安君作为齐国的人质替赵国立功。其实，触龙内心也主张让长安君出使齐国，这与太后的自私心理是对立的，他甚至对太后的做法也很不满，但是他并没有像先前那些大臣那样一味地强谏，而是采取心理战术，避开太后的盛气，用话家常的方式拉近自己与太后的距离，从而产生共鸣，然后渐渐说服太后。

比起其他大臣的刚直行为，同样正直的触龙处事则要圆滑得多，他没有将双方的对立态度直接摆上桌面，而是主动迎合对方的兴致，然后让对方渐渐认同并接受自己的观点。和其他大臣一样，触龙并没有改变自己的原则和立场，也没有违背正义和道德，但是产生的效果却截然不同，原因就在于触龙能够做到外圆内方，于无形中消弭双方的对立态势，结果拉近了自己与对方的距离，这时候说话、讲道理自然就能够发挥作用。

有人说：官场要说官话，但始终说的都应该是人话。想要在官场顺风顺水，就必须适当地打磨和掩饰自己的棱角，但前提是必须坚定自己的原则和立场。表现得过于正直的官，经常因为有话直说，善恶分明，从而得罪上司和同僚，结果往往不能在官场长久地生存下去，而那些表现太过圆滑、毫无原则和立场可言的官则尽显小人姿态，见人说人话，见鬼则说鬼话，这种人同样也会受到大家的冷落和排挤。

“内方”堪称人体的骨架，挺直不屈、屹立不倒，是立身的根基。“外圆”则是人的血肉，形态柔弱多变，却能提供生存的养料。只有二者完美结合起来，人才能更好的立身处世，才能在官场博弈中争取到更大的利益。

7. 常年混官场，厚颜也无妨

混迹官场，必须具备良好的心理素质，练就一张厚脸皮，以阔达的胸怀处理各种关系。脸皮太薄是不行的，被领导说了几句就挂不住了，哭哭啼啼甚至一甩袖子走人，这样的人到哪里都是混不下去的。

脸皮厚还要厚得带些弹性，接受批评时能够虚心受教，奉承别人时又不吝言辞之美，取利时可以不请自来，拉关系时能够称兄道弟，遭拒时还能死缠烂打，努力用“诚”心打动对方，这样的厚度才叫恰到好处。

要想在官场中游刃有余，必须将脸皮练就一定的厚度，这一方面刘备堪称典范。刘备本来只是平凡人家出生，但是在风云际会、时局动荡之时，他希望自己能有一番作为，为了积累人气、人脉，他在姓氏上大做文章，到处宣扬自己是汉室宗亲、皇族后裔，并以大汉皇叔自居，其实他与中山靖王早就不知隔了多少代，所谓的皇族亲戚实在太过勉强。

另外，刘备先后投靠、侍奉多人，与被骂做三姓家奴的吕布相比，有过之而无不及。刘备称帝之前，势力弱小，为求发展机会，曾先后投奔公孙瓒、袁绍、吕布、曹操、刘表等人，辗转往复也不过为了自己的私利。

刘备曾经以地小物薄，难以发展为借口，多次向江东孙权借取荆州，但是刘备取得荆州后，却把荆州当成立足的根据地，逐渐扩张自己的势力。直至西取益州，建立蜀汉政权，刘备也没有归还荆州，即便东吴数次催要荆州，刘备都一一敷衍过去。

正因为舍得下脸皮和面子，刘备才能不断取得发展壮大的机会，最终称霸一方，形成三分天下的局面。

厚脸皮也是一种交际能力的体现，脸皮薄的人往往不会主动去结交人际关系，结果错失许多人力资源，而且常常因为经受不住挫折而提前放弃，不能坚持下去。厚脸皮是一种交际的智慧，能够忍受一时的挫折，能够降低身份和尊严，能够坚持不懈，这样的人才会让对手束手无策。

某县最近要兴建一处大型游乐场，以便拓展旅游业，但是工程量过大，花费也不小，有可能会被认为是形象工程而遭到上级制止，主管基本建设的副县长陈立决定去市里进行游说，争取得到上面的政策和资金支持。可是市里的官员今年被换走了许多人，其中包括主管建设的副市长，陈立很难再利用原来的关系。

为了能够搭上更大的关系，他只能厚着脸主动接触这些领导。听说市里某家大型企业的厂房竣工，为此准备举办一次剪彩仪式，广邀各界名流，其中还邀请了主管建设的副市长，陈立决定自己也赶赴剪彩活动现场，以便接近这位副市长。

剪彩仪式上他一直不方便行动，不过活动之后有一个小型的酒会，于是他便厚着脸皮混进这个酒会。陈立在酒会上看到新上任的副市长及其夫人，于是主动上前敬酒，意欲拉近关系。副市长和其他官员正聊得兴起，见到有人前来打搅，心中有些不悦，但还是礼貌地和陈立碰了杯，然后头也不回就继续聊天。

陈立对于市长的不屑态度也不大高兴，但是他依然厚着脸皮站在了市长身边，认真地听他们聊天。一会儿，市长发现他还没走，就忍不住问："这位同志，我好像不认识你，请问有什么事吗?"他借着市长的提问，立刻谦卑地自报了身份。

"哦！原来是陈县长，怎么？难道你们县里也参加了这家企业的建设?"陈立听出了副市长的话中略有讽刺之意，不免有些尴尬，但还是故作镇定地敷衍了几句。

副市长心不在焉地听了个大概，随口就说："听说你们县最近建设得不错，表现也非常出色。"陈立立刻回答："我们县重点发展基础建设，这些年也作出了许多成绩，现在正在规划下一步的发展，还需要上级特别是您多多支持。我早就听说您的事迹，一直就非常仰慕您，但是一直没有机会来拜会，刚刚看到您也在场，心里十分高兴，就按捺不住心情，冒昧上前打扰。"

看到陈立很会说话，副市长渐渐放下架子，和他攀谈起来，陈立觉得时机成熟了，于是就把兴建游乐城的事说了出来，希望副市长能够作出指示，提一些宝贵意见。副市长原本不赞同这种形象工程，不过既然有人向自己征求意见，就不方便直接批评，也只好表面上表示赞同，顺便在言语中显示一下自己的能力和水平。陈立接着表示希望市长可以参加游乐城的剪彩仪式，增加宣传力度，市长自然一口应承下来。

陈立依靠着厚脸皮成功搭上了副市长这层关系，结果县里修建游乐城的事没有受到上级的批评和干预，他也因此顺利完成了任务。的确，脸皮厚的人往往更容易获得成功，而脸皮厚的官员往往更容易获得升迁，因为他们懂得如何才能取悦上司。得到了上司的信任，自己的前途当然也就一片光明。

江华是工商局的一个小科员，为了能够高攀上级，就想尽办法来取悦领导，听说局长最近准备把家中的老父亲接到城里来住，他就决定从局长父亲那里入手。

打听好局长父亲坐哪趟火车后，这位官员就立刻去车站迎接，而局长恰巧去市里开会，只好派秘书来接人。可是秘书慢了一步，江华早已抢先把老人拉上自己的车中。秘书到了车站，找了好久也没有找到局长父亲，只好硬着头皮给局长打电话。

局长训斥了秘书后准备报警，这时候，他发现江华正搀着老人走了过来。领导大喜过望，并对江华表示感谢，江华则淡定地说："我今天去车站接朋友，看到您的父亲孤零零地站在那里，我想一定是您忙于工作抽不开身，于是我就自作主张，把老人送了回来。"

这一番话说得领导十分感动，对江华也留下了很好的印象。之后，江华常常抽空看望领导的父亲，陪老人下棋、聊天，老年人来到了一个新的环境本来就很寂寞，有人陪自己消磨时光，心里自然非常高兴。时间一久，老人渐渐离不开江华，有事就让江华帮忙解决，而江华也乐在其中。

不多久，江华就向老人提出认干亲，老人一口便答应下来。局长平时忙于公务根本没时间陪老人，现在有值得信任的人替自己照顾父亲，自然也非常情愿。江华厚着脸皮认了干爹之后，领导对他越来越器重，总是有意提携"自家人"，没过多久，江华就成为了工商局的后备干部。

人们经常会说："做贼的要钱不要命，当官的要权'不要脸'。"其实，谁都需要尊严，谁都希望得到别人的尊重。能够豁出老脸，实际上是一种处世策略，一种高超的博弈手段。官场中危机四伏，官员们看似和气一团，实则到处都有权力纠结、明争暗斗，没有良好的心理素质自然就无法忍受和坚持下去，也只有脸皮厚一些，官场之路才会走得更稳一些。

8. 绝不居功更不抢

官场争斗激烈，利益关系纠结复杂，许多矛盾的根源都在于为官者居功和抢功，一旦当事人触及矛盾的漩涡就有可能深陷其中，难以安然脱身。一个具有远见卓识的人，绝不会轻易贪功，有时甚至会主动放弃自己的功劳。只有懂得适时退让，才能避免卷入是非之中。

韩信是帮助刘邦打下江山的重要人物，他一直都深得刘邦器重，但是后来却被吕后处死，究其原因最重要的就是韩信经常居功自傲、目中无人，不仅得罪同僚，还引起了刘邦的戒心和不满。

有一次，刘邦在与项羽大战时受了伤，大军被困于广武，而韩信这时却势如破竹，一举攻占了齐国。韩信非常高兴，仗着自己战功赫赫，于是主动向刘邦提出要受封假齐王。当时刘邦身陷囹圄，自顾不暇，听说韩信想要得到封赏，自然十分生气，但当时正值用人之际，便依陈平之计，答应了韩信的“无礼”要求，可是刘邦心中暗暗开始对韩信产生猜忌。

后来项羽大败，楚军也被灭亡，刘邦登基称帝，为了稳住自己辛苦得来的江山，刘邦封实力强大的韩信为楚王，以满足他的私欲。而韩信认为刘邦无才无德，全是自己的功劳，他还经常在公共场合夸耀自己的战功。

韩信的居功自傲让刘邦深感不安，于是刘邦依计假借巡视之名，要求各地诸侯会合陈州，结果在陈州逮捕了韩信，接着将他贬为淮阴侯。韩信被贬之后地位等同于灌婴、周勃、樊哙等人，可韩信居功自大，向来看不起这些人，认为他们对大汉王朝毫无贡献，并把自己与他们并列为伍当成一种耻辱，因而失去同僚的信任和帮助。后来韩信为求自救，密谋造反，结果事情败露自己被吕后逮捕，此时百官之中竟无人前来求情。

韩信本来就功高盖主，却不知收敛，反而处处贪功而且居功自傲，结果不经意中就得罪了最高的统治者刘邦，他的死自然也就在情理之中。

喜欢居功甚至抢功的官，容易遭到同僚们的打压和排挤，官场之中人人都想得到升迁的机会，但是机会往往只有一个，所以大家都觊觎这个位子。一般情况下，功劳都是能者居之，能力越强、功劳越大的人越接近权势。这样一来，居功自傲的人在无形中就会威胁到同僚的利益，从而招致同僚的反抗，官场生活也就举步维艰。

刘廷是县城市规划管理局的职员，主要负责城市规划，他虽然只有 28 岁，不过已经成为局里的骨干力量，与他一起工作的同事都认可他的能力，认为他是个难得的人才。

最近县里准备规划并建设新城区，希望能够评选上全国文明卫星城，为此，局里决定派刘廷及其同事一同参与规划。大家经过一个月的努力，终于制定出一套全面的规划方案，并且制作了相关的沙盘模型，于是报请上级进行检查和指示。

上级对规划方案十分满意，决定正式投入工程实施。随着工程的进行，大家一同完善和改进规划方案，使新城区的建设更加完美。有一次，上级派人来巡视工程进度，见到新城区的建设风貌后，十分满意，并且提出等评上文明卫星城后，一定要进行奖励。刘廷认为自己能力最突出，贡献也最大，是整个部门中最有希望升迁的人，心中不免有些洋洋得意。

巡视完工程进度，上级领导把相关的策划人员聚集在一起，再次肯定了规划方案，并问起谁是方案的主要设计者。只见刘廷大步从人群中走了出来，笑着答道："多谢领导的夸奖，我当时也只是无意中构思出来的，之后进行了一些修改，只要领导满意，我的心血就算没有白费。"

上级领导对刘廷的回答很满意，同事们也都附和着笑了笑，不过大家心里却很不是滋味。刘廷一人把所有的功劳都抢去了，他完全忽略了其他人的贡献。大家心里开始不满，也对刘廷产生戒心，而刘廷全然不觉，一心想着快点完成工作，好快点加官晋爵。

正当工程如火如荼地进行时，刘廷突然接到命令，他被开除出设计团队。原来大家联名逼宫，让上级开除刘廷，否则影响团队工作。工程还在进行，而且有许多地方急需改进，这时候如果设计团队的工作受到影响，后果将不堪设想。权衡利弊之后，上级只能以大局为重。

刘廷因为贪功抢功，犯了众怒，结果还没等到升迁的机会，就被同事合伙打压下去。

的确，很多人在内心里向来都是"不患寡而患不均"，就像捡到钱这样一件小事，几个人也要见者有份。官场也是一样，一个居功抢功的人自然不能让众人满意，如果大度地把功劳分给别人，不仅会赢得别人的好感，而且还能免除许多不必要的利益纷争。

李广是西汉的名将，前后对抗匈奴共 47 年，立下赫赫战功，司马迁评价他："李广才气，天下无双。"他虽贵为将军，却能在食物短缺时作出表率，与兵士一起挨饿；他虽战功卓著却从不居功自傲，就连朝廷给予的封赏，他也分发给军中将士，结果深受将士们的爱戴。李广一生戎马生涯，且历经三朝天子，劳苦功高，却从来没有要求朝廷封侯拜相，所以他鲜有政敌，朝廷之中文武百官都对他敬重有加。

正因为李广从不居功，他才能够得到别人的爱戴和尊敬，没有受到官场争斗的影响。

居功容易招来嫉恨，抢功则必然给自己树敌。置身官场就应该懂得收敛，尽量从大局出发，为自己的长远做打算，不可争一时之利。功劳的确诱人，但有可能是毒药，一旦沾手，就会伤害自己，还不如坦然放弃。

为官之人应该像陆游笔下的梅花那样 “无意苦争春，一任群芳妒”。理解了这样的博弈策略，官路也就能够更加顺畅。

第七章　商战博弈

——当博弈成为手段

1. 揣着明白装糊涂

大富豪李嘉诚的儿子李泽楷青出于蓝胜于蓝，如今也堪称商界中的翘楚。有一回，别人问他从父亲那里学到了什么赚钱秘诀和经商之道，李泽楷说：“父亲和我说过，当他和别人做生意时，假如拿 8 分算是合理的话，他就拿 7 分甚至只拿 6 分。”也许就是因为李嘉诚能够“糊里糊涂”地吃小亏，才能创立自己的商业帝国。

商场如战场，虽无硝烟却非常激烈，但商人们斗智斗勇归根结底只是为了一个“利”字。商人首先就要具备出色的经商能力和超人的智慧，这就是所谓的精明。但是有些表面上看起来很精明的商人却往往不能很好地拓展财源，因为他们担心自己的利益会受到损害，很少有人愿意和这样的商人合作。真正成功的商人经常会掩藏自己的能力，装成糊涂的“傻瓜”，表面上很憨很傻，实际上却精明能干。这种商人能吃小亏，却往往可以赚大钱。

清代山西的大商人乔致庸靠贩卖茶叶发家。一次，他去福建的武夷山贩茶，当时茶叶市场的行情非常好，茶叶也很畅销，市场也因此出现了许多不良茶商，买卖时经常缺斤少两，甚至成为一种风气，茶商信誉一天比一天差，乔致庸的生意也因此受到了影响。

为了能够得到更多的顾客，乔致庸每次都交代茶农要按一斤一两的标准制作斤茶，这样一来，等于说每卖出一斤茶叶，他都要亏损一两茶叶。别人都认为乔致庸发疯了，商人做生意不都是为了拼命赚钱、毫厘必争，哪有自己吃亏、白白送人的道理。对手甚至借此取笑他，认为乔致庸不过只是个资质平庸甚至有些糊涂愚钝的“小贩”，这样的人永远发不了财。

当同行都在精明地做着生意时，乔致庸却依旧坚持着吃亏的“愚蠢”举动，可是其他茶商的信誉一天不如一天，而乔致庸却用那“附赠”的一两茶叶赚足了信誉和人气。没过多久，他就成为了当地最为出名的茶商，供应商和顾客纷纷找上门来洽谈生意，乔致庸的生意也越做越大，名气也越传越远。当同行们还龟缩在江南一隅苦苦挣扎时，乔致庸已经成功渡过长江，北进中原甚至进入了俄罗斯市场，实现了自己“货通天下”的理想。

真正精明的商人，往往会看得更为深远，尽管他们的行为表现看似很离谱，其实却心怀大志，对于局势有很强的掌控能力。除了能够主动吃亏，他们还经常标新立异、独辟蹊径，作出常人所不能理解的举动。别人愿意干的事，他不去凑热闹，而别人都不愿意干的事，他却积极地投入进去。这种行为看似疯癫可笑、极不合理，却往往暗藏玄机。

瑞士有一家大型的钟表公司，以前都是以生产机械钟表为主，但是公司的老总发现机械表在瑞士的竞争太过激烈，而且如今的行情也不很理想，于是就想生产一些相对廉价的电子手表。

瑞士本土也不乏一些较好的电子手表公司，但是总体的实力却不尽如人意，在国际市场的竞争力不够强劲，主要原因就在于产品价格太高；而亚洲的电子手表则要便宜一些，其中亚洲廉价的劳动力是重要因素。

当这家公司的老总提出要生产电子手表时，同行们都暗自嘲笑这个决定的荒谬，连公司内部也出现了许多反对的声音。大家都认为在瑞士本土，电子手表的销路不会好，因为瑞士人更加看重机械表的品味。而在国际市场，亚洲电子手表长期占据统治地位，因为亚洲的劳动力相对廉价，成本自然更低，当然就会具备一些价格优势，瑞士的电子表发展机会也不大。

尽管种种不利条件都摆在面前，可这位“糊涂”的老总依然我行我素，坚持生产电子手表。他在众人的嘲笑声中认真地部署发展战略，同时也秘密派人前往日本学习制造电子表的先进技术。经过半年的努力，公司成立了一个分部，专门用来研发和生产电子手表。

不久之后，这家公司又采取了更为先进的生产技术，更大程度上用机械代替了手工制作，减少劳动力，同时又简化了一些工序，使整个制作过程更加一体化。这样一来，技术水平提高而成本却变低了，公司的竞争力也得到了强化。

公司的电子产品一面世就受到了大家的热烈追捧，成功打入了国际市场，甚至在竞争最为激烈的亚洲也争得了一席之地。随着公司的规模和影响力不断扩大，比起国内的那些同行，公司已经完全处于领先地位了。

这家瑞士公司在别人都不看好、不愿意触手的领域里开拓市场，看似糊涂却比谁都要看得更远更透。有时候，这种“糊涂”策略还会达到出奇制胜的效果。

1984 年，香港经济发展很不景气，人们的消费水平也不断下降，各大商场里的货物严重囤积。为了尽快卖掉囤积的货物，各个公司和商场纷纷大减价，街道上满是打折降价的标语，尽管这样，前来购物的顾客依然很少。

面对这种萧条的市场情况，一家领带公司却反其道而行，提高领带的出售价格，大家对此都表示不能理解。在这种环境中提价无异于“自杀”，一些同行认为这家公司被经济危机吓傻了，以至于如此糊涂，甚至等在一旁看它倒闭的“好戏”。

可是，这家公司不仅没有倒闭，反而利用萧条时期提高了品牌的知名度，等到市场形势好转时便迅速打开了销路。这时，同行们才懂得，原来这家公司是“揣着明白装糊涂”。这家公司就是著名的“金利来”公司，就在 1984 年进军中国大陆市场后，借着良好的发展势头，“金利来”成为了国际知名的大品牌。

懂得装糊涂，是商场生存和发展的一种策略。商场之中尔虞我诈的事情时有发生，如果不能谨慎应付和处理，就很容易被对手击垮，而假装糊涂可以很好地隐藏自己的实力，使对方摸不清自己的底牌，甚至将对方麻痹，同时也为自己争取了研究对手的时间，在博弈的时候，胜算也就更大了。

2. 以长击短，恃强凌弱

“大鱼吃小鱼，小鱼吃虾米。”一直以来就是商场竞争和生存的法则，谁的实力强劲，谁往往就更具备主动权。在竞争非常激烈甚至残酷的商场中，实力就是生存和立足的最大资本，实力上的差距往往能够决定最终的胜负。所以在与对手竞争时，大家都知道利用自己的优势来击垮处于劣势的一方，这就是商场中以长击短的基本策略。

微波炉行业的龙头老大格兰仕最近几年总是大打价格战，在一些年份里，产品价格的降幅甚至达到了40%，看似损失了不少利益，可是却换来了近60%的全国市场占有率和30%的全球市场占有率。

格兰仕之所以会大胆地实施价格战，主要原因在于自身庞大的发展规模和相对较低的成本，在这几个方面它几乎找不到一个可以相匹敌的对手。即便一件产品只赚一块钱，在庞大的家电消费市场中它也有利可图，但是别的对手却经不起这样的折腾。

这样一来，它就可以降低价格来打击和摧毁竞争者的信心，让同一级别的对手主动退出市场。与其他对手相比，格兰仕一家独大，完全处于优势地位，彼此间的实力差距非常明显，所以格兰仕总是利用自己的超强实力来打击对手，迫使对方退出竞争的行列。

在商场中你可能是弱者，也有可能是强者，这完全取决于对手的实力。你的对手不可能都是弱者，当你遇到旗鼓相当、甚至实力在自己之上的竞争对手时，一定要谨慎行事，善于寻找并抓住对手的弱点，然后利用自己的强项加以攻击。任何对手都不是完美的，无论其有多么强大，总是会存在明显或潜在的弱点，只要能够发现并利用好对手的弱点，就有可能一击制胜。

温迪公司原来只是美国的一家不知名的小快餐公司，一直希望能够在快餐市场中开辟一片属于自己的领地，但是想要在麦当劳、肯德基称霸的快餐行业中生存下去显然非常困难。为了更好地寻求发展之路，它认真分析了老大哥麦当劳的市场结构，结果欣喜地发现麦当劳的消费群体大都定位在青少年阶层，所以温迪公司就寻找缝隙，把自己的消费市场定位在青壮年群体。

可是麦当劳实力雄厚，温迪的缝隙生存策略显得不够可靠。为了拉拢和吸引更多的顾客，温迪决定创造自己的竞争优势：在汉堡包中加足肉馅的分量。而美国农业部门的检测结果表明：麦当劳的肉馅根本没有达到4盎司的宣传标准，甚至连3盎司也没有。

温迪公司决定借着麦当劳的欺骗行为大做文章，它制作了一个经典的讽刺性广告，在广告中一个喜欢挑剔的老太太眉飞色舞地看着桌上的汉堡包，当她满心欢喜地撕开汉堡包时，却发现里面的肉馅小得可怜，她还故意作出一副寻找肉馅的表情，然后愤怒地对着镜头大喊：牛肉在哪里?

不久，“牛肉在哪里”这句经典的台词就风靡全美，成为了人们的口头禅，温迪公司借着这个讽刺性极强的广告狠狠地反击了麦当劳，同时也提高了自己的知名度。

虽然温迪公司根本不具备和麦当劳对抗的实力，但是它却抓住了麦当劳的弱点，然后进行猛烈的攻击，成功地替自己争取了生存空间。

真正的高手不仅善于寻找对手的弱点，甚至能给对手制造弱点。作为世界上最大、最成功的饮料品牌，百事可乐和可口可乐一直以来就是竞争激烈的对手，但是可口可乐的历史更为久远，所以不免会具备一定的竞争优势；而百事可乐相对年轻，无疑就缺少了一些说服力和影响力。

针对可口可乐的“历史”优势，百事可乐巧妙地将自己的劣势转化为优势，它适时地打出了“新一代的选择”这个独具匠心却又贴近事实的口号，将可口可乐的“历史”优点渲染成陈旧、落后、不合时宜的弱点。百事可乐充分发挥自己相对年轻的资本，把自己定位成年轻、时髦、活泼、时代的象征。这样一来双方的优劣关系完全颠倒过来，也使百事可乐反而从劣势中崛起。

以前对于百事可乐的宣传策略，可口可乐并没有太在意，一直都置之不理，可是“新一代的选择”一经推出就引起巨大的反响，这让可口可乐公司不免有些惊慌。

百事可乐抓住年轻人崇拜明星、追求动感和时髦的心理，花费巨资聘请“流行音乐之王”迈克·杰克逊作广告代言人，还组织了一场迈克·杰克逊的世界巡回演唱会，以便更好地宣传。结果依靠迈克·杰克逊的超强魅力，把“新一代的选择”这个概念传播到世界各地，一时间百事可乐的风头完全盖过了所有竞争对手。

自己的竞争优势无缘无故就被对手转化为劣势，这让可口可乐公司非常生气，公司决定推出一款新可乐来报复百事可乐，并对外公布了新可乐的研发计划。这原本也是可口可乐的优势，可是百事可乐却再次找出了对手的弱点。百事可乐向世界宣布可口可乐公司已经落伍了，早就失去了竞争力，认为可口可乐如果是好的，就完全没有必要作出任何改变，这种改变正好表明了它的失败。

可口可乐原本想借此夺回公众的关注度以及丢失的市场，不料又被对手抓住了要害，竞争优势变成了弱点，最终只能痛苦地咽下自己制造的苦果。

抓住对方的弱点进行攻击，永远是商场的生存秘诀，也是一种制胜的取巧手段。抓住对方的弱点，可以更快、更有效、更安全地打败对手，就像老虎捕食一样，它总是紧紧咬住猎物的喉咙，因为喉咙是猎物身上的薄弱点，也是老虎最佳的攻击点。

商场上没有真正完美的对手，只要你有足够的信心，并能充分发掘对手的弱点，然后运用自己的长处对其进行攻击，就能增加博弈的胜算。

3. 厚而无形，黑而无色

李宗吾先生在《厚黑学》中将厚黑分为三个境界：第一重境界是厚如城墙，黑如煤炭；第二重境界是厚而硬，黑而亮；第三重境界便是厚而无形，黑而无色。

中国人在评价商人时，总爱说：无商不奸或者无奸不商。这话不免有些讽刺成分，却真真切切地道出了一个事实：一个不懂得阴谋和权术的人很难成为成功的商人。商人行商无非就是求财求利，而争利中少不了要尔虞我诈，在商场中没有太多的“道德”可言，一个人如果脸皮不厚，心也不黑，那么迟早会被其他黑心厚脸的“无耻”之徒淘汰出局。

“奸商”这一词语虽然充满贬义，但却成就并证明了一个出色的商人。一个成功的商人或多或少都具备“奸”的气质，只是有些人表现得太过明显，结果

成为道德谴责的对象；有些则隐藏得相对较深，甚至改为一种比较温和的方式，所以被人们忽略掉。厚脸黑心的人如果表现得过于明显，就没人愿意与其做生意，如果能够藏于无形，那么收获成功的机会就会增大许多。

1954 年，克罗克在洛杉矶以东的圣伯纳蒂诺市见到了一家名为麦当劳的餐厅，他立刻就被吸引住了。经过三天的仔细观察，克罗克决定购买该餐厅的经营权，于是他千方百计地和餐厅的老板麦氏兄弟协商，最终达成了合作协议。

加盟餐厅后，克罗克渐渐了解了餐厅的营业流程，而且向麦氏兄弟提出了许多建设性的建议，使得餐厅的生意越来越好。这时候麦氏兄弟对他越来越器重，放心地把业务交给克罗克打理，克罗克渐渐掌握了经营的实权。之后他又建议老板在国内开连锁店，将麦当劳做大做强。6 年之后，麦当劳共有 200 多家分店，占领了整个美国市场，这时，克罗克心里开始勾画出一个快餐帝国的蓝图。

他希望麦当劳能走向世界，开拓更大的市场，可眼下最大的障碍在于目光短浅的麦氏兄弟。为了实现自己的理想，他必须扫除这个障碍。于是，克罗克有了独占麦当劳的想法。

1961 年的某个夜晚，克罗克与麦氏兄弟进行了一次谈判，过程虽然很艰苦，但是克罗克最终用 270 万美元的诱人价格打动了麦氏兄弟。双方签订协议，完成产权交割后，克罗克正式取得了麦当劳的经营权和所有权。之后，他便顺利地实施了麦当劳扩张计划，渐渐创立了自己庞大的快餐帝国。

克罗克的行为毫无指摘之处，似乎合乎情理，既没有丝毫的欺骗，也没有豪夺，但透过事件的本质来分析，就会发现克罗克的行为总是显得有些不厚道，不仅“赶走”了“恩人”，还侵占了“恩人”的财产，于情于理都有些说不过去。但是，如果克罗克没有这种厚黑的心态和技巧，麦氏兄弟就不会转让经营权和所有权，麦当劳也许永远也不能成功壮大。正因为克罗克厚黑有道，扫除了最大的障碍，他才可以创立一个如此庞大的商业帝国，而自己也才能成为一个成功的商人。

在商界，商人们运用得最为纯熟、最为常见的一种方法就是“欲取先予”。一个精明的商人往往懂得如何去收买人心，获取别人的信任，尽量掩藏自己的得利之心。当对方被“善良”的外表迷惑之后，再一举出击，“心安理得”地取得自己的利益。

19世纪90年代，西方各国的大公司趁着中国门户开放之机，都准备大举进占中国市场。中国人口之多、市场容量之广，也让美孚公司看到了巨大的商机，于是决定向中国销售煤油。可是当时的中国正处于封建社会，普通民众平时大都用蜡烛照明，对于煤油的认识明显不足，而且对外邦的东西往往具有很强的排斥心理，这无疑给美孚公司的发展前景蒙上了一层阴影。

没过多久，美孚公司就想出了一个好点子：公司制作了一大批精美小巧的煤油灯，然后无偿地送给中国的普通居民，而且附带地赠送一些煤油，让居民体验一下煤油的照明效果。结果中国消费者很快就感受到煤油的照明优势，渐渐接受了煤油灯这种新型的照明产品，美孚公司由此便轻松打开了中国市场，煤油销售状况良好，用煤油照明的"美孚灯"也风靡一时。

欲取先予有时候近似于一种倾销行为，倾销是指生产商以低于市场价格或成本价格抛售商品的行为，其目的在于排挤竞争对手，从而垄断市场。这是一种不正当的竞争手段，但许多商人虽然不敢越界却也深谙其道，打起"擦边球"，而且大获成功。

法国有一家知名的服装公司，平时卖的都是中高档的服饰，但是为了打开印度市场，就把好的服装当成一般的产品来卖，其价格也优惠了许多，真正做到了"物美价廉"，结果，产品大受欢迎。面对法国公司的疯狂攻势，其他厂商纷纷退出市场竞争，法国公司便迅速占领了整个印度市场，居于垄断地位。占据市场之后，这家公司开始适当提价，因为没有竞争对手，消费者也只能默默接受，公司的赢利也节节攀升。

后来印度几家大的服装厂商联名向政府施压，控告法国公司的倾销行为。可是根据相关的调查研究，发现法国公司很好地控制了市场价格和成本价格，没有太大的越位之处，并不构成倾销行为。

这家法国公司用优惠价格取得了整个印度市场的欢心，等到占据垄断地位后，利润自然滚滚而来。

商人能够熟练地运用厚黑学，在商场上就可以更加游刃有余，无论是面对商业上的竞争对手，还是顾客，都能够取得预期的利益。特殊时刻要用特殊手段，必要的时候，不能有妇人之仁，否则很容易错失商机。不过，精明的商人应该懂得隐藏自己的野心，博弈的时候，对手就无法准确了解你的信息和意图。

相反，太过暴露会招致反感，遭到对手的排斥，自然也就难以获得成功。

4. 虎狼环视中的经营策略

商场如战场，在强敌环视的竞争环境之中想要生存下去，每走一步都应该谨慎小心，尤其是那些处于弱势地位的中小企业，稍有不慎很容易被兼并或淘汰。为了更好地实现商场突围，就必须采用合理有效的博弈策略，努力在强敌的夹缝中生存。

商场之中，与强敌对抗千万不能硬碰硬，要尽量避免发生利益冲突。处于弱势的一方完全可以另辟蹊径，寻找其他的赢利市场。当百事可乐刚刚投入市场之时，可口可乐早已经风靡全球，占据绝对的市场优势，但是百事可乐懂得在夹缝中寻找生存机会，积极打入苏联、中国以及亚非其他空白市场，钻了可口可乐的市场空子，结果顺利找到生存的立足点，并借机不断发展和壮大自己的势力。

正如大海里有鲸但是虾米照样能够生存下去一样，现实中没有真正饱和的市场，也不会有完全被垄断的市场。大企业垄断市场时同样会具有一定的市场定位，即主流消费群体，他们的服务标准都是为这些主流消费者量身定做的，时间一长，其他非主流消费者为了得到更好的服务，就会逐渐从原来的市场中分化出来。这样一来市场必然存在一定的空白或缝隙，而且这种空白或缝隙并非无利可图，只要小企业善于发掘并把握市场，一定可以得到生存和发展的空间。

华为公司早年曾给香港某公司代理程控交换机，发现程控交换技术的巨大发展潜力之后，公司决定投入全部的资金进行相关的技术研发，这一决定意味着公司将要承担巨大的风险。之后，华为成功制造出了 c&c08 交换机，在与国内同行的竞争中实现了技术上的领先。

可是当产品投入城市市场后，销售情况并不容乐观。当时恰逢国际电信巨头积极抢占中国市场，国内一些实力羸弱的企业纷纷倒闭或退出市场，华为只是一个新兴的小企业，自然也无力和国际巨头争夺市场。最初的几次突围都不成功，华为一直没有打开市场，公司甚至面临倒闭的危险。

这次失败让华为意识到占领城市市场的难度巨大，与那些国际巨头相比，自己完全就像一只与虎狼争食的绵羊，根本没有什么胜算，别说竞争，弄不好就会被那些猛虎般的大企业吞并或收购。

分析局势后，华为积极转变了营销策略，决定放弃竞争激烈的城市市场，改从其他同行未曾关注和开发的农村市场入手。因为农村市场竞争压力很小，华为很快就在农村市场站稳了脚跟，公司也因此顺利度过了危险期，开始得到快速发展。

不与商场强敌硬碰硬，并不代表自己要放弃既得的市场和利润。一个成功的商人和企业应懂得如何在“虎狼”面前取食，而且不会发生正面的冲突和对抗，其中一个有效的办法就是以快制胜。

商场博弈之中，双方争斗都是见招拆招，诸多手段之中，唯快不破。美国思科公司的总裁约翰•钱伯斯认为，信息化时代的社会竞争不再是大鱼吃小鱼，而是快鱼吃慢鱼。这就是著名的“快鱼法则”。这个法则同样适用于商场，商场竞争中如果能够领先对手一步，往往就可以率先占领更多更大的市场。

德国一家大型电子公司在本土一直居于垄断地位，为了获得更多消费者和市场的青睐，该公司准备发明一种新型的电子产品，据说性能完全超出了市场上的同类产品。公司还特意高调召开新闻发布会，以便提高产品的关注度，并宣称不久就将投入市场。

该公司召开新闻发布会后，另外一家小型电子公司迅速作出反应，决定加紧研发同类电子产品，并且没过多久便研制成功，然后迅速地投入生产。正当大家翘首等待大型电子公司的神秘电子产品时，小企业已将研发的产品投入市场，结果遇到消费者的疯狂抢购，产品很快就销售一空。这家小型电子公司因为这次的成功，迅速壮大了自己的实力，打响了自己的品牌，从而成功占据了一大片市场。

大型的电子公司批量生产的产品还没下线，就发现具有同类功能的产品已经在市场上流行起来，于是只好暂停了研发和生产计划，为此不仅付出了很大的成本代价，而且失去了大片的市场。而这家小型电子公司依靠快速的市场反应和竞争策略，成功从强者手中夺取了市场，而且借用了对方的发布会很好地宣传了自己的产品，打响了公司的品牌。

商场之中，只要存在利益之争，就一定会有矛盾。在虎狼环视的商场中，每一方都对眼前的利益垂涎三尺。这时候，你如果贸然出击，可能会遭到别人的打压，还不如暂时退出，静候在一旁，看别人相互争斗，以便从中谋利。这样既避免了自己卷入缠斗之中，同时还能趁着别人争斗时得到自己的利益，正所谓鹬蚌相争，渔翁得利。

李先生准备在市里的西城区开一家家电超市，于是就进行了一番考察。他发现西城区原来的那些小型家电超市生意一直不尽如人意，原因在于同一城区还有两个规模较大的家电商场。大部分顾客都被这两个家电商场吸引，其他家电超市根本没有什么竞争力，自然是门庭冷落，一些规模较小的甚至面临着停业或转行。

尝试走低价路线来吸引顾客，这显然是行不通的，因为这两个大家电商场总能把更优惠的价格提供给消费者。而其他小的竞争对手尽管到处发传单给自己打广告，不过一直没什么效果，附近的居民宁愿舍近求远去大家电商场买东西，也不愿走进家门口的小家电超市转一转。李先生知道这是顾客的忠诚度和信任度在“作祟”，只要取得了顾客的信任，超市自然就能生意兴隆。

为了防止受到打压，李先生决定暂时先不营业。他发现那两个大家电商场总是不停地争斗，相互挤兑对方。为了能够独占西城区的市场，他们还经常发生冲突，甚至上门闹事，弄得许多顾客都不敢上门买东西。李先生认定双方的矛盾迟早会激化，到那时候肯定会两败俱伤，而自己则可以坐收渔翁之利。

随着西城区小家电超市的不断减少，两家大家电商场的竞争也越来越激烈。一方降价，另一方则跟着降价；一方涨价，另一方也必定跟着涨价。有时候十分离谱，几乎一天一个价，这让消费者很困惑，而双方三天两头地上门滋事，更让许多顾客开始失去耐心。

李先生感觉时机成熟，便立刻决定开张，而且大打亲情牌，给附近居民很大的优惠。结果附近居民纷纷前来光顾，店里渐渐地就积累了一批熟客。时间一长，这些顾客还经常带朋友前来购买，帮李先生的家电超市进行义务宣传。结果小家电超市的生意一天比一天好，而那两个大家电商场因为不断的斗争，逐渐失去了客户满意度，生意也越来越差。

商场之中，商人们总是不可避免地会与实力强大的对手发生利益冲突，如果单纯地依靠硬碰硬的力量之争，无疑会冒很大的风险，而且获利的希望不大。商场上除了合作需要之外，应当尽量避免与强力的竞争对手正面交锋。尤其是处于弱势地位或没有多少取胜把握的一方，最好不要轻率行事，应该想办法消除直接的摩擦与对抗。不论是错开时机，还是错开市场，都是有效的博弈策略，只有采取主动避让的策略，才能在虎狼环视的商场环境中顺利突围。

5. 见风使舵，趋利避害

某知名作家曾说："世上成功的企业没有哪一个不是应运而生，也没有哪一个企业家不是时势而造。"

成功的企业家总是能够准确地认清时局，而且善于把握发展的机遇。的确，商人追求的是利，哪里能赚钱，商人就走向哪里；利益流向哪边，商人就倒向哪一边。商人总是趋利而行、见风使舵，而惯于见风使舵的商人往往可以获得成功。

著名企业家刘继廷原来只是畜产公司的一名普通工人，随着改革开放的逐渐深入，他意识到一场巨大的商业风暴即将来临。虽然发现了行商的好机会，但是苦于没有本钱，他只能开了个商店，做点小生意。

不久，毫无开店经验的刘继廷发现自己的商店平时鲜有顾客光临，而且还常常受到同行的打压，生意难以维系下去，于是他想到转行。经过一番考察后，他看准了建材市场，认为随着房地产的不断升温，建材业的发展前景一定很好。想了很久，他决定筹钱成立当地第一家建材商店。因为只此一家出售建材商品，所以刘继廷的生意十分红火，他的事业开始渐渐做大。

看到刘继廷生意红火，许多人也开始经营建材。没多久，当地一下子便涌现出许多竞争对手，甚至还有许多店主纷纷联合起来对抗他，刘继廷的生意自然一日不如一日。看到本地建材市场已经饱和，自己很难再有所作为，除非具备压倒性的垄断优势，于是刘继廷果断地选择暂时退出，改为大量购买土地，趁机扩大企业面积，壮大企业的声势。而随着刘继廷的退出，市场上之前所谓的联盟也开始陷入互相混战的局面，这时，刘继廷看准时机决定重新开业。

原先的商店改头换面为企业之后，极大地增强了刘继廷的影响力和竞争力，之前那些规模小、力量弱的私营业主根本无法与他竞争。强大的竞争优势使他很快又成为当地最大、最知名的建材商。

后来刘继廷又看准了毛皮市场的巨大潜力，他一举进入市场前景广阔的毛皮市场，与人合资成立一家从事绒毛加工的公司，再次获得了巨大的成功。凭借着敏锐的市场嗅觉和非凡的判断力，刘继廷多次改弦易辙，而且成功把握住商机，最终成为通辽地区有名的企业家。

刘继廷在商场中不乏竞争对手，但他每次都能见风使舵，趋利避害。商店竞争力不强，就改行投资建材；建材商人之中他是最快、最早的经营者，结果比对手赢利也更早、更多；当对手联合起来对抗他时，为了防止生意受到打压，他表面上退出市场，暗地里却不断积蓄力量，等到对手分散力量后，采用大鱼吃小鱼的策略，打击竞争对手；在建材实业风风火火的时候，他又开始经营皮毛生意，成为当地最大的绒毛制造商。正因为刘继廷懂得见风使舵，总是能够趋利行事，才能在竞争激烈的商场竞争中生存壮大。

一个成功的商人应该具备敏锐的市场嗅觉，能够精准地察觉到市场发展的趋势，能够适时地察觉到市场风向的变化，并作出正确的反应和调整，然后积极进入市场。

海南岛最近几年的发展势头非常强劲，尤其是房地产和旅游业。大批炒房团嗅到了房地产的发展潜力，于是开始纷纷进入海南，海南的房价也因此不断上涨，屡创新高。在这些炒房团中最为抢眼的无疑就是浙商。

面对浙商汹涌的炒房势头，大家不仅感慨浙商敏锐的市场嗅觉，许多没能抢到先机的商人甚至“抱怨”：“哪里有钱赚，哪里就有浙商，他们真的是阴魂不散”。浙商的市场意识似乎总是比别人要强。

其实，这次进军海南的浙商只是小部分人，并没有像传闻中的“大军入侵”那样的盛况。不过更为值得敬佩的是浙商在海南已经蛰伏了十年之久。十年前的海南正处于发展的低谷，根本不具备招商引资的条件，浙商对这块贫瘠的小岛也没有多大的兴趣。不过之后政府为了刺激和带动海南经济的发展制定了一系列优惠政策，浙商看到这些优惠政策，于是见风使舵，立刻决定进军海南。

浙商们早就预感到海南的地理优势所具备的发展契机，也了解国家对海南经济的重视。他们认为一旦时机成熟，海南一定会成为投资的热土，所以很早就潜伏起来，囤积了大片土地，等到海南经济发展大势已定，便立刻抓住商机实施炒房计划。

浙商们见风使舵，利用政府的政策第一时间把握住商机，当然就能够近水楼台先得月，抢占市场的先机。

商人有趋利的本质，也应该具备避害的能力，在市场不景气时，能够及时退出市场，并迅速改变投资方向，以免陷入困境，造成重大的经济损失。商人善于发现市场，但是也必须正确地评估市场，分析市场的发展潜力和发展前景，贸然进入可能会落入陷阱。在2008年世界经济危机中，许多投资实业的商人没有及时地回笼资本结果在金融风暴中倾家荡产，就是因为没有对经济发展作出很好的预测，所以才没有成功避开经济危机。

在利益面前，即便那些原本竞争激烈、严重对立的企业和商人，为了共同的经济利益，也有可能会见风使舵、摒弃前嫌、握手言和，甚至成为关系良好的商业合作伙伴。欧洲许多国家虽然国土狭小，但是海运发达，具有许多世界级的大港口，而这些港口的货物吞吐能力都非常强，所以常常各自为政、互相竞争。不过，随着欧洲一体化进程的推进，各国意识到只有相互合作才能更好地促进贸易的发展，于是就开始改变策略，实行强强联合，这样一来，各国港口的贸易水平不降反升。

无论是哪一种表现方式，见风使舵始终都是商人市场洞察能力的体现，善于见风使舵的商人往往具有先见之明，能够正确地把握博弈所需的相关信息，这样才能在商场博弈中立于不败之地。

6. 借名扬名，互助双赢

通过打广告扩大宣传力度是一种常见的营销手段。在激烈的商业竞争中，

商家们为了提高产品的知名度，扩大产品的销路，甚至不惜重金聘请明星做产品代言人，借助明星的知名度和社会影响力来宣传自己的产品和品牌。明星则靠着代言活动轻松赚取不菲的代言费，同时借助广告在媒体上频繁露面无疑也提高了明星本身的知名度。

多数时候，商家的这种营销策略都具有一定的效果，尤其是那些新兴的品牌和影响力偏弱的品牌，依靠明星代言，往往能够得到大众消费者的关注，这就是借名扬名的效果。

在商场之中，商人或企业往往会寻找一个强势力量来作为合作伙伴，以此提高知名度，扩大影响力。这样一来不仅可以依附强者的实力为自己保驾护航，降低生存的风险，更重要的是能够借助对方的优势和名气来抬高自己的市场地位，扩大自己的市场影响力，从而争夺更多的市场和利益。

上海某领带加工厂原来只是一个靠给人做代工为生的小企业，为了拓展业务，厂里一直积极地联系客户，但是因为知名度太低，很少有客户愿意与其合作。为了提高知名度和影响力，这家工厂准备跨出国门寻找一家知名的外国公司进行合作，希望借助外国品牌的魅力来提高自己的影响力。经过一番考察和联系之后，工厂联系上了法国的知名品牌皮尔·卡丹。

皮尔·卡丹是世界上最成功的服装品牌之一，公司生产的领带更是风靡世界，几乎成为成功男士的必需品。对于皮尔·卡丹公司来说，中国是最有潜力的市场，而要想打入中国市场，上海无疑是最好的切入地点，所以上海这家工厂吸引了皮尔·卡丹的关注。经过实地考察后，皮尔·卡丹公司与上海这家工厂签订了协议，从而正式将领带加工业务引入了上海。

自从与皮尔·卡丹合作之后，上海这家工厂的产品无论是质量还是档次都得到了很大的提升。靠着给皮尔·卡丹加工领带的优势，这家企业的知名度大增，企业利润连年上涨，一度成为上海最为有名的领带加工厂。而皮尔·卡丹也顺利打开了中国的市场，扩大了公司的影响力。

上海的领带加工厂与皮尔·卡丹的合作就是一种商业伙伴之间借名扬名的策略，这家工厂作为弱势的一方根据皮尔·卡丹发展业务的需要，积极“高攀”，结果成功借取对方的名气，提高了自己在业内的知名度。

企业与企业的联合策略比较常见，是新兴或弱势企业常用的一种发展模式。

不过有时候，商业上的联合也会像请明星打广告、做代言一样，企业会寻找强势的商业名人来提高自己的知名度。这些商业名人往往是业界的翘楚，具备“一呼百应”的巨大影响力，可以极大地提高合作企业的知名度和个人的创收能力，较为经典的案例就是近年来影响极大的比亚迪公司。

比亚迪原来是一家在香港上市的高新技术民营企业，自 1995 年成立以来，就一直致力于电池的开发与制造。公司在 2003 年决定涉足汽车行业，虽然发展迅速，但在整个汽车行业中，并没有多少影响力，而“股神”巴菲特的强势入股事件促使其迅速实现飞跃。

2008 年 9 月，巴菲特认购比亚迪公司 10%的股份，市值约 18 亿港元。结果依靠巴菲特的名人效应，比亚迪受到投资者的热烈追捧，股价迅速增长，公司市值开始大幅上涨。2009 年 10 月，比亚迪市值攀升至 1 800 亿元。除此之外，汽车销量也得到迅速增长，2009 年，比亚迪超额完成全年 40 万辆汽车的销售目标。更为重要的是，2009 年，比亚迪总裁王传福的个人资产迅速增长至 350 亿元，他一跃成为中国内地的新首富。

比亚迪依靠巴菲特的魅力，获得了巨大的发展，成功跻身国际市场。而随着比亚迪市值的不断上涨，巴菲特手中持有的股份如今已经达到 16 亿美元，获利高达 6 倍。比亚迪看重的是巴菲特的名人效应和资本效应，而巴菲特则看重比亚迪新能源车的概念技术，双方各取所需，互助互利。

比亚迪的借名扬名策略运用得十分出色，不仅使自己得到快速发展，还增强了自己的市场影响力。比亚迪老总王传福经常说：“比亚迪是巴菲特投资的第一家中国企业。”这句话看似在炫耀，其实具备极大的杀伤力，已经成为比亚迪拓展市场的宣传口号。

商场之中，拉拢名人入股，纯粹是为了借用对方的名人效应，而兼并或并购知名企业的业务，则有一些占用对方的名气和市场的意味。一些新兴的有实力的企业为了扩大自己的品牌效应，争夺更大的市场，提高自己的知名度，就会寻找其他陷入困境的老牌企业，对其进行全面或部分业务的并购，以达到提高自身竞争力的效果。

2004 年，联想正式收购了 IBM 全部的个人电脑业务。收购 IBM 的 PC 业务之后，直接提高了联想自身的实力水平，使其成功成为全球第三大电脑厂商，而且顺利成为世界500强企业，真正意义上摆脱了“本土企业”的帽子，从而走向世界舞台。

IBM是国际知名的大品牌，而且发展历史悠久，具有很强的市场号召力和影响力。联想收购其PC业务，无形中就向世界展示并宣传了自己强大的实力，借助IBM的名气扩大了联想在国际市场，尤其是美国市场的知名度。而联想的收购行为也帮助对方缓解了经济危机带来的压力，使IBM趁机甩掉了身上的包袱，从而得到更大的生存空间。

联想实际上是占用了IBM的名气，在收购对方业务的同时，也将其知名度一并占用，同时扩大了自身品牌的价值和影响力。

聪明的人靠自己的能力赚钱，精明的人则靠别人的能力赚钱。商场之中，懂得借用别人的优势来提高自己身价的商人往往都是一个成功的商人，懂得借助别人的品牌来增强自身影响力的企业也往往会成为成功的企业。

懂得借名扬名，也就把握住了成功的捷径。不过借名扬名的博弈策略能否成功的前提在于博弈对象的知名度，一个默默无闻的品牌根本不会产生什么影响力，一个毫无影响力的品牌也很难带来巨大的商业利益。同时，借名扬名的企业应该找准自己与对方合作的切入点，如果没有交集点，那么借名扬名就不可能成功。

7. 创造自己无与伦比的优势

1990年，美国著名管理学者普拉哈德和哈默尔共同提出了“核心竞争力”这个概念。他们认为一个公司想要在商场获得成功，想要得到更大的发展空间，就必须创造一种独有的竞争优势与核心能力，这是公司为客户带来特殊利益的一种独特的技能或技术，它具备不同于其他企业或产品所拥有的独特价值，具有无与伦比的竞争优势。

商场上，如果想要吸引更多的消费者和客户，想要得到更大的发展空间，就必须要学会从众多企业中脱颖而出，做到“人无我有，人有我优”，尽量创造自己独有的竞争优势，这样才能吸引更多的人的关注，才能凭借“一技之长”成功立足于商场。

索尼公司是数码电子产品的巨头，其核心竞争力就是微型化，尽量减小产品的重量和体积，方便随身携带，这种技术上的优势是索尼公司一直领先世界的重要原因。索尼公司的“微型化”主要体现于电子数码产品之中，最著名的当属随身听的发明和发展。

20 世纪 70 年代，立体声磁带录音机成为社会新宠，尤其受到青年的热捧，但是大多数录音机显得过于笨重，只能放在家里欣赏。这时候索尼公司想到了如果能够随身携带录音机，那么就可以随时随地欣赏音乐，想要达到这样的效果，首先就必须解决体积过大的问题。

基于这样的设计理念，索尼公司开始着手研究小型录音机。1979 年，索尼公司成功研制出世界上第一部随身听（Walkman），这种产品体积小而且轻便，方便随身携带，重要的是音质水准很高。

1980 年，随身听面世，很快就受到了消费者的热捧，迅速风靡全球，成为当时最为流行的生活元素，并且开创了风靡一时的随身听文化。而索尼公司也借着随身听的流行势头成功击败了其他竞争者，在技术上取得巨大的领先优势，成为当时最有名的国际化大公司。

之后，索尼公司始终坚持更小更轻便的创造理念，先后多次改进技术，不断微缩产品，而质量却得到不断提高。技术上的核心优势是业内其他公司所无法超越的，也是索尼始终处于行业顶尖地位的保障。

核心竞争优势不光体现在技术方面，还包括企业文化、管理制度、速度、战略、品牌、质量、资本、渠道、人才等等，只要是整合企业内、外部资源的能力，都可以称为企业的核心竞争力。微软公司的核心竞争力就是知识管理，微软也因此成为知识经济的典范。

微软当初还是一家小公司的时候，创立者比尔·盖茨以及保罗·艾伦的主要业务来源是替其他公司编写程序。随着公司的发展，微软决定和商业巨头 IBM 公司合作，并把研发的 MS-DOS 系统介绍给 IBM 公司，这种系统完全领先于市面上的其他操作系统。微型机面试后，MS-DOS 操作系统直接成为了行业标准，微软因此获益匪浅。

之后，微软又在 IBM 个人计算机上引入图形计算功能，即所谓的 Windows 系统，在同领域中再次领先了对手。Windows 的成功面世开创了微软一统天下的局面，真正实现了盖茨“打开视窗，独霸天下”的梦想。

1984 年，莲花软件公司的崛起让微软感受到了竞争的压力和巨大的威胁，新的应用软件研发迫在眉睫，于是微软加紧步伐，顺利开发出 Excell，微软再一次成为应用软件领域的标准制定者。1990 年，多媒体个人计算机面世，而微软的操作系统正是这种计算机的支撑软件，微软因此占据了颁布行业标准的绝对优势。1995 年，微软推出 Windows 95，极大地促进了互联网的发展。

微软一路走来，正是凭借着知识上的优势，才能在领域内时刻处于领先位置，不断开拓和发展。

想要创造独特的竞争优势，常见的方法就是在竞争中努力发现并形成自己的竞争优势，尽量做到出类拔萃、鹤立鸡群。站在领域内的最高端，这样才能凸显出自己的优势，从而打败其他的竞争对手。

另一种创造竞争优势的方法是开辟新领域、新市场，成为第一个“吃螃蟹的人”。开创新环境的企业或商人，基本没有什么竞争对手，即便后来从者如流，自己无论从技术、经验上都会存在一定的优势，这样就可以保证领先竞争对手一个身位。而这需要善于发掘新市场的眼光以及分析新领域发展前景的决策力，这可以归结为战略能力或市场嗅觉，也是一种核心竞争力的体现。

某二线城市的个体业主陈南一直对投资领域很感兴趣，可是他却不知该投资哪些行业。最近几年当地的房地产比较火热，可行业内早就人满为患，大家都争着往房地产上靠拢，根本没有多少利润可图，陈南也觉得自己如果还往房地产投资，可能就要折本。

考察了一番后，陈南实在没有发现什么可值得投资的领域，各行各业都早就被别人牢牢占据着，自己根本无缝隙可入。可是如果投资一些冷门行业，即便投入资金，相信也没有什么收入。

某天，陈南经过一处工地后，无意中看到了沙子供不应求的情景，于是他立刻想到了一个赚钱的途径——办沙场。当地房地产比较热，但是造房的沙子都是从外地运来的，本地有河流，也有沙子，可就是没有沙场。

一想到这，陈南心里非常高兴，于是召集好友以及合作伙伴积极筹集资金，然后选了一处捞沙的好地方，就热火朝天地开业了。因为是本地的沙子，所以价格上要便宜一些，许多房产商也开始到陈南这里购买沙子，沙场生意也就越来越好、越做越大。没过多久，陈南决定在上游再办一个沙场，以便满足日益增长的沙子需求。

红火的沙场生意让许多人看着眼红，没过多久陈南沙场附近就多出了许多新建的沙场。但是陈南的沙场营业时间比较长，老顾客比较多，捞沙的技术和经验相对要丰富一些，而且他的沙场所在位置的沙子质量是整个河段中比较好的，所以具备许多无法比拟的优势，销量也就一直不错，从而将其他沙场远远甩在身后。

一个成功的企业懂得如何创造自己独特的竞争优势，并懂得如何利用这种竞争优势来争取自己的商业利益。商场博弈之中，你如果没有什么过人之处，很容易就会被对手打倒，只有具备某种特定的优势，才能确保在竞争中取得胜利。只有在某方面具备高于对手的能力，才会有击败对手的可能，也才有生存下去的可能。

第八章　股市博弈

——投资与投机的双重博弈

1. 无数人的博弈场

有人说中国股民数量多达 1.3 亿，也有人说 A 股现在的实际股民总数只有 5 000 万左右，不管具体数量如何，股市能够吸引到如此众多的股民主要是因为其中有着巨大的诱惑力。股民炒股的目的只有一个，就是赚钱，可股市博弈是一个零和博弈，这就表明有人赚钱，就必定会有人亏损。股市中每个人都在与别人博弈，这并不像二人博弈那么简单，因为你的对手可能是成百上千的人，这是一个多方竞局的博弈场。

每个股民都是股市中的攻击手，都想从别人手中赚钱，只不过攻击意识大小强弱有别。股民常常会进入一个观念误区，认为自己对别人的攻击意识并不强，自身所承受的攻击也不强，所以经常会放松攻击意识。假使自己在股市中赚了 200 元钱，而这 200 元平摊到其他股民身上，那么每个股民所承受的亏损根本就微不足道。

同理，别人赚钱时，理所当然地认为有大批亏损的股民分散承担了这种风险，自己所承担的损失也肯定不多。其实，这种想法完全是错误的，因为风险可以分散承担，但是也能集中积累在输家身上。你不妨从反面设想一下，每个股民都希望赚钱，他们的目标中也包括你的钱，如果其他股民赚钱，一旦积少成多，这种风险累积在你身上就变得很大。

股市中，虽然其他股民并不可能同时赚你的钱，但是每个股民都希望赚你的钱，从博弈的角度看，他们每个人都会对你的利益造成威胁。保持自己的攻击意识非常重要，因为别人同样对你充满了攻击意识，处处寻找你的弱点，一旦你暴露了自己的弱点，其他股民一定会趁势攻击，那么你就不可避免地成为输家。所以炒股时，一定要把握好每一个环节、每一个细节，千万注意掩藏自己的缺点，以免成为大家攻击的对象。

“股神”巴菲特曾说：“炒股就好比玩扑克牌，如果你在玩了一阵之后，还看不出这场牌局里的凯子是谁，那么这个凯子肯定就是你。”如果找不到弱者，那么你就会成为别人攻击的对象。想要成为赢家，就必须剔除自身的弱点，这样才能避免成为弱者。

股市之中，弱点往往存在于投机心理之中，即贪婪和恐惧。虽说股市是给人们提供投资机会的平台，可是大多股民都热衷搞投机，喜欢随着大趋势走，而大趋势的背后，往往就隐藏着巨大的风险。股价暴涨时，趋之若鹜；股市不景气时，就迅速“退潮”，很多股民完全没有独立的思考能力。

市场的调节是有弊端的，股民依据市场行事，就不可避免地要犯错，暴露自己的缺点，只有真正冷静沉稳、具备独立思考能力的投资者才能不为市场制造的假象所影响。

巴菲特曾经将股民的弱点归结为市场弱点，他认为自己与其他股民进行博弈，实际上就是与市场博弈。很多时候市场的情绪化非常严重，是一个情绪不稳定的对手，而这种不稳定的情绪往往就暴露出许多缺点。但是人们往往不能发现情绪背后的弱点，因为市场的情绪具有很强的感染力，能够吸引并诱导股民不理智的情绪，股民一旦深陷其中就会被市场轻易击败，成为股市中的失败者。只有少数理智的人才能真正击败市场，击败其他股民，成为股市里真正的赢家。

博弈能否成功，关键在于信息的掌握程度，信息越多，决策就越正确，胜算也会越大。股市中如果能够了解到更多的信息，就能够得到更多的投资优势。

彼得·林奇是富达公司的副主席，也是一位著名的投资大师。林奇年轻时就具备投资的兴趣和天赋，他甚至利用炒股来赚钱，支付了大学和研究生的全部费用。他炒股的成功秘诀就在于擅长收集信息，所以他总是能抢先其他股民一步，作出正确的投资决策。

林奇毕业后去富达公司上班，并很快就成为了公司的科研主管，他也因此有机会深入接触和了解证券市场。在工作闲暇时间里，他总是不断地走访和观察公司，收集情报，了解公司的投资情况，然后分析最具投资价值的领域，之后就进行投资操作。

不仅如此，他还研究其他企业的运营情况，掌握第一手投资资料，并从同行那里收集有效信息，因为他明白这些投资家手中的信息永远都比散户口中的谣传要有用得多。当然任何人都不会主动泄露手上的资料，不过林奇通过与这些人进行交流，依然得到了许多信息。

林奇经常注意和观察生活小事，从中提取有效的投资信息。某一天，他发现妻子买了一件汉斯公司生产的紧身衣，从妻子口中林奇得知了这种产品的销售情况良好。他立刻察觉到投资的机遇，于是迅速投入资金，结果没过几天，汉斯公司的股价暴涨，林奇也赚了个盆满钵满。

林奇主张投资者先了解公司信息，这样才能选好绩优股，才能避免盲目投资。他认为投资是一件令人激动和愉快的事，但如果准备不足，投资也是一件危险的事。他的炒股格言之一就是："你必须知道你买的是什么以及为什么要买它，'这孩子能长大成人'之类的话不可靠。"

正因为林奇事先做足准备，充分掌握了有效的信息，这样一来，他就比其他股民占据更多的博弈优势，自然就能成为股市中的赢家。

股市投资时，大家都盯着股票市场的变动情况，这时候，谁的反应更快，谁就能够率先占据投资的先机，或者提前逃避危机。比如股市开始暴涨，许多股民一定疯狂跟进，但是暴涨的同时，下跌的风险也在上涨，这是不可更改的定律，所以你应该看准时机，提前撤退，这样就不会受到跌价的影响。

同理，股市暴跌时，股民也一定纷纷抛售手中持有的股票。在股市低迷时，你可以尝试着进行投资，因为股价跌到一定水平后一定会有所反弹，你可以借着反弹之势谋利。只有比别人更早地出手，才能得到更多的实惠。

股市之中，看似毫不相干的一群人，其实有着极大的利益牵扯，其他股民都会是你的博弈对手，你应该清醒地认识到大家时刻都在打你银行卡的主意，千万不能掉以轻心，只有在博弈中占据主动地位，才能成为最终的赢家。

2. 股市里的二八法则

意大利经济学家提出了著名的巴莱多定律，即二八法则，他认为在任何一组东西中，最重要的只占其中的一少部分，约为 20%，而剩余的 80%则居于次要。这个定律在股市中同样适用，在股市博弈中，只有不到 20%的人能够赢利，而高于 80%的股民要面临亏损。

造成股市出现二八法则这种分化现象的原因就在于，那些占据股民总数不到 20%的投资者手中掌握着更多的信息和资金，具备很大的资源优势。这部分人掌握了超过 80%的有效信息，而超过 80%的股民只通过股评或电视掌握不足 20%的股票信息，因为信息上极大的不对称，他们赔钱也就在情理之中了。

普通的股民应该提高自己对股市信息的掌握能力，因为很多重要的信息都需要股民自己进行分析和研究，只有不断提高提取信息的能力，才能在大量的信息中提取到对自己有用的信息，才能为股市投资提供保障和帮助。

同时，股民也应该增加信息源，把握投资动向，有效利用报纸、电视、广播以及证券交易处提供的上市公司的经营报告、股市各项统计报告等资源，从中发掘对自己有用的信息。

在股市中，跟庄也不失为一种操作策略，因为庄家手中不仅掌握着大量资金，同时也掌握着比普通的散户更多的信息量和信息渠道。把握庄家的投资动向，就能增加投资的成功率，同时也可以降低投资风险。

不过跟庄过程中也往往会落入庄家陷阱，一些精明的庄家会制造假象，套取散户的资金。因为庄家往往具备控制某只股票走势和价格的能力，可以主动拉动股价上涨，而一般的散户只能被动地等待股价上涨。庄家会利用散户“追涨杀跌”的心理，逐步拉高股价甚至迅速封到涨停板，等到股民逐渐跟进并且有大举抬高股价之势时，庄家就会神不知鬼不觉地分批出货，这时股价的涨幅就会放缓甚至开始阴跌。大批散户还没有意识到风险已经到来，有的持股等待上涨，有的还在持币择机买入，直到连续出现几个大跌，甚至几个跌停板，人们才意识到自己上当，可此时许多人的资金已被套牢。

股市中，机构和大户是投资者的主力军，他们持有 80%的资金，而所有的散户投资者一共只占有20%的资金，他们不具备操控股市的能力。一个精明、成功的投资者懂得把握大户手中那些主流资金的动向，然后进行投资，这样就能够稳定获利。

王女士是上海的一个普通股民，炒股十余年她积累了丰富的经验，虽然在熊市的时候她也曾遭遇滑铁卢，不过大多数时候，她都能够赢利。同样炒股的邻居们知道王女士的炒股能力后，纷纷请她帮忙分析指导。

原来王女士的炒股策略非常简单，就是密切关注主力资金的动向，专心研究庄家的炒股策略。不论是主力投资者还是散户，都是为了更大程度地赢利，但是散户在整个股市博弈中处于弱势地位，主力资金的动向往往代表了整个股价的发展态势。大多时候，主力资金都能够赢利，因此散户可以把它看作股市的风向标，只要看准了它的流向，然后进行深入分析，就能够很好地把握住个股的涨跌趋势，从而制定相应的投资策略。

跟着主力资金走，利用了主流资金的赢利优势，这是王女士能够正确投资、稳定获利的秘诀。像王女士这样的散户属于股市的弱势群体，要想在与众多强者的博弈中获得利益，就必须掌握相关的博弈技巧，掌握对方的运作意图，这样就能够成功得利。

股市中有80%的投资者只想着如何赚钱，仅有20%的投资者能够考虑到赔钱时的应对策略。赢利是任何一个股民的最终目的，不过炒股存在巨大的风险，一不小心就会陷入危机之中，而且没有永远赚钱的投资门路，任何一只股票都不可能永远赚钱，只考虑赚钱而没有考虑后退之路，股价下跌时就往往不知所措，容易造成巨大的经济损失。

想要在股市中有所作为，不仅要学会赚钱的投资方法和投资策略，还必须懂得如何去规避风险、减少风险。股市里没有常胜将军，即便你成功了99次，但是仅仅失败一次就可能导致前功尽弃，将你前面的资本积累化为乌有。没有应对危机的能力和策略，就不可能真正在股市中生存下去。

“凡事预则立，不预则废”。股市中应该考虑到任何可能发生的情况，只图谋进攻却不讲求防守的人，很难获得成功。股市博弈时，应该积极预测可能发生的不利情况，这样才能做到有备无患，等到危机来临时，迅速作出反应，减少损失。一个只想着赚钱的投资者，眼睛永远盯着钱，这样的人容易陷入狂热之中，从而忽略潜在的威胁。如果股民可以意识到存在的风险，并及时制定相关的策略，那么他们的炒股行为会显得更加理性，成功的机会也会增大。

经历过大熊市的人都知道，熊市里往往只有不到20%的股票上涨，而超过80%的股票处于不涨或下跌的状态。所以精明的投资者更应该具备分析股市的能力，谨慎选择和寻找有成长潜力的好股。

巴菲特选择股票时只选择那些认为具有发展潜力、自己比较容易把握的股票，他做的是长期投资，而多数股票都不具备长期的增值潜力，没有上涨的空间。能够选择到绩优潜力股，才有机会得到更大的利润空间。

成功的投资者用80%的时间学习和研究股票，只花费20%的时间进行实际操作。失败的投资者则用80%的时间进行实际操作，留下20%的时间后悔。股市中80%的弱势群体自身也往往存在一些弱点和缺陷，一个聪明的投资者懂得规避和弥补这些缺陷，甚至反其道而行。

日本股神是川银藏忠告股民时说："选股永远不要靠人选择，要自己下功夫研究后再选择。"炒股绝对不是瞎猫碰见死耗子的偶然事件，只有付出更多的时间来透彻地研究股票，才有机会能成为赢利的20%投资者中的一员。想要在股市中获利，就必须充分了解二八法则，这样才可以更好地了解股市规律，了解你的对手，从而制定有效的博弈策略。

3. 你兜里揣着谁的钞票

股民赚钱一般分为三种情况：股份公司的红利；股票升值；通过低买高卖赚取差价。前两种情况不会有人亏钱，只有第三种情况中才会存在亏钱。在低买高卖过程中，许多人赚到了钱，与此同时，更多的人却赔了本。

股市博弈中有人赢利，就一定有人亏损，其中一些机构投资者大户往往处在赢利一方，除非出现重大失误，否则他们是不会亏损的。这样一来，股市中小散户赚的钱其实都来自其他小散户。股市中，大部分散户都是亏损赔钱的，他们亏的钱一部分被庄家吸纳，其余的部分实际上就在散户之间不断地流动和

转移。

股市也有先来后到之说，早年入市者往往会以更低的价格买到某只股票，只要能够抑制住投机心理，坚持捂住，到最后一般都会有所收益。先来者低价买进高价卖出，肯定就赚钱，而后入市的股民往往会面临较高的买入价格，也会面临着更大的风险。越到后面，就越容易亏损，这类似于击鼓传花的游戏，前面的往往安全，当他把接力棒传给下一个人时，别人就要承担相应的风险，而最后一个接棒者自然是最倒霉的人。

认识到你赚了谁的钱，你才能明白赚钱的方法和博弈的对象，这样也才能更好地把握机会。在与散户的博弈过程中，庄家永远都处于优势地位，无论是资金还是信息，庄家都占有绝对优势。而市场上永远会存在大批信息缺乏、盲目操作的投机散户，他们是庄家坐庄成功的基础。

庄家主要是利用市场的运动规律，人为地控制股价，采取低吸高抛的原则，赚取差价获利。一般分为压价，即选择大盘形势不好的时机，打压股价，为股价未来的涨势充分创造大的发展空间。其次是吸货，散户在庄家压价过程中，往往耐不住性子，迅速出货，这时候，庄家趁机吸收他们的割肉盘。

吸货之后，庄家开始拉抬股价，制造股票在市场上的虚假繁荣，带动市场情绪上扬，以吸引更多的购买者。等到时机成熟，庄家就迅速出货，这时股价开始下跌，许多股民就被套牢，庄家就会寻找机会进行打压。如此循环下去，庄家就能不断从股市中榨取利益。

庄家成功的秘诀就在于能够很好地带动市场情绪，充分利用市场的弱点为自己造势，尽量创造差价，等到时机成熟，就果断出手，轻松获利。

国际金融大鳄乔治·索罗斯是上世纪90年代亚洲金融风暴的始作俑者，他经常在国际上进行大的金融炒作，导致该国的国家货币下跌，股市急挫。1992年，索罗斯意识到在国际政治压力下，英镑与德国马克之间的汇率将会不断下降，他立刻意识到将有利可图，于是冒着巨大的风险一次性贷款200亿英镑，购买马克。索罗斯的行为立刻传得满城风雨。许多国际投机商业纷纷跟进，一时间英镑汇率大幅度下跌，英国央行根本就无力抵抗。见到英镑不断贬值，索罗斯立刻用手头的马克购买不值钱的英镑还贷款，结果索罗斯不仅支付了贷款和利息，而且还净赚15亿美元。

1993年，索罗斯又悄悄购买大批黄金，然后开始散播谣言，高举“中国大陆正大量购买黄金”的“内幕消息”大肆宣传。结果，许多投机商闻讯疯狂跟进购买，于是国际黄金价格疯狂上涨，此时索罗斯迅速抛售手中的黄金，大赚了一笔。索罗斯撤退后，黄金价格立即降了下来，许多跟进购买黄金的投资者惨遭套牢。

索罗斯利用庄家的有利身份，不断煽动市场的情绪，来影响货币和股市，从而为自己牟取暴利。

在股市博弈中，庄家处于优势地位，但是坐庄需要一定的经济基础，大部分股民都欠缺这个条件，因此成为庄家永远只是少数人具备的权利。不过庄家也会遇到风险，而且他们还会遭到同行的竞争，因为股市上不可能只有一个庄家，这时候，无论是庄家还是普通股民，应该尽量成为先入者，而避免成为最后入局的人。低价买进的人等到股市行情变好时，高价卖给跟进的股民，这时先入市的股民就赚钱，而随着股价开始下跌，后来的跟进者就会被套住。

普通股民更应该坚持“低位先入”原则，选择股市的低位筹码非常重要，因为一旦股价上涨时，率先购买股票的人肯定能赚钱，而且先入者能够获得最大限度的上涨空间，因此获利也最大。而后期跟进的资金则有面临被套的危险，越到后面的人获利越小，风险却越大，因为越到后面，股票的涨势空间就越小。很多时候，等到后期的投资者跟进购买时，股价可能已经开始下跌，最先买入的人肯定能够赢利，而最后进入的投资者必定会被套，先入者赚后入者的钱。有人甚至作出形象的比喻：先买股票的人欢天喜地、大口吃肉，稍后跟进的人安安心心地啃骨头，而最后购买股票的人刚好前来付账。

索罗斯曾经说过：“炒股就像动物世界的森林法则，专门攻击弱者，这种做法往往能够百发百中。”在股市中强者懂得先入为主，而弱者自然就是那些市场反应落后的跟进者。先入股市的人就靠着后进投资者的亏损来实现赢利。

凡事抢先一步就能占得先机，能够准确把握市场的动向，跟上市场变化的节奏，然后从容出手。只有比别人吃得快、吃得早，才能比别人吃得多。快鱼吃慢鱼的法则同样适用于股市。只要能够看破股市背后的运作规律，就可以率先作出决定。

一个连博弈对象都没有分清的投资者，往往会被对手“算计”，而且无法准确定位自己，也就不知道如何去应对竞争者。懂得你兜里揣着谁的钱，你当然就能够明白该制定何种博弈策略。

4. 这是风险偏好者的游戏

股市中有一句老话：股市有风险，入市需谨慎。经济活动的不确定性，或国家政策出现的各种变化，往往会导致股市发生波动，这种变动可能会使投资者蒙受损失，这就是股市中的风险。只要你踏入股市，就意味着股市风险将时刻伴随你左右。

股市风险常常会影响股民的情绪，没有心理抵御能力的股民，经常要受到股价的跌涨的影响。据相关调查表明，许多股民都患有轻、中度焦虑以及抑郁症，他们总是担心股价会下跌，因而心神不定，医生们称之为“股市心理综合症”。由于多数股民投资能力有限、投机心态偏重，而且承受能力不高，所以在面临股市风险时，常常会表现得十分担心甚至抑郁。

股民炒股，目的都是为了赚钱，但是谁也不敢保证自己一定能赢利。股市中真正赚钱的人只是极少部分的投资者，而绝大多数人都会亏损，这就决定了股市具备极大的风险，而市场的变幻莫测更加强了股市的风险，即便是那些最顶级的投资大师也不可能是百战百胜，他们也会有失手的时候，关键是能否承受这种风险。

股市中既然面临着极大的诱惑，股民也就必须承担相应的风险，巴菲特说：“不能承受股价下跌50%的人就不应该炒股。”

炒股是一项具有很高风险的游戏，如果没有一定的承受能力和冒险精神，自然不可能坚持下去，尤其是股票下跌时，很多人没有足够的耐心。彼得•林奇认为投资时耐力更胜于头脑。在股市不景气时，应该分析形势，不能盲目地寻求减少损失的方法，结果收获的只能是更大的损失，如果能够耐心等待，也许能够触底反弹。

越害怕失败的人，就越容易遭受失败，炒股就应该胆大心细，克服恐惧。

短线投资时，一个畏首畏尾的投资者往往会错失投资的良机，反而容易掉入市场的陷阱中去。长线操作时，眼界和心胸都要放得更宽阔一些，不要总是计较一时的盈亏，应该有足够的耐心。只有敢于承担风险甚至追求风险刺激的人才能更好地在股市中生存下去，他们往往能够把握住对手害怕懦弱的弱点，从而击败对手，实现赢利。

一般而言股民都乐于看到股价上涨，但股价上涨时，蓄积的风险也在逐步放大。因为市场具有不可预知、不可控制的因素，有时候某只股票看似长势良好，也可能会突然大幅度下跌，这样就会给投资者带来很大的损失。而有些投资者偏偏喜欢上涨时高价买入，成为风险投资中的“傻子”，因为他们相信还会有更多的投资者被吸引过来，跟进购买股票，这就是典型的“博傻策略”。这些人不惜重金大胆地以高价购买股票，目的就在于期待自己能够以更高的价格卖出去。不过前提是必须寻找到其他跟进的人，即找到比自己更大的“傻瓜”。一旦找到了，自己就能够摆脱风险，而且可以赚钱，如果找不到跟进者，那么自己就将会是最大的傻瓜。

而股价下跌时，许多股民害怕股价还会下跌，不敢贸然出手，结果往往错过好的购买时机。股价下跌后，风险也随之逐步释放，成长性好的股票一定会有所反弹，这是股市的定律，但是大部分股民只追求上升势头猛烈的股票，却往往不敢购买那些下跌势头一样猛烈的股票。其实下跌股票的上升空间更大，许多人害怕蒙受损失而不敢行动，结果等到别人抬高价格后再购买时，利润空间已经很小，甚至有被套的危险。原本希望在游戏中有所收获，最后却往往成为游戏中的牺牲品。

庄家经常会拉抬股价趁机出货，当某只股票上涨一段时间后许多股民就会猜测庄家是否能够实现高位出货。庄家一般都是长线操作，且敢于承担风险，他们不会因为担心一时没有跟进者而主动降低价格，反而利用这种风险来吸引散户上钩，结果获利的往往是庄家。在股市低迷，个股普遍下跌时，庄家往往也能够抓住时机，率先购买低价股，等到行情好了便趁势抬高。

不可否认，庄家的这种行为具有很大的自我炒作成分，实际上是操控市场，目的在于吸引更多的股民跟进购买。不过庄家的这种炒作行为依然具有很大的风险，因为市场是不确定的，随着股民心理的日趋成熟，他们也许会看清庄家的惯用把戏，这时候庄家就退无可退了，甚至有可能遭受巨大的损失。另外庄家也拥有强大的竞争对手，即其他庄家，他们也能够看出其中的门道，一旦这些竞争者干预其中，庄家的炒作行为会给自己带来巨大的风险。

股民不敢承担风险就意味着他们无法很好地进行投资，而股民另一个重大的缺陷在于不知道如何去应对风险。当股价持续走低、行情不好时，许多股民就开始手忙脚乱，不知所措，无法正确应对接踵而来的变化。股票被套时，不知道是等着解套，还是主动止损。寄希望于等待解套，可偏偏越等套得越牢；想主动止损，又不甘心白白蒙受损失，结果犹豫不决，始终没能作出决定，反而浪费了最佳时机，被别人抓住机会。而那些具备风险承受力的股民，则能够妥善且谨慎地处理这个问题。

汤姆·包得文是华尔街某证券交易厅内进出金额最大的操盘手，他被人们称为“短线投资的超级冒险王”，他的成功关键就在于敢于迎接风险的挑战。他总是认为一个成功的交易员不需要做太多的培训，因为大多数人都会被培训所束缚。知道得越多，反而越不能随心所欲地进行交易，不敢去承担风险。

包得文要求一个成功操盘手或股民，在股票交易发生亏损的时候，一定要保持冷静的态度，不要手忙脚乱、不知所措，而应该认真分析并选择最佳的运作方式，一旦不能忍受亏损带来的风险，而轻易作出判断和决策，反而会扩大亏损的规模。只有具备应对风险的能力，才能更好地制定相应的策略。

风险是股市的一个重要特点，没有足够的风险承受能力和风险应对能力的股民往往会在股市中蒙受损失，只有那些偏好风险的投资者才能冷静地处理和应对风险，并将风险当成博弈手段，为自己谋利。

5. 当别人贪婪时你要变得害怕

某记者采访“股神”巴菲特，问他炒股有什么秘诀，如何才能在股市中赢利不亏，巴菲特淡淡一笑，说道：“炒股的道理说出来其实很简单，就是当别人贪婪时你要变得害怕，当别人害怕时你要变得贪婪。”

巴菲特的理论实际上是一种反向操作理念，即多数人对股市看好时，就应该卖掉股票；多数人对股市看淡时，则应该买进股票。股市疯狂的前提是股价上涨，赢利增多，不过，股市疯狂的背后，往往伴随着股价暴跌的风险。没有只涨不跌的股票，任何股票都不可能无限期地上涨，它一定会达到顶点，然后就开始下跌。反之，也没有只跌不涨的股票，即使在熊市中，也会有股价上涨的股票，这也是股市不变的规律之一。

反向操作理论依据的是股市中的钟摆定律，当大多数股民买进股票时，卖方的力量迅速得到积累和增加，可买方的力量也即将消耗殆尽，这时，股市的上升势头得到遏制，开始面临新的转折点，即形成下降趋势，积累足够下降的力量，并急需释放这些力量，这时股价必定会下跌。同理，大多数股民卖出股票时，股市同样会进入到转折期，这时候，股价会上涨，可是多数人都没有意识到这种变化，当然就不能跟进。

著名的量子基金创始人詹姆斯•罗杰斯是一位高明的投资大师，他总能准确地认清股市发展的形势，并作出正确的投资决策。他喜欢旅行，所以经常遍游世界，每到一处，都会进行投资，而且几乎每次都能够收获巨大的成功，这种精确的市场把握能力和独到的投资能力，令“股神”巴菲特钦服不已。巴菲特曾经听过罗杰斯的演讲，而且对他赞誉有加，他认为罗杰斯对市场大趋势的把握无人能及。

1987 年 10 月，美国股市大崩盘，股市下跌 1000 点，很多股民倾家荡产、血本无归，由百万富翁一夜沦为赤贫，许多股民精神崩溃，甚至作出自杀的极端行为。不光是普通的散户，就连许多著名的投资家也没有能够幸免于难，受到了很大的亏损。著名的股票投资家彼得•林奇掌管的 100 多亿美元麦哲伦基金，一日之内就消失了将近 20 亿美元的资产，而当时的世界首富在这次股市崩盘中损失了 21 亿美元，拱手让出了世界首富的宝座。

人们将这场大灾难称为“十月大屠杀”，原本繁盛的华尔街一片萧条，不过在此之前，股市行情一直处于上升势头。从 1982 年开始连续 5 年都是牛市，持续的疯狂上涨麻痹了大多数股民，许多人包括最权威的投资专家也没能作出股市下跌的预测。

当卖菜的小贩和种地的农民都在谈论股票时，股市早已积累了大量的泡沫。

卖菜的和种田的都开始转行炒股，可见人们都已沉醉在金钱梦中。此时詹姆斯·罗杰斯意识到美国股市的疯狂有些不可思议，这种不正常的上升势头，让罗杰斯警觉起来。他认为未来一段时间内股市肯定会发生暴跌，他嗅到了暴风雨来临的危机，于是迅速卖空手中的股票。

果然，等到十月份时，股市开始大崩盘，股民们开始面临巨大的亏损，只有罗杰斯没有跟随大流，所以能够在赚钱的同时保证自己全身而退。

在股市中，大多数的股民都处于亏损状态，这就在一定程度上证明了大多数股民的判断、决策存在很大的误差和错误。这正如《乌合之众》一文中所说："人群中积聚的是愚蠢，而不是天生的智慧。"

一般而言，股市的走向，往往与大多数散户投资者的想法背道而驰，而且股市中的投资大户——机构和庄家，也往往采取与普通散户心理相反的操作方式。所以股价越高，风险也会越大；而股价越低，风险也相对越低，投资机会反而越大。在面对股市涨跌时，一定要保持冷静的头脑，认真分析股市变动，不要盲目地追随大流，一定要经过谨慎的分析和研究，选择合适的时机进行操作。

理查·丹尼斯是美国期货市场的传奇人物，他曾经依靠 400 美元，滚雪球般地赚到了 2 亿美元，创造了期货市场交易的奇迹。丹尼斯成功的重要原因就在于他具备反向操作的理念，懂得如何进行反向操作。他了解到期货市场存在着一种"市场心理指标"，即 80%的交易者看多，则表示头部不远了，行情会跌；80%的交易者看空，则表示底部不远了，行情一定会上涨。

丹尼斯认为真理只掌握在少数人手中，多数人的观点都是错误的，因为期货市场中的大部分人都在赔钱，只有区别众人的投资理念和投资方法，自己才能真正获益，所以他总是能够特立独行、与众不同。

1973 年，美国市场上大豆价格疯狂上涨，很快就突破 4 美元的大关，但是在前一年的美国，大豆只在 50 美分之间徘徊，并没有太多上涨的空间。许多人依据历史的惯性思维，认定大豆价格不可能会继续增长，而且纷纷作出预测，认为大豆价格会大幅度下降，直至跌回 1972 年的水平。许多人害怕自己会遭受降价带来的损失，于是不敢再冒险，纷纷选择在此时放空。

丹尼斯却并不这么认为，他对市场的行情十分看好，认为价格还会上涨，于是大量买入大豆期货。结果大豆期货的行情大升，形势一片良好，价格又暴升 3 倍，一直涨到 1 297 美分，丹尼斯于是大赚了一笔。

正是因为丹尼斯能够不随大流，坚持自己的想法，进行反向操作，才能把握住市场的弱点，为自己赚取丰厚的利润。

股市没有多少规律可循，只是存在许多缺点，反向操作以市场分析为前提，主要是抓住市场的缺点，并对这些缺点加以利用，然后用来指导投资，这样就能减小投资的风险，增加赢利的几率。当然，反向操作并不是单纯的逆市而行，因为有时候逆市而行反而会遭受亏损，重要的是把握反向操作的时机，只有时机成熟了，反向操作才能起到预期的作用，否则就会成为一种愚蠢的投资行为。

6. 小心接住赢利，以免误伤

如果说赢利也会对人造成伤害，大多数人可能不会理解。但是在股市中，赢利的确常常会给一些人造成心理的痛苦和悲哀，而且这种伤害每天都在发生着。大多数股民都认为炒股的时候选准一个合适的买入点最重要，其实，选准合适的卖出点更重要。

对于那些毫无准备的、未接受过训练的股民来说，没什么比短线获利卖出后紧接着一个涨停更痛苦的事。对那些被套牢或者没有获利的股民来说，赢利已经是非常难得，那些后悔早早卖出，或者是眼看着赚钱机会的流失没有能够抓住机会而捶胸顿足的人，无疑将自我牵扯到股市交易之中，同时又缺乏成熟的处理方法，只会导致伤痛和悔恨。

对于短期赢利的股民来说，摆在他们面前的也只有两种选择，一个是继续持有，一个是清仓止盈。无论卖与不卖，结果只有涨与跌两种情况，如果涨了，清仓止盈的必定后悔不已；跌了，继续持有者必会为赢利降低甚至亏损而痛苦万分。可有一件事情毋庸置疑：如果你把完美当作追求的标准或目标的话，那么，艺术才是适合你的领域，而决不是股市。

没有满足感或者说成贪欲，这是人们普遍存在的心理，这种心理更加广泛地存在于广大股民心中，而且时刻会给股民造成打击。即便是处于赢利状态的股民，他们也会因为不满足而感受到巨大的痛苦。

股民钱涛炒股多年，经验也算比较丰富，可是在股市的涨跌面前，他也无法控制自己的心情。经历了2006年和2007年的牛市行情，钱涛在股市中积累了一些财富，也为他继续炒股攒下了丰厚的本钱。在2008年经济萧条大背景下，股市也随之进入了熊市，一直以长线操作为主的钱涛心情也跟着跌到了万丈深渊。

看着几年辛苦积攒下来的资产不断缩水，他无奈只能选择机会进行短线投资，这样操作难度就更大了。钱涛开始认为这是自己的名字倒着念叫“掏钱”惹的祸，甚至想改名叫“钱进”。在朋友看来，他在牛市中赚了那么多钱，赔了一些也不至于心惊胆战，可在钱涛看来，他如今的成本已经是牛市中积累起来的全部资金，根本不能用几年前的资金来衡量。

对此，他还用自己的实际操作进行了类比。当他以5元的价格买入10 000股某钢铁股票后，几天之内就涨到了6元，而且貌似还有上涨之势。此时如果抛出的话，钱涛至少可以获利9 000多元，可是如果继续持有，他还有可能获取更大的收益。

他在心中不断与自己博弈，如果卖了，当然可以稳稳获得眼前的利润，但是如果现在卖出，是否能阻止这只股票继续上涨呢？此时他需要承受的焦虑甚至伤害要比那些赔了钱的投资者更深刻。

最终，钱涛决定继续持股待涨。可是等到第二天上午开盘的时候，这只股票遭受重创，又跌到了6元以下，而钱涛慌忙中挂了一个高点的价位打算卖出，可股价还是一路下跌，几个反弹也没有达到前期高点。一连降低了好几次卖出价格，钱涛也没能成功交易，他只好等到下个交易日再作打算。

经过了一晚的思想斗争，钱涛决定忍痛割爱，在不赔钱的情况下尽快卖掉。于是一开盘，他就以一个较低的价格将这只股票清仓，细算一下一共只赚了几百元。好奇心使他继续关注这只股票，可令他瞠目结舌的结果是，这只股票低开高走，以一个完美的曲线结束了当天的演绎。

也许正应了这句话，“股市里没有专家只有赢家”，很少人能够准确地预测出某只股票的行情。但是每个股民都必须面对这个与自我密切相关的问题，那就是你是否做好了充分的防守准备。

如果没有做好防守准备，在卖出后眼睁睁地看着股价一路飙升的景象，必将深深地伤害到你的心灵。同样，如果你决定继续持有，却只等到了一路下跌的凄惨结局时，你也将同样感受到刺骨的伤痛。

为了免受心灵的创伤，股民们不妨寻找合理的理由为自己的操作辩护。你可以坚持认为股票市场必定存在某些不为人知的黑幕，或者，你也可以大声抗议市场所披露的信息并不准确，也不真实，以致于误导你作出了错误的决定。这一防守措施可以让你的心灵得到解脱，不论发生什么样的事情，都“不是我”的错，而只是别人的不对。

其实，股民根本没有必要让自己的感情为以往的错误买单，也没有必要为了一次的错误废寝忘食地学习交易技巧。你需要在乎的，仅仅是你的心情这张晴雨表。试想如果钱涛买的那只钢铁股票涨到 6 元以后没有下跌而是继续上涨，那么钱涛那时所必须面对的压力将是何等的沉重。这将是个多么好的赚大钱的机会，可是究竟有多少人能够有如此强大的信心还能耐得住这份寂寞，一直等到这一收获的时刻呢？又有多少人能够勇敢地面对可能损失部分到手利益的风险呢？

一定会有很多的股民觉得，当股价首次达到 6 元的时候，便作出清仓的决策，比等到股价上涨到 7 元后再下跌到 6 元时，才作出清仓的决策，更容易让人接受。人们却往往更倾向于在价格上涨的行情下作出卖空的决策，却很难在价格下跌的情形下作出任何的割舍。

在前一种情形下，如果你自豪地说，“我已赚到了属于我的那笔小钱，就让别人去赚剩下的那部分吧”，那么你的自尊就这样被小心地看护了起来。而在后一种情形下，你将被迫面对这样的事实，悔恨没有能够在最高点位出手。这时，你应该清楚地意识到，与自我和自尊所受到的伤害比较起来，区区几百元的收益根本算不了什么。

股市博弈中，你所做的每一个决策都取决于你自己的价值观。如果你坚持追求每一分利润，把每一次得失都看得很重，那么你的心灵和情感将注定会受到很大的威胁，因为客观现实往往会与你心中那幅美好的图画背道而驰，从而造成强烈的冲击。

其实，你根本没有必要认为自己没有坚持到最高点位卖出是个决策的错误，或者是个操作的失败。如果你每次都焦急万分，并总为自己过早作出清仓的决策而后悔不已，那么，你每次赚到的利润也许还不够弥补你心灵的创伤。扣除你的资金账户上必然发生的交易佣金以及其他一些不可避免的损失，你实际的资产正在一天天地萎缩。

7. 投资与风险的心理博弈战

无论是投资还是投机，都是以获利为最终目的，要想获利就应该知道，不管是投资实体经济还是虚拟经济，收益与风险都是成正比的。也就是说，投资与风险密不可分，预期获得多么大的利润就需要做好承担同样大风险的心理准备。

股市中，如果把短线操作看成是投机行为，那么长线操作应该是一种投资行为。短线操作需要面对的风险相对较小，而长线投资则需要面对各种预想不到的风险，这就要求投资者做好充分的心理准备。

广鑫是某证券公司的顾问，他的工作是为股民答疑解惑，有时还会把一些好的股票推荐给客户。由于自己经验丰富，他的许多客户在他指导下都赚了不少钱。看着自己推荐的股票大多涨势喜人，广鑫也坐不住了，于是让妻子开了股市账户，自己则趁着工作的空闲也偷偷地炒起了股票。

起初广鑫只是用家里的闲置资金炒股，由于自己的工作性质和优势，他赚了不少钱，生活过得滋润了，还买了小车。可是他渐渐发现赚点小钱已经满足不了自己的发财欲望，身为业内人士，他已经将“股市有风险，入市须谨慎”这句话彻底抛到脑后。

正所谓“艺高人胆大”，广鑫瞒着妻子，拿着房证到银行办理了抵押贷款，将这些钱全部押到了股市上。看着上证指数从 4 500 点猛跳到 5 000 点，又从 5 000 点火箭发射般直冲 6 000 点，账户里数字的不断增长使他血脉喷张。

于是他又以投资的名义从亲戚朋友手里借了几十万，义无反顾地投到了股市，这时的大盘已经摇摇欲坠，连续几天都是阴跌。依据自己以往的判断，牛市行情里大盘连跌2天后一定会迎来一个反弹行情，所以他对这点风险根本没有放在眼里。

几个星期过去了，大盘急转直下，甚至有瀑布一泻千里的气势，广鑫开始意识到了风险的存在，但在宏观经济向好的大背景下他一贯主张做多。此时某些著名经济学家也公开表示坚持A股保持牛市的观点，这也坚定了他做多的信心。

看着自己的资金不断缩水，广鑫依旧咬牙坚持着，此时上证指数已经跌倒了他刚入市时的4 500点。跌倒4 000点的时候，广鑫已经亏损了十几万，他感到抄底的时机已到，于是便宜卖掉了自己的爱车，拿到钱又立即投到了股市里。

只可惜这次他又算错了，亏损了20多万的广鑫开始不再相信自己，他又借钱买来各种炒股软件，渴望从中找到更准确的信息。可是在股市寒冬已经降临的情况下，炒股软件也只能徒增烦恼。

如今，广鑫背负几十万外债，连房子也不再住着心安理得，银行还常常打来电话催着还款，他对此后悔不已。在股市博弈中，广鑫一败涂地，可他输的不仅在股市战场，还输在了投资与风险的心理博弈战场。

当风险变成灾难，救市便成为甘霖，可是在这样一个尔虞我诈、弱肉强食的场所里，连机构投资者都纷纷撤出，散户也只能望风而逃。在股价下跌、市场恐慌的情况下，普通的散户应该采取各种措施和手段减轻可能承受的风险。

当危机到来时，投资者要稳定情绪，心不能慌，此时最忌讳听风就是雨。要理性地分析和判断市场走势，从而作出正确选择，努力抑制风险，削弱风险带来的消极影响，只有这样才能获得较丰厚的风险投资收益。

投资者应该给自己建立一种进取性的、积极的风险控制原则。在风险已经无法避免的情况下，投资者应该面对现实，从长远利益和总体利益出发，在自己力所能及的范围内，设法把风险损失降到最低程度。在风险来临前设定止损点、果断割肉也是降低风险的手段，等待股市的自我调整后再进行操作。

合伙投资也是应对风险的较好手段，这种投资方式个人获利虽少，但是也有保障，要跌一起跌，要赚一起赚。合伙投资获得的收益也要按照投资比例进行分配，降低风险的同时也减少了回报率，是一种保守的投资方式。但是人多嘴杂，难免会有一些诱导你误入歧途的信息使你迷失方向，这时，守好自己的心，自己把握。

股市博弈考验的是人的心理素质，能否获得胜利要看你对风险的承受能力。对于资产的分配切莫一股脑全部投入，应根据自己的实际情况决定投资额，才能避免对自己的打击。不要将鸡蛋全部放在一个篮子里，这样才能避免出现一些惨痛悲剧。

如果追求一夜暴富，请你远离股市，因为股市能让你暴富，同时也能让你倾家荡产。要想在股海里乘风破浪，大有作为，良好的心理素质是必要的。同时还需要有充足的资金基础，加上你的资历和股票知识，只有做好了充分的准备才能够在这场博弈中游刃有余。

第九章　战争博弈

——典型的博弈，随机的游戏

1. 战争中的攻守博弈

在撒哈拉沙漠里生活着一种叫做红头鹰的猛禽，它的食物是一种叫做泰鹿的小动物。红头鹰的眼光非常犀利，能够在高空中发现隐藏在热带植被中的泰鹿。发现泰鹿后，它便以迅雷不及掩耳之势俯冲下来，攻击泰鹿的一只眼睛，泰鹿则用前爪竭尽全力保护自己被攻击的眼睛。

抓伤猎物的一只眼后，聪明的红头鹰知道泰鹿会用另一只眼睛去寻找逃跑的道路，便将利爪伸向了泰鹿疏于防范的另一只眼。当泰鹿发现中计之后，双眼已经疼痛难忍，根本无法寻找逃跑的路，只能乖乖束手就擒。

同一区域还生活着另一种体形较大的鹰，这种鹰甚至能捕捉到野狼之类的凶猛动物。在它捕捉野狼的时候，方法与红头鹰基本相同，都是先试图攻击对方的一只眼睛，可野狼与泰鹿不同，当它的一只眼睛受到攻击时，他会用前爪全力保护另外一只没有受到攻击的眼睛，然后择路而逃。仅剩下的另一只眼睛往往能够使它找到逃跑的路线，从而幸免于难。

同样的进攻方式，不同的防御角度，带来的结果也截然不同。在战争中，兵多将广的一方并不一定屡战屡胜，很多情况下，胜负取决于同对手的博弈结果。

二战期间，随着北非战场的失利，德军开始进行战略收缩，将兵力撤回欧洲大陆，用来防备以苏、英、美为首的同盟军。当时苏联在陆地上从东面进攻德国，而英美联军则准备进行跨海作战，实施登陆作战计划。

处于防守一方的德军也意识到了盟军的登陆计划，于是准备全力进行抵抗，不过在具体的防备体系上德军内部产生了重大分歧。有着“德国最后一位战略家”之称的伦德施泰特元帅，坚持认为盟军会在塞纳河东岸的布隆涅—加莱—敦刻尔克一带登陆，而“沙漠之狐”隆美尔则认为盟军一定会在诺曼底登陆。两人相持不下，互不妥协，结果各自为战，希特勒认为这样比较安全，于是命令两人兵分两路进行把守。

在具体的战术上，两人也产生了很大的分歧。伦德施泰特元帅认为德军应该采取纵深防御的策略，实行关门打狗的战术，先放盟军登陆海滩，进入作战区，然后集中兵力进行封锁和猛烈进攻，以便彻底消灭盟军的有生力量。

而隆美尔则清醒地意识到战争局势已经扭转，消灭敌人的有生力量不可能完成，最重要的就是迎头痛击盟军，阻止盟军登陆。他向希特勒要求坦克部队增援，可希特勒却坚持认为盟军不会从诺曼底登陆，所以根本没有必要在诺曼底浪费兵力，结果他没有采取隆美尔的防守策略。

这时候，盟军故意制造全面进攻的假象，并使用了一系列欺骗手段，迷惑了德军，使德军对盟军登陆的地点、时间都作出错误的判断。希特勒甚至认为盟军攻占诺曼底只是牵制性的佯攻，目的是为了顺利进攻加莱地区。

由于盟军高超的欺骗手段以及希特勒的失误，德军的大批军队被浪费在加莱地区，这样就给盟军减少了不少阻力，最终实现登陆诺曼底的计划。

诺曼底登陆战役中，德军的防守兵力原本可以集结在一起，这样一来，盟军成功登陆的可能性就会降低不少，德军也能占据不少优势。但是希特勒作出了分兵把守的决定，而且将大部分兵力、武器投放在加莱地区，结果不仅没有起到任何作用，反而削弱了诺曼底的防守实力。

据统计，盟军的兵力约为 287.6 万人，而诺曼底的德军仅为 138 万人，虽然德军占据地理优势，但是双方悬殊的兵力对比已经预示了战争的结局，德军的失败也在情理之中。

假使你是一个司令员，为了攻打敌军占领的一个城池，你决定派两个师去执行作战任务。在守备城池的两条道路上，敌人一共布置了三个师的军力，而且敌方武器比较先进，要想通过某条道路攻入城池，你方必须多于对方的兵力才能取胜。

可能你会说，如果多派几个师前去攻打，胜利的把握岂不是更大？可是，战场上没有许多“如果”，更何况派两个师与对手相比你已经不占劣势。因为要想获胜，即便对方只有两个师把守两条道路，你只能选择集中全部兵力攻打其中一条道路，那么在你选择进攻的那条道路上，你获胜的几率为 2/3，这对敌人也略为不公。

对方三个师把守两条道路的选择只有四种：

① 三个师把守甲道；

② 两个师把守甲道，一个师把守乙道；

③ 一个师把守甲道，两个师把守乙道；

④ 三个师把守乙道。

你方选择进攻的方式有三种：

① 两个师进攻甲道；

② 一个师进攻甲道，一个师进攻乙道；

③ 两个师进攻乙道。

敌方得知你方进攻部队有两个师，却不知道从哪条路发起进攻，便不会采用三个师把守其中的一条道路，因为这与两个师把守其中一条道路的结果相同。也就是说，敌方最有可能选择的防守策略就是布置两个师防守一条道路，而将另一条道路交给剩下的一个师。

在这种情况下，你方如果选择分兵作战则无法取胜，只有集中兵力攻打某条道路。如果选中敌方防守薄弱的那条，便会获得胜利；如果选到敌方兵力较多的那条，便会失败。总之，我方只要选择集中兵力进攻就会有 1/2 的胜算。

《孙子兵法》中说：“守则不足，攻则有余”。作为防守的一方，往往处于战争的被动状态，防守方有时候很难弄清楚进攻方的进攻地点，于是在所有的进攻点上都布置了防守力量。这样看似万无一失，但是处处设防，结果很可能就是处处失防，因为无论守方如何设防，只要分兵把守，就一定会分散精力和实力。相反，进攻方一般都会集中兵力对某一处防守区进行攻击。两相对比之下，攻方自然要占据一定优势，取胜的概率就会增加，而防守方则显得兵力不足，失败的几率同样会增加。

2. 获胜靠的是艺术还是技术

著名的蓝彻斯特定律指出，在所处地位相同，而且单位兵员战斗素质相同的条件下，战争的胜负只取决于投入战争兵力的多少，即倚多为胜。人海战术在远古时候的战争中经常被用到，因为那时候，无论是技术水平还是战争的博弈能力都并不出色，在这些方面，双方几乎处于同一级别。

随着时代的发展，人们对战争计谋的应用越来越重视，单纯的人海策略已经不能成为决定胜负的主要因素，身处劣势的一方往往能够采用计谋来取得战争的胜利。比如，劣势一方可以采用各个击破的原则，将对手的力量分开，然后逐一进行攻击，这样在每一个点上都能占据优势。

除却战术计谋的应用，人们同样也十分热衷于新式武器和技术的研究和开发，因为技术上的优势往往能够弥补人数上的劣势。一个拿着冲锋枪的士兵，肯定能够轻松应付一大群手无寸铁的老百姓，技术上的优势不仅弥补了士兵的缺陷，而且成为了士兵轻松获胜的关键。

战国时期，秦国之所以能够打败六国，一统天下，其中有一个重要的原因就是秦军作战能力强，这主要体现在秦军的兵器上。秦国是最先发明和应用铁兵器的国家，其他国家都在使用青铜兵器时，秦国已经使用更为坚硬的铁制兵器。秦国的这种技术优势不能被忽视，因为铁兵器的战斗能力无疑要更强，这样一来，秦军的作战能力就占据比较大的优势。

计谋上的优势和技术上的优势已经打破了蓝彻斯特定律，成为主导战争胜负的关键因素，不过技术和计谋只是战争中的作战工具和手段，还无法成为绝对的制胜因素。技术上的优势有时候并不能成为决定战争胜负的因素，越南战争、朝鲜战争已经证明了技术上的强者不一定能够取胜，而战争计谋的艺术往往也会失效，历史上的许多纸上谈兵的“艺术家”，往往是兵败的祸首。

战争的成功需要资源的有效利用，只有清楚了在什么情况下使用这些资源才能生效，以及为什么会生效，才能真正作出正确的决策，从而取得战争的胜利。

《孙子兵法》中说："胜兵先胜，而后求战；败兵先战，而后求胜。"通常来说，打胜仗的部队总是事先就制定能够取胜的策略和方法，然后再与对手交战；而经常打败仗的部队，总是急于求战，先去作战，然后再去想办法击败敌人。

战争离不开决策，这种决策往往就是战争的博弈策略。在开战前，如果能够在充分掌握敌军作战信息的基础上，将技术计谋等资源有效地利用起来，进行战略部署，并合理制定正确的作战方案，那么就不会陷入盲目作战的危险境地，反而能够顺利击败敌军。只有事前做好充分的部署和准备，才能在战争中做到无往而不胜。

随着科学技术的不断发展，技术在现代战争中的作用越来越明显，不过技术上的优势只有在计谋中才能发挥最大的效用，而且需要经过事前的认真决策和周密部署。

无论海湾战争期间，还是伊拉克战争期间，美军所拥有的军事优势都十分明显，先进的武器装备常常成为战争的利器，使伊拉克军队遭受重创。不过美军并不是单纯地依靠军事上的技术优势来取胜，为了进一步减少伤亡，更加顺利地击败敌军，美军常常会采取高明的战术和策略，其中许多策略的成功应用成为战争中的经典案例。

在伊拉克战争期间，美军利用先进的技术取得伊拉克军队的相关信息，比如军队动向、部署策略等，然后发动进攻。美军的进攻从来都不是贸然进行的，而是利用手上的信息，制定正确的作战方案，争取在战前就对战争形势作出判断，并制定有效的策略。

比如，美军原本希望开辟对伊战争的北方战线，但是土耳其并不同意美军入境，这样就使美军开辟北方战线的计划落空。伊拉克方面当然也知道了美军所遭遇的尴尬，认为美国不太可能实现北部进攻的计划，于是放松了对北部的防守。

美军得知土耳其的拒绝态度后，立即召开军事会议，放弃了原先的作战计划，并商讨新的进攻策略，迅速制定了有效的方案。做好了进攻准备之后，美军一方面仍在与土耳其进行积极交涉，而土耳其坚持"维护领土权"，美国尽量表现出"艰苦的外交攻势"，之后顺势无奈地表态放弃从北部发动进攻，给敌军

传达不进攻的信息，暗地里却加紧调派战斗机、运输机，增强部队的空运能力。美军准备应用先进的运输工具，将部队空运到伊拉克北部，同时也避免了侵犯土耳其的领土。

结果当美军的大部队进入伊拉克北部地区时，伊拉克部队根本没有做好迎敌的准备，没能部署足够的防守力量进行防御，美军趁势快速占领了北方大部分地区。

在这场战役中，美军很好地隐藏了自己的作战意图，造成敌军信息的缺乏和误判，而自己则顺利掌握着敌军的信息，并在事先就做了周详的安排，制定了有效的进攻方案。正因为美军“妙算”在先，将先进的技术和高超的计谋完美地结合在一起，所以能够轻松开辟北方战线。

战争既存在技术也需要艺术，它们是战争中重要的因素，不过战争中需要考虑的因素太多、太复杂，想要获胜必须进行综合的分析，那么就一定要做好战前决策。胜负有时候在开战前就已经决定了，只要事先能够了解对手的战略意图，然后将资源有效合理地利用起来，制定明确、合理的作战方针，一旦开战就一定可以获胜。

3. 后发制人的潜规则

拳王阿里有一句名言：“你不妨站稳了让对方打，等到他打累了，自然就会倒下。”这是一种以逸待劳的博弈策略。与对手博弈时，不妨先后退一步，让对手先出招，等到对方实力消耗过大，就会疲态尽显、漏洞百出，而且还暴露出进攻招式。这时候自己就可以采取后发制人的策略，看准时机发动进攻，就可以轻松打败对手，以最小的代价博取最大的利益。

1812 年，为了巩固欧洲霸权，拿破仑决定向退出法国联盟的俄国发动报复性进攻，同年 6 月，法军渡过涅曼河对俄国不宣而战。

拿破仑亲率 61 万大军向俄国发动猛烈进攻，法军势如破竹，一路东进，向俄国内陆迅速挺进，俄国根本不能抵抗法军的攻势。但是俄军在与法军的交战过程中渐渐发现法军的特点，于是俄军开始有意实行不断撤退的作战方针，诱敌深入，拉长法军的后勤补给线。

法军以往交战经常是就地取材，进行粮草补给，俄军意识到这是法军的一大弱点，于是在撤退过程中开始实行“焦土政策”，烧毁撤退之地的粮草和建筑，使法军一无所得，这打乱了拿破仑速战速决的计划。同时，俄军迅速派遣部队绕道法军后方，切断补给线，这样就把法军困于广袤荒凉之地，法军缺乏物资供给，部队开始混乱。当年冬季提前来临，粮草服装都严重缺乏的法军水土不服，战斗力严重打折。

俄军并没有急于与法军进行正面交战，而是有意识地采取游击战和运动战，趁机对法军进行骚扰，损耗法军的实力和耐心，不断打击法军的信心。法军在天气恶劣、物资缺乏的条件下，折损了大批士兵，而俄军则毫不费力地慢慢损耗法军的元气，始终将法军困在包围圈内。

等到时机成熟后，俄军迅速调集大批兵马，对法军发动大反攻，结果法军在包围圈中四面受敌，而且处于弹尽粮绝的境地。面对日益恶化的不利局面，拿破仑放弃进攻，准备率部队突围撤退，这时俄军主力穷追不舍，但并不发动进攻，依然只是派小股兵力进行沿途骚扰和偷袭，直到别列津纳河战役中才发动猛烈的进攻，法军伤亡惨重。拿破仑艰难地逃离俄国境内，却损失了 57 万人，俄国取得最终的胜利。

俄军后退一步，先摸清法军的进攻模式和策略，掌握了敌人的相关信息，并找出对手的弱点，然后加以利用。在法军凌厉的攻势面前，采取诱敌深入的办法，并进行游击战，让法军集中攻击的进攻优势无处发挥和施展，等到时机成熟后，再发动猛烈的反击，彻底打垮法军。

春秋时期的大军事家范蠡曾说：“后则用阴，先则用阳。”他认为先发制人时，讲究以锐气制胜；而后发制人则依靠潜力，把敌人的锐气挫损严重，而暗中却不断积聚自己的潜力，等到潜力增加到一定程度后，就向对手发动进攻，释放这些潜力。

后发制人的原理就是寻找对手出招时所传达的信息，因为先发动进攻的一方虽然占据了一定的战争主动权，抢占了先机，不过也会暴露出相应的缺点，透露出相关的信息。只要另一方能够掌握进攻方的这些信息，就可以在这个基础上制定相应的应对策略，以便压制住对手的进攻，等到对方实力损耗时，就作出有力的反击，从而取得最终的胜利。

有时候，敌人面临不利局势时，可能会作出一些冒险的举动，那么这时你需要做的就是效仿对手的行为。因为当对手作出冒险举动时，如果以其人之道反治其人之身，意味着在这种策略面前，对手也会承担同样大的风险，这时占据优势的一方，就能够把这种优势一直保持下去。

春秋末年，晋国王室衰微，国家大权实际上落入智、韩、赵、魏四卿之手，其中智伯能力突出，实力雄厚，凌驾于另外三人之上，位居四卿之首。

晋出公死后，智伯趁机夺取国家大权，并独断专行，要求其他三家献出封地名邑，结果遭到赵襄子的断然拒绝。智伯恼羞成怒，于是率领韩、魏两家一起攻打赵襄子，赵襄子见形势越来越不利，于是退守城防坚固的晋阳城。

晋阳久攻不下，智伯开始着急，认为长此下去形势对自己会变得不利，于是就想出了一条妙计。他准备引晋水入城，直灌晋阳，为了防止自己的部队被大水冲淹，他还命令部队修筑了一条防水的护城堤坝。大水冲入晋阳后，给赵襄子的部队造成了很大的损失，危急时刻，赵襄子的谋臣张孟谈受命前往韩、魏军营，成功游说了韩、魏两家罢兵言和，并联合起来对抗智伯。

三家歃血为盟后，开始商讨破敌良策。他们根据智伯的进攻方式，制定了以其人之道反治其人之身的策略，于是秘密行动在智伯的护水堤坝上掘开大口，大水迅速从决堤口涌入智伯军营。这时智伯的军队顿时乱作一团，于是赵、韩、魏三家趁乱发动猛烈攻击，而智伯根本没有想到赵军会效仿自己的方法进行攻击，结果准备不足的智伯兵败身死，三家成功消灭智伯，并瓜分了他的领土。

后发制人是战争常用的博弈策略，以静制动、以逸待劳，目的是观察对手，以便掌握足够的信息，时机一旦成熟，就立刻找准时机进行反击，后来者居上，趁势占据战争的主动权。古语说："物速成而疾亡，晚就而善终"。凡事不可轻率而为，一定要保持足够的耐心，看准对方，见机行事，对竞争对手的策略作出评估，然后提取有利的信息，等到对手麻痹大意或疲惫不堪时，再行出击，就一定能够达到事半功倍的效果。只有明白对手的意图和策略，才能制定相应的应对措施，进而顺利赢得最终的胜利。

4. 弃小义才能雪大耻

"舍得"一词常被理解为"有舍才有得"，懂得舍弃的人，往往能够取得更多的成就，他们不在乎一时的失败，不计较一时的耻辱，能够摆脱"小义"的束缚，懂得舍弃名声，以求保存自身实力，保存逆转翻身的基本能力。

春秋晚期，楚平王昏庸无道，在太子准备结婚的时候，他被大臣费无忌怂恿抢夺了太子妃。费无忌害怕太子他日继位后，会报复自己，于是干脆进谗污蔑太子造反。楚王听信谗言准备诛杀太子，太子闻讯逃走，可是太傅伍奢因为替太子说话儿卷入宫廷斗争之中，被判死刑。

费无忌对伍奢恨之入骨，为了能斩草除根，他建议楚王以伍奢为人质，骗伍奢的两个儿子入城，然后一起杀掉，以绝后患。尽管伍奢的儿子伍尚和伍员都知道这是陷阱，但是伍尚天性温和，为免遭人唾骂，他甘愿随父同死。而伍员性情刚烈，为了能够替父报仇，他背负骂名，忍辱偷生，并暗下决心一定要颠覆楚国，替父兄报仇，一雪前耻。

伍员历经劫难后投靠了吴国，并借助吴国兵力，一举打败了楚国。这时，楚昭王已经逃离，而杀害父兄的楚平王也早就死了，伍员气愤不已，于是派人掘开平王的坟墓，鞭尸三百方才罢休。

"百礼孝为先"，古代人最重孝道，一个不顾父母死活的人往往会遭到别人的鄙视和唾骂。但伍员敢于突破常规思维，他认为自己随父赴死根本没有任何意义，只有逃跑保命，才能取得替父报仇的机会，这才是尽孝道。他懂得放弃社会道德的小义，而忍辱奋进，最终完成心愿，顺利报仇雪恨，同时也造就了自己一代名相的地位。

成吉思汗堪称世界历史上最伟大的军事家和政治家，他一生开疆辟土，使领土空前开阔，横贯欧亚大陆，成为世界战争史的奇迹。成吉思汗的成功离不开他刚毅隐忍的性格。

出身蒙古贵族的成吉思汗本名叫铁木真，他的父亲也速该是乞颜部落的酋长。在金朝和塔塔尔族的长期压迫下，也速该率领着蒙古族乞颜部顽强地进行着抵抗。塔塔尔族是一个强大的部落，一直妄图征服整个蒙古。经过连年的征

战，蒙古很难从塔塔尔族手中取得重大胜利，更为耻辱的是，蒙古族的首领曾被塔塔尔族抓获，献给金朝，结果被处以骑“木驴”之刑，使整个蒙古受辱。不过蒙古在铁木真父亲的带领下开始逐渐强盛起来，他的部族实力一天天强大，严重威胁到塔塔尔族的利益。

铁木真成年之后，也速该为了儿子的亲事奔走，结果被塔塔尔人暗中下毒。身为长子的铁木真原本应该子承父业率领族人攻打塔塔尔族，并一举消灭塔塔尔族，给父亲报仇，替族人雪耻。不过铁木真尚且年轻，而且家中还有母亲和众多年幼的兄弟姐妹需要照顾，他只能隐忍下去。许多族人有意挑拨是非，妄图分裂部落，说铁木真是懦夫，竟然没有勇气替父亲报仇，不过坚毅的铁木真始终不为所动，带着家人逃离发生内乱的部落。

为了保存实力和躲避仇敌的追杀，铁木真经常四处流浪。有一天清晨，一伙蔑儿乞惕人前来打劫，铁木真带着母亲、妹妹和几个同伴迅速逃离，为了延缓劫掠者的脚步，使其他人能够争取到更多逃跑的时间，铁木真只能无奈地留下新婚的妻子。结果铁木真等人顺利逃走，他的妻子则被别人掳掠而去。

既然母亲和妹妹等人都安全逃离，铁木真就已无后顾之忧，应该坚决从劫掠者手中抢回妻子。因为这事关男人的尊严，任何一个男人都不会容忍妻子被别人掳走，但铁木真最终没有贸然前去搭救，他明白自己的处境和能力，凭自己的能力不仅无法救回妻子，而且会使自己陷入困境，思量再三，他放弃了暂时拯救妻子的想法。

铁木真后来逃到曾经的伙伴札木合加家中，并借助札木合家族的力量发动对蔑儿乞惕族的进攻，这次他不仅成功救回妻子，而且大败敌人。直到公元1202年，铁木真感觉时机成熟，这才发动了大规模战争，率领大部队一举消灭了塔塔尔族，替部族和父亲成功报仇。

铁木真勇武过人，但善于隐忍，父亲被杀、妻子被抢，对男人来说都是极大的耻辱，何况还是以勇气著称的蒙古子民。但铁木真懂得忍一时耻辱、舍当前小义，等到时机成熟、实力增强时，再行复仇计划。正因为他具备这样的性格，才能不断成长壮大，成功报仇雪耻，并带领蒙古族走向繁盛。

在战争中，失败的一方只有保存自己的实力，才能图谋东山再起，投降虽然不是一件光彩的事，但是却是逆境中的一种自保策略，只有先保住自身实力，才有机会伺机反扑，成功复仇。越王勾践被夫差打败后，本来要么就拼尽最后一点力量，要么就应当一死了之，但他及时听取范蠡的建议，主动投降吴国，并委曲求全，与妻子一道甘为夫差的奴仆，给夫差养马，为了获得夫差的信任他甚至屈辱尝便。勾践表面上一直甘心为奴、忠心耿耿，暗中却图谋着复国大计。

勾践卧薪尝胆，而且敢于舍弃君王的尊严，蒙蔽并降低了吴王的警觉，为自己厉兵秣马、积聚力量创造了机会，最终顺利完成反扑，成功覆灭吴国。

俗话说："君子报仇，十年不晚"。战争之中，如果不能忍一时之辱，只图一时之快，那么结果往往会更加糟糕。一个懂得顾全大局的人，一定具备非凡远见和隐忍的个性，因为他始终明白只要青山不倒，就一定有机会取得燃火之薪，成功翻身复仇。成大事者往往不拘小节，不会被世俗道德的清规戒律所束缚，能够舍弃小义的人，往往可以在战争博弈中取得最终的胜利。

5. 意料之中的天降奇兵

《兵经》中有云："兵有先天，有先机，有先手，有先声。"作战中，最重要的就是做到先发制人，抢占先机、占据战争的主动权是获得胜利的关键。先发制人可以使战争产生"马太效应"，即强者愈强，弱者愈弱。战争中只要领先一步，就能够步步领先，而落后对手一步，则可能步步落后。

一般来说，战场中想要取胜，就必须具备强大的军事实力，只有军事力量占据优势地位，才能更顺利地击败对手。不过在战争中，防守一方以逸待劳，远道而来的进攻一方可能会处于劣势，那么进攻一方凭借什么抵消自己的劣势？靠的就是可以决定何时何地开战的这种战场主动权。一个军事家，不能把胜负完全寄托于老天的帮忙，而是应该主动选择作战方式，掌握战争的先机。

在第四次中东战争期间，埃及和叙利亚正是通过先发制人的策略，重创了强大的对手以色列。战争开始之前，以色列就预感到埃及一定会对自己发动进攻，不过，以军认为埃及的进攻时机不成熟，还需要等待一段时间。

此时埃及准备从苏联购买一批先进的轰炸机和大量飞毛腿导弹，但是武器的交付要到当年8月份，而且还需要很长一段训练时间才能投入战斗，所以短期内不可能发生战争。为了迷惑以色列出色的情报部门，埃及先后两次军演，给以军造成很大的压力，同时也麻痹了以军。在埃及第三次军队大集结时，以色列还惯性地认为这是埃及再次演练，从而麻痹大意疏于防范。

埃及决定正式向以色列发动战争前，埃及总统故意散布消息，说要带随从前往利比亚执行重要任务，而且将出发时间一再延迟，以迷惑以军情报部门，自己却隐秘且迅速地返回空军基地下达作战命令。埃及军队突然向以军发起进攻，飞机很快就飞过苏伊士运河，向以军基地发动猛烈的轰炸，摧毁了以军大批武器以及军用设施，并重创了以军极度依赖的军事通讯系统。

在这场突袭战斗中，埃及军队只损失了5架飞机，但却命中了90%的预定目标，使以军遭受重大的损失，而之后的埃及陆军迅速突破以军设置的军事防线，不仅粉碎了以军不可战胜的军事神话，而且收复了许多失地。与埃及交相呼应，叙利亚也在同一时间向以军发起突袭，迅速占领戈兰高地，重创以军阵地。

埃及和叙利亚通过突袭，不仅弥补了自身力量相对较弱的战争劣势，而且很快就掌握了战争的主动权，并使强大的以色列一度处于被动挨打的局面，以军人力、物力、财力都损失惨重。埃及和叙利亚懂得先发制人，所以在战争中很好地压制了以军，获得了战争的主动权，从而连连告捷。

毛泽东曾说过："一切战争的敌对双方，都力争在战场、战地、战区以至整个战争中的主动权，这种主动权即是军队的自由权。军队失掉了主动权，被逼处于被动地位，这个军队就不自由，就有被消灭或被打败的危险。"

战场主动权问题关系重大，它是决定双方胜负存亡的关键一环。1982年发生在英国与阿根廷之间的"马岛海战"就充分证明了这一点。

马岛被发现于16世纪，但何人何时发现以及岛屿的归属问题，英国与阿根廷向来说法不一。英国称该岛为福克兰群岛，并以本国人最早发现为由，先后多次出兵从阿根廷手中抢走了这个岛屿，并在岛上设置了总督府及其他行政机构。控制马岛后，英国便开始向该岛移民，同时逐渐挤走了岛上土著居民。此后，马岛便沦为英国殖民地，但阿根廷从未放弃对马岛的主权要求。

1982年3月，阿根廷总统为了缓解国内危机并消除群众对政府的不满情绪，突然决定派出阿根廷军队5 000余人登陆马岛，并发表公报宣布已收复马岛。时任英国首相的撒切尔夫人听说阿根廷入侵的消息时，第一反应便是告诉下属：“他们开始行动了，不能允许他们留下，不必多说。”

随即，英国成立“战时内阁”并决定抽调三分之二的海军兵力，组成一支特混舰队开赴马岛。当“铁娘子”把全部赌注压在马岛上，宣称“福克兰已经成了我的生命、我的血液”时，阿根廷总统加尔铁还在为自己通过发动战争成功转移国民注意力的伎俩得逞而感到高兴。

事后加尔铁承认“做梦也没有想到撒切尔夫人会为了一个荒芜的岛屿派遣如此庞大的特遣舰队，万里迢迢到南大西洋来”。最高统帅心态如此，部队的战斗准备程度可想而知，战争已一触即发，阿根廷却还在认为英国“不可能真打”。

显然，战争一开始，主动权就掌握在英国手中，事实上已经决定了双方的结局。最终马岛战争以阿根廷投降宣告结束。也许有人会说，马岛海战的起因是阿根廷军队抢占了岛屿，抢占先机的一方应该是阿根廷。其实，尽管阿根廷在时间上占据主动，但是从整个战争的战略部署以及实施过程来看，阿根廷并没有占据主动权。

主动权就是行动的自由和计划实施的自由，是战争必须考虑的问题。在实际战争中存在各种行动和各样战略计划，主动权不仅表现为时间上的主动，还表现为空间上的主动。战争中的主动权也不是绝对的，是会发生变化的，随着一方实力的提升，另一方的战略主动权则会呈现不断缩小的趋势。

除了时间和空间上的主动权外，还有领域的主动权、方面的主动权、事件的主动权等，无论是在行动上还是在战略计划上，也都有许多表演的机会。如何使用主动权，就要发挥人的主观能动性，根据具体的战争因势利导。

先发制人是战争博弈中常用的策略，战事一旦不可避免，绝大多数人都会选择抢占战争的先机，这样能够出其不意，攻其不备，有效地削弱对手的防御意识，最大限度地减少对方的防御力量，顺利掌握战争主动权，那么胜利也就随之而来。

6. 看谁的气势先能压倒对方

著名的军事家、政治家拿破仑曾经横扫整个欧洲大陆，指挥过许多经典的战役，其中在某次战斗中，拿破仑仅仅依靠 25 个骑兵就赢得了战争，堪称战争史上的奇迹。当时敌军困乏失落，斗志全无，拿破仑看准时机果断出击，让25 位骑兵卖力地吹了一天喇叭，在气势上压倒对方，结果将对手吓得胆寒，最终乖乖地束手就擒。

拿破仑获胜的关键就在于军队在气势上取得了压倒性的优势，使敌军的心理迅速崩溃，于是法军轻松解决了战斗。正如列宁在评价和总结“十月革命”时说：“在任何战争中，胜利归根到底是由那些在战场上流血的群众的精神状态决定的。”列宁所说的精神状态就是战场上的士气。

东晋名将周访是一位杰出的将领，他不仅勇武过人，而且善用计谋。有一回他受晋王司马睿所托，准备前去平定叛军杜曾。周访深知杜曾是一员猛将，其部队的作战能力也十分突出，面对如此强大的敌手，周访意识到自己的军队首先在气势上不能处于下风，同时还要努力提高士气，压倒对方。

两军开战前，周访列开阵势，将部队列为三队，一字排开，自己则坐镇中军，并命令中军部队表现出张扬的姿态，而他则安逸地坐在阵中，悠闲地射野鸡玩。看到主帅如此自信，军中将士无不精神振奋，奋勇杀敌。而杜曾开始心生畏惧，不敢向中军挑战，只向周访部队的两翼发起进攻。

周访深知自己两翼的部队不是杜曾的对手，两翼的军队渐渐就处于下风，被杜曾打败，不过奋勇的将士也让敌军付出了很大的代价，极大地消耗了敌军的战斗力。为了鼓舞士气，周访命令部下奋力鸣鼓，而且他亲自为阵中负责突击的 800 将士斟酒助威。结果当杜曾率领部队杀向中军时，听到鼓声的 800 位将士士气更加旺盛，纷纷冲出阵营扑向敌人，杜曾和手下的将士，看到对手如此疯狂，开始胆怯起来。尽管杜曾率部努力抵抗，可是部队士气已经低落到冰点，战斗力大打折扣，他只能吞下失利的苦果，大败而逃。

为了彻底打败对手，周访认为如今军队士气正盛，而敌军士气低落，应当乘胜追击，于是率部队进攻杜曾军队大营。杜曾始终不敢接战，只顾一路逃奔，就这样周访顺利收复汉、沔流域的失地。

周访部队的战斗力远不及对手，但是他懂得利用气势来增强战斗力，而且还成功威慑到敌人，瓦解了对方的心理防线，结果顺利打败了杜曾率领的叛军。

在气势上争取获得优势，能够有效地打击对手的士气，降低对手的战斗力，从而增加取胜的几率，甚至可以达到不战而屈人之兵的效果。《孙子兵法》有云："上交伐谋，其次伐交，其次伐兵，其下攻城。"懂得利用谋略来瓦解对手，是兵家的上上之策，可以减少许多不必要的损失。

争取以最小的代价来获得最大的利益，运用士气来压迫对手放弃战斗，的确是获胜的一个有效的办法。在张飞大闹长坂桥的经典案例中，张飞之所以能够成功，主要依靠惊人的气势。仅仅一吼就让曹军心惊胆战，再加上张飞略施小计，让骑兵在林中激起一些烟土，迷惑曹军，曹操也不由得忌惮三分。

因为刘备当时还有部分军队，虽然实力受挫严重，但是如果用来设伏还是具备很大的威胁性，这正是曹操担心的地方。这时曹操看到林中烟土弥漫，气势逼人，自然就怀疑伏兵重重，于是不敢贸然前进，这样张飞就趁势吓跑了曹军。张飞在气势上压倒了对方，让曹军生疑，所冒风险也非常大，一旦曹操识破诡计，守桥的任务就一定会失败。

一般而言，想要利用气势上的优势产生不战而屈人之兵的效果，首先就需要强大的综合实力做后盾，这样一旦表现出高昂的气势时，就能够起到更加好的震慑效果。没有强大的军事力量做基础，对手根本不可能轻易撤退或投降，如果没有强大的力量，士兵们自己都没有多少底气，那么气势再盛也不会起到多大的作用，气势更多时候是实力的一种体现。

在解放战争中，北平的和平解放就很好地运用了"伐谋"策略，用气势威吓对手，结果让敌军放弃了抵抗的想法。平津战役结束后，东北顺利解放，此时解放军迅速向北平围拢，将傅作义率领的国民党部队围困在北平城中。面临东北、华北解放军的联合夹击，傅作义早已经成为惊弓之鸟。解放军当时取得了东北三大战役的胜利，顺利解放了东北，士气高昂，而国民党部队被围困城中，士气十分低落，根本没有什么作战的勇气。

为了保住北平灿烂的古文化，为了尽可能减少损失，共产党寻求和平解放之路，同时派兵包围了唐山、塘沽、天津等地，防止傅作义战败后从海上逃脱，并且在西面也切断了傅作义的退路。

在紧密的包围圈中，傅作义退无可退，而面临士气军势大振的解放军，他又没有多少开战的勇气，在解放军“咄咄逼人”的气势下，傅作义只好无奈地接受了共产党提出的“八项和平条件”，率部归降，北平也得以和平解放。

正是因为解放军高调包围北平，在气势上给对手一个下马威，才使受困的国民党部队产生巨大的心理压力，部队也开始人心涣散，从而失去了战斗的信心和决心。解放军因此得以“不战而屈人之兵”，不废一兵一卒就顺利解放了北平。

战争中往往很注重气势，古人在战争开始时，通常要鸣鼓来壮大声势，提高部队的士气，从而增强军队的战斗力。这其实是一种心理战术，目的是通过提高队伍的气势，使部队将士更加勇敢无畏，并且在无形之中打击对手的士气，给对手造成巨大的心理压力，从而削弱对方的战斗力，获得最终的胜利。

7. 能屈能伸方能进退自如

孔子的学生子路向老师求取为人处事的屈伸之道，孔子说了一句有名的话：“于己可以屈则屈，可以伸则伸”。孔子还认为：“故去屈节者所以有待，求伸者所以及时，是以虽受屈而不毁其节，志达而不犯于义。”孔子的这番话虽然是针对君子的操守志向而言的，但是在战争中同样适用。

春秋时期，晋国和楚国为了争夺霸主地位，不断发动战争，夹杂在两个大国之间的郑国，力量弱小，经常会受到两国的进攻。为求自保，郑国不得不依附大国，有时候，投靠楚国，有时候依据时局发展又转而投靠晋国。

公元前 597 年，郑国投靠了晋国，这让楚国极度不满，于是以此作为借口，对郑国发动战争，并迅速包围了郑国。弱小的郑国只能向晋国求救，作为盟国的晋国本来就有伐楚之意，于是就准备卷入郑楚两国的战争中，替郑国解围。

晋国出动大军向楚国行进，但是途经黄河的时候，突然传来消息，说郑国迫于压力已经与楚国订立盟约。晋军听说这个消息后，部队中很快就产生了分歧，以上将军士会为首的一批人认为，楚国实力强大，现在并不是进攻楚国的好时机，但是有些将领认为士会有些胆小怕事，既然大军已经出动，哪有退缩回家的道理，他们认为晋军一旦撤退，肯定会受到其他国家的嘲笑，况且晋军不一定就会战败，甚至认为士会的话是在长他人志气，灭自己威风。

面对那些执意攻楚的人，士会据理力争，他说："见可而进，知难而退。"他认为这样才是治军的合理方案。不过这些将领并没有听从他的意见，反而一意孤行，贸然对楚国发动进攻，结果晋军大败而回。

晋军的其他将领不懂得屈伸之道，不能忍一时之气，没有听从士会的劝告，结果进攻不成，反而吃了败仗，给晋国造成重大的损失。

真正高明的军事家能够"识时务"，懂得以大局为重，不争一时得失、荣辱，他们深知能够笑到最后的才是最终的赢家。战争中，应该待时而动，必须对形势有一个清晰的了解，充分掌握博弈对方的信息，什么时候该进攻，什么时候该退守，一定要把握好分寸，绝对不可意气用事，逞一时之勇，以免造成不可挽回的败局。只有做到屈伸有道，才能进退自如，才能更好地把握战争局势。

后退并不是投降，而是一种理性的战略规划，战场并非总是一帆风顺。局势不断变化，优劣之势也经常转移，有时候，因为形势所迫，战争局势可能于己不利，这时更应该懂得忍耐，不要盲目出击，而应该坚决退守，静待最佳的战争时机。

三国后期，曹魏大军在司马懿的指挥下，一直与蜀军相持不下，互相抗衡，蜀军始终很难向中原前进一步。诸葛亮被迫亲率大军多次发起进攻，但效果并不好。诸葛亮六出祁山时，命令部队驻守在五丈原，为了尽快完成进取中原的计划，他希望与司马懿速战速决。但司马懿深知此时交战对自己十分不利，于是就一直坚守不出，不断拖延时间。诸葛亮派人叫阵，可是司马懿始终不为所动，并严厉约束下属，为此他下达命令：胆敢出城挑战的杀无赦。

诸葛亮当时疾病缠身，希望早点解决战斗，可是司马懿似乎总是有意地耗时间，诸葛亮看到叫阵效果不好，于是心生一计，派人给司马懿送去了一套寡妇穿的衣服，嘲笑司马懿龟缩在阵中不敢出门迎战，就像寡妇一样怯懦。送女人的衣服本来就是奇耻大辱，更何况是寡妇的衣服。诸葛亮还附上一封信，信上说道：你如果不敢出战，就恭恭敬敬地出门接受投降，如果还有一点羞耻之心的话，就应该出来决一死战。

看到诸葛亮如此侮辱主帅，魏军中的许多大将都气急败坏地主张出城开战，司马懿却坚决反对出兵，他忍辱负重，始终坚忍不屈，并且高兴地接受了这份“大礼”，同时重赏了前来送衣送信的蜀国信使。司马懿还代为向诸葛亮问好，并从信使口中得知诸葛亮将不久于人世，这样就更加坚定了不出城迎战的决心。结果没过多久诸葛亮果然病情加剧，最终因病逝世，司马懿则立即率大军进攻蜀军，此时群龙无首的蜀军只能缓慢退回汉中，魏军轻松取得了胜利。

面对诸葛亮的激将法，司马懿始终都保持冷静的心态，即便忍受重大的屈辱，也绝不意气用事，以免影响大局。他的忍耐并不是一种懦弱的表现，而是一种顾全大局的魄力，他审时度势，事事从大局出发，宁愿牺牲自己的尊严，也决不让蜀军有可乘之机。等到时机成熟，司马懿立刻发动大战，这更加充分显示出他的英雄本色。

“尺蠖之屈，以求信也；龙蛇之蛰，以存身也”。很多时候，“屈”是“伸”的前提和基础，“屈”的目的是为“伸”积蓄力量。就如同弓箭一样，想要箭射得更远，更有力道，就必须尽可能地将弦向后牵引、弯曲，积蓄更多的弹性势能。

战争之中，往往会采用以退为进的战术，将撤退当成进攻的前提。这是一种高明的博弈策略，目的是为了迷惑对手，引诱对手，等到敌人落入圈套后，立即发起反击，迅速解决战斗。

“刚则易折”，战场上也是如此，一味求取战争的攻势和胜利，反而会处处落入下风。战争要讲究弹性，这样才能做到灵活多变。想要彻底地击败对手，就一定要了解对手，掌握足够的博弈信息，然后作出相应的决策。该示弱的时候，就要懂得收敛和退防，不争一时之锋，不争一时之利；该显示能力的时候，就应该趁势展示锋芒，毫不畏缩。只有做到屈伸自如，才能在战场博弈中生存下来。

第十章　历史博弈

——怀望经典，励志明心

1. 吕不韦的长线博弈

中国历史上不乏许多高明的投资商和博弈者，他们目光深远，有着丰富的博弈技巧，能够准确找到较好的投资方向以及投资对象。甚至是那些别人所不屑的投资，他们也能够从中发掘出表象下所潜藏的巨大投资价值，运用自己出色的长线博弈能力，为自己谋取最大的利益。在这些深谋远虑的投资者中，最出色的人物莫过于秦国的丞相吕不韦。

权臣吕不韦曾经只是一个地位低下的商人，他依据高明的战略投资，顺利走上了政治道路，并成为权倾一时的宰相。他之所以能够平步青云，关键就在于发现了一个良好的投资对象——在赵国当人质的秦国王子子楚。

子楚是秦国太子安国君的儿子，但子楚的母亲向来不受宠幸，子楚自然也就不被父亲重视，并被秦国当成政治外交的牺牲品，从小就在赵国当人质。因为秦赵两国不时交战，两国的关系总是十分紧张，这样就导致子楚在赵国一直处于尴尬的地位，不仅遭受赵人的欺侮，而且经济也十分拮据。他经常去酒肆中借酒浇愁，也经常因为没钱支付酒账而遭到店家的辱骂。

有一回，吕不韦去邯郸做生意，路经一家酒肆时，发现酒店老板正抓着一个青年的衣服，并大声辱骂青年，索要酒钱。吕不韦上前打探后才发现这是秦

国的王子子楚，于是立刻上前替他解围。吕不韦一直希望能够摆脱商人的弱势地位走上仕途，只是没有其他政治势力的帮助，这个愿望终究很难实现。眼下看到子楚在此，心中自然十分高兴，暗喜自己找到了从政的切入点。

吕不韦替子楚支付酒钱，子楚十分感激，吕不韦趁机就和他攀谈起来。两人渐渐熟识后，吕不韦大胆地提出要帮助子楚当上秦国君王，子楚以为对方在说笑，不过吕不韦却认真地分析了局势。

他认为当今的秦国太子安国君有20多个儿子，而子楚的排名根本不占任何优势，而且子楚一直在外当人质，从来没有受到安国君的重视，所以安国君继位后，子楚被立为太子的机会十分渺茫。吕不韦告诉子楚，如果可以拉拢上备受安国君宠幸的华阳夫人，那么事情一定可以成功。至于如何拉拢华阳夫人，吕不韦提出用钱铺路的方法。

听到吕不韦的分析后，子楚十分佩服，于是同意了他的计划。吕不韦到秦国后，经过多方联系，终于见到华阳夫人，然后就向她诉说子楚如何思念父亲和她，并把子楚包装成为一个德才兼备的贤人和孝子。华阳夫人听后十分感动，渐渐起了恻隐之心。

吕不韦则趁势指出了华阳夫人一直以来的忧虑，他认为华阳夫人虽然备受安国君宠爱，但是她始终是膝下无子，随着年龄的加大，一定会失去宠幸。吕不韦建议华阳夫人应该为以后的富贵和地位着想，积极寻找新的靠山，选任新的继承人。

华阳夫人觉得吕不韦的话很有道理，于是听从了吕不韦的建议，到安国君面前诉说子楚的贤与孝，并且表示自己膝下无子，愧对丈夫，只有尽心帮丈夫选好最佳的继承人，来减少自己的罪过。安国君听到爱妾这一番感人肺腑的话，十分感动，立即决定日后登基时立子楚为太子，并让吕不韦担任子楚的老师。这件事很快就传开，从此，子楚在朝中名声大噪。

帮子楚争取到太子之位后，吕不韦开始计划谋取自己的政治利益。于是他实施了一个美人计，让自己一个怀孕的小妾去勾引子楚。在某次酒席上醉醺醺的子楚果然上钩，吕不韦则顺势将小妾赐给了子楚，这样一来，等到子楚登基称帝后，吕不韦的孩子便顺理成章地成为龙种，执掌国家权利。

子楚顺利登基后，按照先前的约定，吕不韦出任秦国宰相，此后，吕不韦便开始掌握和操控秦国的政治大权。三年之后，十三岁的嬴政登基，吕不韦被尊称为仲父，此时的他权势更为显赫，长时间地把持着朝政，总揽国家大权。

吕不韦是一个精明出色的商人，更是一个高明的政治家。他的政治投资眼光独到，当别人都认为子楚只不过是一个扶不起的阿斗时，吕不韦却意识到恰恰是这个阿斗最能给予自己从政的机会；别人都认为子楚无权无势，也没有什么政治优势，根本就很难有所作为，但是吕不韦却认定子楚他日一定可以称王。

综合全局来看，吕不韦不是一个计较一时得失的投机者，他看重的是潜在的、长远的发展能力，是一个出色的长线投资商，即便要冒着杀头的危险，他也愿意果断地进行投资，这需要极大的勇气和魄力。吕不韦作为中国最早的风险投资家，他用最小成本的投资收获了最大的利益，从一名社会地位低下的商人一跃成为权倾朝野的相国。

吕不韦投资眼光绝对老辣而独到，而他的博弈手段更是出色。因为，吕不韦始终都在进行正和博弈，使博弈双方能够各取所需，所以他才能够成功说服对手与自己合作。初见子楚时，他提出帮助子楚变成君王，因为他想到如果将来子楚称王，必然不会亏待自己。事实果真如此，子楚称王后，吕不韦也被任命为丞相。

在说服华阳夫人时，他又以长期的富贵和太后之位来打动对手，于是顺利得到华阳夫人的帮助。子楚得以成为太子，而自己的政治计划也渐渐实现；后来辅助嬴政成功登基称帝，吕不韦最终成为了仲父，权势显赫。在吕不韦的长线投资过程中，每一次博弈都尽量满足对方的要求和利益，这样才能为自己争取更大的利益。

吕不韦依据商人敏锐的嗅觉和高明的投资眼光，对国家政治进行了风险投资，结果取得了辉煌的成就，使自己登上了财富和权势的巅峰。他的长线投资手段和博弈技巧堪称空前绝后，仅从地位转化的跨度而言，吕不韦可以称为中国历史上最杰出的风险投资家和博弈高手。

2. 唐太宗晚年的迷茫与醒悟

唐太宗李世民堪称一代明君，许多历史学家和文学家都将他作为中国四大最著名的君王之一。无论文治武功还是拓疆怀远，他都成就斐然，而且他还善于选拔任能，重视贤才，又广施仁政，赢得百姓的爱戴和拥护。最重要的是唐太宗善于纳谏，能够听取批评的声音，以鞭策和警戒自己的言行。就一生所创的功绩和品行而言，李世民不愧为中国历史上众多皇帝的楷模。

唐太宗是一位称职的好皇帝，但是晚年的他还是犯了许多错误，甚至变得骄傲自大，凡事以自我为中心，不仅生活腐化，而且好大喜功，又不听忠臣劝谏。魏征作为大唐最出名的谏臣，一直在唐太宗身边起到警示和监督的作用，规范和约束君王的不当言行，唐太宗对魏征十分器重，而且也懂得适时纳谏。不过晚年的李世民不再听取大臣们的逆耳忠言，就连魏征也隐约感觉到皇上“渐恶直言”，魏征甚至毫不留情地指出：“一二年来，不悦人谏，虽黾勉听受，而意终不平，谅有难色。”

面对别人的批评，骄傲的李世民却根本听不进去，而且对谏臣的态度越来越差。有一次，魏征在朝堂上与唐太宗发生了分歧，两人争执半天，互不相让，唐太宗十分生气，甚至动了杀机。退朝后，他怒气冲冲地说：“总有一天，我要杀死魏征这个乡巴佬。”后来多亏了皇后劝阻，魏征才得以逃脱死罪。而其他人则没有这么幸运。门下省侍中刘洎也是当时比较有名的谏臣。有一次，李世民怀疑刘洎在背后说自己的坏话，于是不分青红皂白就兴师问罪，最终拟了一个“谋执朝衡”的罪名逼迫刘洎自杀。

魏征死后，李世民十分难过，又曾幡然悔悟，记起魏征种种好来。于是他对大臣们说出了以下一番名言：“以铜为镜，可以正衣冠。以古为镜，可以知兴替。以人为镜，可以知得失。魏征没，朕亡一镜矣！”

除了疏远谏臣，晚年的李世民开始抛弃原来的生活习惯，开始迷恋于奢侈荒淫的宫廷生活，不仅耽于享受，而且还大兴土木，制造豪华宫殿。贞观十一年，李世民命人在东都洛阳修建飞山宫，并且警告群臣不准提反对意见。

修建宫殿耗费了大量的人力、财力，而如此大费周章只为方便个人的声色犬马。另外，好大喜功的李世民认为大唐是世界大国，其他小国应该尽皆臣服，为了彰显自己的武力功绩，于是劳师动众进攻高丽，结果两次进攻都以失败告终，耗费了巨大的物资和财力，弄得民声哀怨，许多地方都爆发了农民起义。

晚年的李世民没有再像从前那样有节制地生活，生活作风严重腐化。皇后死后，更加没有人能够约束他，他便整日沉迷于酒色之中，自甘堕落，百姓和朝中大臣都很有意见。为了给自己留下一个光彩的历史印象，他每日都查看史官做的起居注，并授意史官能够美化和粉饰自己荒谬的晚年生活。原本皇帝根本不应该干涉史官做起居注，但是为了篡改不光彩的历史，李世民利用权力逼迫史官往好的方面写。这种行为给后来的皇帝开了一个不好的先例，这类史官实际上完全成为帝王私人传记的傀儡作家。

向来都很贤明的君主李世民似乎陷入迷茫之中，不断堕落，但他又很快从骄奢淫逸的生活作风中醒悟过来，自己开始深深地反省和悔悟。在他逝世的前一年，他自知在位时日不多，而犯错太多，可能会给儿子树立不好的榜样，产生消极的影响，为此他亲自撰写了《帝范》十二篇，以此警示太子李治。在文中他恳切地做了自我批评，李世民认为自己犯的过错太多，生活骄奢，而且大兴土木、劳师袭远，给国家造成巨大的负担，又谆谆告诫李治要向古代的明君学习经国治世之道，而不要效仿自己。

李世民的晚年不免有些昏庸无道，但是他毕竟还是一位明君，能够及时地发现并承认自己的错误，又悔悟和反省自己，给继任者制定了新的要求。

唐太宗的迷茫与醒悟更多的是封建集权体制下所体现出来的弊端，长期处于权力的顶峰，自然要受到影响。不过，他后来还是发现了自己犯下的错误，悔悟也诚恳感人，作为一国之君，这是难能可贵的，是一种人格魅力的体现。

当然，唐太宗躬身自省有更多深层次的考虑。他害怕自己的行为会影响国家政权的巩固，隋朝的覆灭就是前车之鉴，这一点李世民绝对不会忽略掉。唐太宗晚年的生活已经让许多朝中重臣感到心寒，引起他们的不满，而且民间对此也颇有微词，“水能载舟，亦能覆舟”，这正是李世民所担心的事。他清醒地意识到时间一久，可能会爆发内乱，威胁到大唐江山，威胁到李氏政权，必须采取有效的对策来扼杀这种潜在的危险，所以他适时悔悟，让人们感觉到那个贤明的千古一帝又回来了。

李世民从错误中警醒过来，既是崇高人格的内在要求和约束，也是强烈责任心和压力使然，他不能成为大唐覆灭的祸首，也无法承担大唐覆灭的罪责，强烈的使命感让他迅速从迷茫中走出来。

在某些方面不能排除唐太宗是有意而为之，其目的就是为儿子李治铺路，使儿子的政权更加巩固。他的幡然悔悟一定程度上消除了内乱的危险，而他此时已经无力对所犯之错作出任何补救，所以就刻意把这个任务交给儿子，给儿子一个立功正名的机会，帮助儿子收买人心，巩固政权。

这从他所处理的一件小事中可以窥探到一些蛛丝马迹。李世民死前，曾废黜了才智惊人的徐茂公，而这种罢黜行为竟然毫无理由，几乎等同于莫须有的罪名。李世民亲自告诉太子：徐茂公才气逼人，是国家的栋梁之才，但是他太重义气，而你又于他无恩，我怕日后他不会听从你，现在我把他罢黜掉，你日后登基时恢复他的官职，如果他不顺从，你就干脆杀了他。李世民的用意很明显，就是给儿子制造赐予恩惠的机会，在朝中树立威望，积累足够的人气，好让大臣们心甘情愿地跟随李治，替李治保住大唐江山。

无论是出于什么原因，唐太宗能够及时醒悟过来，并躬身反省自己的错误，这是非常可贵的品质。而这更体现了一种使命感和责任感，李世民希望自己能够保住大唐基业，使李氏政权代代相传，不断延续下去。

3. 楚汉之争不过是一场心理战役

秦朝末年，各地义军纷纷反抗暴秦，刘邦和项羽的部队是其中的两支主力军，刘邦战河南，项羽攻河北。公元前 208 年，项羽在河北巨鹿与秦军主力相遇，楚军誓死一战，歼灭秦军 40 万人。

此时刘邦趁着项羽全力战斗，率先攻入咸阳城。按照楚怀王“先入定关中者王之”的约定，刘邦原本应该受封为关中王，但是获胜的项羽迅速率大军赶往关中，并且自恃功高，拒绝封刘邦为关中王，并命令部队攻破函谷关，驻守在鸿门。当时项羽意欲趁机消灭刘邦的军队，而刘邦成功拉拢项羽叔父项伯，

求之代为调解。结果鸿门宴上项羽一时心软，放过了刘邦，之后还依据实力的大小分封诸侯，将刘邦封为汉中王。

刘邦采纳了萧何暂时立足关中、逐步东向争天下的策略，忍辱前往汉中，途中烧毁栈道，表明并无东进之意，以麻痹项羽。不久之后，未受项羽分封的齐国贵族田荣自立为王，起兵反楚，于是项羽率领军队攻打齐国。趁此机会，刘邦迅速东进，还定三秦，袭占关中大部分地区。

刘邦的西线进攻使项羽腹背受敌，但项羽认为齐国才是大患，于是始终将主力放在齐地，而刘邦则积极巩固关中，扩张势力，占领了河南、山西大部分地区。他还以项羽杀害楚怀王为由，联络各地诸侯讨伐项羽，一举攻占楚都彭城，但是项羽很快作出反击，大败汉军，并顺利收复彭城，刘邦也仓皇逃往荥阳。

此后双方互有攻守，基本上都相持在荥阳、成皋一带，但是随着韩信进军齐国，平定齐地，从东、北两面对楚军形成包围之势，楚军的后防线上也承受了巨大的压力。此时，项羽的大将英布率部叛楚归汉，这样一来，楚军实力严重受损，而且开始受到南面的威胁，楚军布防和攻击的兵力被严重分散。

形势越来越不利，项羽于是主动提出议和，结果双方订立合约“中分天下”。项羽遵守约定如期向东撤退，而刘邦也准备向西退守。此时张良和陈平认为楚军士气低落，正是亡楚的最佳时机，刘邦于是立刻毁约率领大部队追击楚军，并命令韩信等人从东、北两面包围楚军。

正当汉军竭力追赶上楚军时，韩信却按兵不动，结果刘邦孤军行进，被项羽打败，而且被楚军围困起来。这时刘邦听从了张良的计谋，封韩信为假齐王，韩信这才出兵伐楚。两军合围之下，项羽退守垓下。然而此时楚军兵少粮缺，战斗力低下，而汉军又故意高唱楚地民歌，惊闻四面楚歌的楚军，无心恋战，项羽只能突围，结果楚军全部覆灭，而项羽本人也兵败自杀。刘邦最终取得了胜利，并建立西汉。

论实力，刘邦的军队完全处于下风，论勇猛刘邦更是不及项羽。力举千斤之鼎的项羽曾经自述：“身经七十余战，所攻者破，所击者服，无一败北。”可见项羽的确勇猛过人，楚军也堪称虎狼之师，但是刘邦却最终取得胜利，靠的就是老练的处事手段。

项羽为人太刚愎自用，缺乏王者气势，不能任用贤人，也不善听取部下的意见，不仅气走谋臣范增，损失了自己最重要的谋士，还没能留住韩信、陈平、英布等人，导致他们叛楚归汉，不仅削弱了自身的力量，还增强了对手的力量。而且他优柔寡断，太过妇人之仁，结果错失击杀刘邦的机会。项羽的失败正是性格上的缺陷造成的，他具备成大事的魄力和实力，却没有成就霸业的性格和智慧。

相比之下，刘邦却知人善任，还善于笼络人心，他更加懂得听取别人的意见，发挥部属的长处。刘邦在分析自己得天下的原因时说："运筹帷幄之中，决胜千里之外，吾不如张良；镇守国家，安抚百姓，不断供给军粮，吾不如萧何；率百万之众，战必胜，攻必取，吾不如韩信。三位皆人杰，吾能用之，此吾所以取天下者也。"

楚汉之争关键就在于刘邦在心理博弈中始终都处于优势地位。鸿门宴上项羽本来完全可以"仗势欺人"杀死刘邦，但是项羽优柔寡断，始终没有作出击杀对手的决定，以至于范增大怒："竖子，不足与谋"。如果项羽能够果断行事，那么刘邦就不会成为自己称霸天下的障碍。反观刘邦却胆识过人，明知鸿门宴危机重重，依然勇敢地前往，因为他明白一旦自己不参加宴会，就一定会惹恼项羽，贻人口实，这样于己反而不利。为了减少危险，他事先就拉拢项羽的叔父项伯，结果项伯在鸿门宴上替刘邦成功解围。

正是因为抓住了项羽性格的缺陷，刘邦才能处处制衡对手。刘邦在某次战斗中被项羽打败，结果仓皇逃走，可是父母、妻子却被楚军抓住。项羽为了逼刘邦出来决战，就将刘邦的父亲推出来，并扬言要烹杀他，以威胁刘邦。没想到刘邦根本没有妥协，而是大声地告诉项羽："我们两人当年一同受命于楚怀王，相约为兄弟，我的父亲当然也就是你的父亲，如果你一定要烹杀咱们的父亲，那么希望你能分一杯羹给我！"项羽一看刘邦如此铁石心肠，只能作罢。

刘邦的头脑十分精明，当然也关心父亲的安危，但是他了解项羽的为人和性格，只要自己不妥协，项羽是不会把父亲怎么样的，所以他应该也值得去冒这个险。而项羽却心软了，最终没有下手。刘邦正是了解了项羽的弱点，才能在心理博弈中占据上风。

楚汉之争就是一场心理战役，刘邦采用最有效的办法战胜了不可一世的项羽，充分运用心理战术来打压对手，无论是鸿门宴，楚汉大战，还是最后的四面楚歌、兵败自杀，都显示出项羽脆弱的心理防线以及性格上的巨大缺陷；而刘邦善忍，具备出色的心理素质，所以能够坚持到最后，成为最终的赢家。

4. 庞涓早就怕了孙膑

鬼谷子是战国时期的世外高人，他潜心研究谋略权术，在战略战术方面的造诣更是登峰造极。孙膑和庞涓同为鬼谷子门下的弟子，两人一起学习军事谋略，感情一直都非常好。后来庞涓听闻魏王积极招贤纳士，为了能够尽早建功立业、谋求功名，庞涓提前下山。

庞涓来到魏国后，魏王对他十分器重，庞涓也不辱使命，先后率领魏军打了许多胜仗，极大地壮大了魏国的声势，使宋、鲁、卫、郑等小国纷纷朝贺。不仅如此，庞涓还带领军队打败了强大的齐国，一举威慑各诸侯国。魏国的地位从而不断巩固和增强，庞涓也因此名声大噪，深受魏王和百姓的爱戴和尊重。

这时候，有人向魏王举荐了庞涓的师兄孙膑。魏王求贤若渴，得知庞涓还有一个师兄，料想孙膑也绝非凡人，不禁大喜过望，于是派使者盛情邀请孙膑，而孙膑也准备出山，就随使者来到魏国。

孙膑来到魏国后，魏王盛情款待了他，庞涓看到魏王如此喜欢孙膑，心中十分不安。他深知孙膑的学识才能远在自己之上，孙膑效忠于魏王后，一定会威胁到自己的地位和权势，于是决意除掉这个对手。

孙膑原是齐国人，而齐魏向来不和，这就让庞涓找到陷害孙膑的方法。没过多久，他就设计陷害孙膑，以私通齐国的罪名向魏王告状，魏王大怒就将孙膑打入天牢，并割掉他的膝盖骨，使其变成残疾。

孙膑为了逃出大牢，只好装疯卖傻，为了防止被庞涓识破，他忍辱吞食猪粪和泥块，结果麻痹和迷惑了庞涓，使他放松了对孙膑的管制。后来有人向齐国大将田忌诉说了孙膑的才能，于是田忌准备营救孙膑，并安排齐国使者来魏国拜见魏王，然后暗中帮助孙膑逃出了魏国。来到齐国后，孙膑受到了齐国大将田忌的重视，齐王更是十分欣赏孙膑的才能，于是就将他聘为齐国的军师。

孙膑逃脱后不久，庞涓率领魏军攻打赵国。赵国不敌，于是派人向齐国求救，此时孙膑认为直接前往赵国解围，劳师袭远，于己不利，不如攻打魏国，逼迫庞涓班师回朝。这招围魏救赵的计谋果然奏效，齐军不费吹灰之力就解了赵国之困，而且在半路上设伏奇袭疲乏的赶回的魏军，使魏军损失惨重。

这时，庞涓才得知孙膑已经成为了齐国的军师，他知道只要孙膑在齐国，自己就很难打败齐国。为了消灭对手，他想出了一条反间计，派人贿赂了齐国的相国邹忌，并借邹忌之手离间齐王与孙膑的关系，齐王果然听信谗言罢免了孙膑的军师职位。

庞涓听到孙膑被贬的消息后，十分高兴，认为自己已无后顾之忧，于是不久就发兵进攻赵国、韩国，韩国于是向齐国求救。这时候，齐王不知是战是和，朝中大臣也分为两派，争执不下。齐王这时想起了孙膑，于是就征询孙膑的意见。孙膑认为可以先答应韩国的请求，这样一来，韩国军队士气大振，一定会誓死抵抗，等到两军疲乏时，齐军再发兵解围。齐王于是采纳了这个建议。

一年之后，韩魏两国的交战更为激烈，而此时双方的实力都严重受损。孙膑抓住时机，立即让齐王发兵攻打魏国都城，庞涓看到国都有难，于是放弃韩国，迅速率兵回防。孙膑知道魏军向来自大，于是就故意装作胆小怯懦的样子命令军队后撤，沿途不断减灶，以便诱敌深入。

庞涓率领魏军追击撤退的齐军，沿途看到炉灶不断减少，就以为齐军军心涣散，兵士已经逃跑大半，于是留下笨重物资和士兵，亲自率领骑兵追击齐军。当时已经是黑夜，孙膑早已在沿途设防，并让人在树上刻下“庞涓死于此树之下”几个字。结果庞涓率部追赶到设伏之处时，发现树上似乎有字，当即命令部队点火查看。当火把点燃时，埋伏的齐军一齐放箭，结果魏军乱作一团，死伤无数，庞涓知道自己败局已定，于是拔剑自刎。

孙膑和庞涓原为师兄弟，情同手足，但是为了争夺名利，庞涓陷害孙膑致残，结果最终还是被孙膑打败。庞涓不能容人，所以就将自己推到了孙膑的对立面，他的失败完全是自己一手造成的。既然不能容人，那么不妨斩草除根，可是庞涓却有妇人之仁，放过了装疯的孙膑。反观孙膑善于隐忍，身处逆境却懂得如何去求取生存，正因为孙膑善忍，他才逃过一劫，而这也成为两人博弈的转折点。前期庞涓处于上风，而孙膑跑到齐国后，胜利的天平开始倾向孙膑。

庞涓之所以会失败，一方面是因为能力不及孙膑，另一方面则是因为自己有心理压力。庞涓早就忌惮孙膑的能力，并且当成一块心病，这样就必然会导致他时时都背负着巨大的心理压力。没有孙膑的时候，他具有横扫天下的霸气，战必胜，攻必取；可是一旦与孙膑交锋，自己首先就底气不足，在心理上就处在下风，正式交锋的时候，必然会影响正常的决策，采取一些不太明智的方法。

庞涓第一次与孙膑交锋，结果在孙膑“围魏救赵”的计谋下吃了败仗，这或许可以当成实力上的差距来看，也可以说是庞涓的大意轻敌，并不能算作双方的真实对抗。可是第二次交锋，孙膑故技重施，为什么庞涓还会上当？很大一方面原因就是因为庞涓始终害怕孙膑，所以内心的怯懦影响了他作出更为谨慎和明智的决断。

庞涓被孙膑打败后，他原本就可以像当年残疾的孙膑一样忍辱逃生，以图报仇雪恨，而且以魏国当时强盛的兵力，完全可以卷土重来，可是庞涓放弃了这个机会，因为他害怕眼前的对手，甚至失去了信心。经历多次失败之后，他已经没有任何勇气和信心来与对手博弈，只能失落地自刎而死。

庞涓死前说：“遂成竖子之名！”他认为孙膑战胜自己后，便能够名扬天下，这话有些酸溜溜的味道。其实孙膑早就战胜了他，他的话仅有托大自己的嫌疑，也许只是为了维护最后那一点并不光彩的尊严。但不可否认，这是对孙膑的认可，在话中更多的是无奈，庞涓已经明显意识到自己才是这场博弈中最终的失败者。

5. 王莽的书生理想败给了政治现实

王莽是中国历史上新朝的建立者，他原为西汉外戚王氏家族的成员，后来成功篡位，取代西汉建立新的政权和朝代。王莽继位后，看到社会矛盾尖锐突出，不利于新政权的稳固。为了保障自己的统治地位，他从古代典制中寻找新的社会制度，制定并颁布了一系列政令和措施，进行一场轰轰烈烈的社会改革。

土地是封建国家经济的基础，而经济的好坏直接影响到国家政权，王莽深刻地认识到只要管理好土地，制定有效的土地政策，国家就一定会安定下来。于是他就着手解决土地问题，将土地收归国有，主张由国家重新统一进行土地分配，任何人不得私自买卖土地。他恢复了古代的井田制，按“每人百亩，8人不超过900亩”的要求分派土地。

土地问题解决后，王莽开始直接介入国家经济，进行商业改革。他要求国家实行计划经济，物价水平一律由政府进行管理和调控，防止商人兴风作浪、投机和操控市场、剥削人民，从而减小并消除国内的贫富差距。为了保证良好的社会风气，王莽颁布诏令，命令各级地区都必须废黜奴隶制度，禁止人口买卖。除此之外，王莽还颁布了一些币制改革制度、税收制度和贷款制度。

王莽的改革力度非常大，是一次和平且进步的社会大改革，也具有一定的社会意义和时代意义。它以广大基层民众的利益为基础，符合大多数人的利益，但是作为封建统治阶级的官僚和地主却极力反对社会改革，因为这些改革的措施严重影响和威胁到他们切身的利益。一旦农民阶级得到国家政策的保护，他们就将无处剥削。

为此他们纷纷表达自己的不满，不肯轻易交出土地，甚至故意曲解政府的政令，勾结富商巨贾，一同盘剥百姓。结果农民完全得不到任何实惠，不仅看不到改革的实效，反而蒙受更大的损失。

原本最受益的群体，一下子反而成为了最大的受害者，这让农民阶级觉得不可忍受，于是也开始表达不满，将怨气撒在改革者之上。这样一来，王莽不仅得罪了同一阵营中的地主阶级，也得罪了农民阶级，两边都不讨好，从而将自己推入尴尬而危险的境地，结果成为了国家的公敌。

改革触及到社会各个领域，无论是改革的广度，还是改革的深度，在整个中国历史上都是十分罕见的。不过他的许多政令根本没能得到贯彻落实，土地政策被下属曲解，至于商业和币制改革更是引起商人的不满和社会经济的混乱，严重干扰了社会的正常生活。废除家奴制度，危害了官僚地主阶级的利益，也阻断了贫困农民的一条谋生之路，所以根本无法实施。

王莽托古改制完全是按照书生头脑中的理想世界蓝图来制定的，因为他向来就十分向往上古的太平社会，认为这是社会、国家的最佳模板，为此他深研《礼经》，从中寻找治国方略。不过这些改革措施根本不合时宜，与当时的社会现实背道而驰，而一旦脱离了实际，那么一切改革就只能成为空谈，成为一种滞后的行为。王莽所依据的是奴隶社会甚至原始社会的一些制度，这违背了封建社会的发展规律，当然就难以获得成功。

他看到了社会的巨大弊端以及尖锐的社会矛盾，深刻地意识到社会改革的必要性和迫切性。他天真地认为："一切制定则天下自平"，可是他所制定的大部分政策都超出了整个社会的认可和接受程度，自然没有多少人会给予支持，结果反而弄得天怒人怨，天下大乱。

王莽是一个伟大的改革家，却又是一位失败的理想主义者，他有着美好的愿望，但是却没有注重现实，只知一味仿古，没有联系当时社会的实际状况，没有看到封建社会的局限性。作为一个有远大志向和崇高理想的封建统治者，他比许多人都要看得更深更远，但忽略了眼前最基本的立足之地。他具备改革的魄力，却不拥有改革的能力。

尽管王莽崇尚儒家思想，且具有进步的改革精神，可是这也成为限制他成功的最致命因素。他身上浓重、迂腐的书生意气，使他整天沉迷于"天朝上国"的理想计划之中，却没有睁眼看清统治下的国家现实。他找到了治国的好方略，可惜却并不适用他治下的国家。

他注定要面对失败，因为他根本不懂得如何去治理国家。为了保证改革的顺利进行，他将大部分时间都用在了制定和颁布政令上，连国家日常的行政管理也没有顾及，更没有充分了解复杂的国家权力网和利益网。

王莽进行了一次大规模的博弈，而博弈的对象是整个国家，他希望取得巨大的成功，可事实上，他所立足的博弈基础本质上就是错误的。而在博弈过程中，他又经常犯错，结果改革引起全国的不满，从而进一步激化了阶级矛盾，最终导致大规模的绿林赤眉起义，自己也在乱战中殒命。

6. 赵匡胤的收权与放权

“狡兔死，走狗烹；飞鸟尽，良弓藏”，这是古代帝王与开国功臣之间博弈时，经常发生的悲剧。勾践复国后，杀掉文种，刘邦开国后，诛杀韩信，这都是历史的明证。功臣与君王往往只能共苦，但难以同甘，一旦天下初定，君王攘除外扰后，就一定会治内，功臣谋士自然是首要整治的对象，他们就这样成为政治权力争夺战中的牺牲品。

大宋的开国皇帝赵匡胤在与群臣博弈时更加睿智一些，他采取了更为平和的方法来解决君王和大臣之间的矛盾，避免了流血事件的发生，尽可能地维持了稳定的局势，防止发生动乱。

公元 960 年，赵匡胤发动“陈桥兵变”，被部下黄袍加身，拥上帝位。继位后的赵匡胤意识到军权的重要性，他深知自己的成功就是依据军事政变来实现的，因此他害怕自己的部下尤其是那些前朝旧臣，有朝一日也会发动兵变废黜自己。

为此，他总是寝食难安，于是他故意向自己的心腹大臣赵普求教安国定天下的良策。赵普顺从他的心意，提出削藩集权的策略，他还提醒赵匡胤一定要注意防备大将石守信、高怀德、王审琦等人，他们手握重兵，随时都威胁着皇权。

石守信等人是帮助赵匡胤夺取天下的功臣，与赵匡胤向来都亲如手足，如果直接罢黜他们的兵权，不仅面子上过不去，而且风险系数高。赵匡胤左思右想，于是制定了“杯酒释兵权”的计策。

几天之后，赵匡胤在皇宫大摆酒宴，并邀请大将石守信、高怀德等人一同赴宴。正当大家饮酒正酣的时候，赵匡胤突然屏退所有下人，对几位大将说：“我十分感激你们扶持我登上帝位，不过皇帝也有皇帝的难处，何况人们都眼红朕的宝座，为此，我已经连续好几天没有睡安稳觉了。”

几位将军一听，立刻听出赵匡胤的弦外之音，于是跪在地上，问道：“如今有谁敢反对皇上。”赵匡胤于是直接切入正题：“你们几个人向来忠心耿耿，我自然相信你们，不过你们的部下也许会贪恋荣华富贵，到时候说不定会给你们黄袍加身。”

听到赵匡胤如此直白的话语，大将们都伏在地上，诚惶诚恐，不知所措。赵匡胤见自己的话起了作用，于是趁势给他们指出一条明路，让他们放弃兵权，去地方上任职，安享荣华富贵。大将们听到这番话后，连忙叩首谢恩。

第二天，几位大将果然自动交出兵权，赵匡胤则将他们“发配”到各地，任地方上的节度使，并采用君臣联姻的方法笼络人心。没过多久，赵匡胤又故技重施，收回了手握重权的节度使王彦超、武行德等人的兵权，并委以虚职。

赵匡胤利用“杯酒释兵权”的方法，成功收回了兵权，实现了军事的集权控制，防止出现分裂割据的局面，巩固了自己的统治。赵匡胤在武力方面采取集权制度，但是在文治方面则表现出宽松的政治心态，终其一生，他都坚持“重文抑武”的治国方略。在文治上更多的是采用放权的政策，鼓励文学、文艺的发展，在这一点上，赵匡胤表现得比较慷慨，他放心地下放权力给文官，甚至让他们自己制定政策。

使用两种截然相反的博弈策略，赵匡胤的目的始终只有一个，就是为了维护自己的统治。他从五代十国的战乱中，看到割据势力对国家政权的威胁，而且自己也是通过发动兵变来获得成功的，深知只有将兵权集中在自己手上，才能保证稳坐江山，高枕无忧。控制了军队，也就间接地控制了国家。

赵匡胤清楚文人不会对自己的统治造成威胁，因为文人根本没有反抗的能力和实力；而且以文治理天下，可以利用儒家思想教化和麻痹子民，以便更好地控制治下的民众，防止国家发生动乱。这样一来，以文治天下，反而能帮助他巩固自己的统治，所以在对待文人的态度上，赵匡胤显得比较温和，也适当地对文官进行放权。

文官历来都不干预军事，而且文官确实也不适合领军打仗，但是赵匡胤却反其道而行。他收回兵权后，依然不放心地方上的武装力量，生怕他们会影响中央政权。为了进一步减少这种威胁，他任命一些文官管理军队，将部分军事权力下放给文官。而文官首先没有军权，其次不具备打仗的能力，这样，赵匡胤就可以放心地治理国家。

赵匡胤甚至让一些文官担任监军。监军在唐朝时只是一个虚职，没有任何实权，但是他却给这一职位赋予了许多实权，作用是监督和限制地方统帅，防

止发生兵变，这样就进一步分解了地方兵权。赵匡胤又让文官管理各州郡，防止武将独霸一方，在地方上形成藩镇割据的局面。

放权给文官，实际上也是一种自我保护，和收权一样，目的就是为了减小地方武装力量对中央政权的威胁，以形成高度集权统治。赵匡胤的确是一个博弈高手，他实行了重文轻武的基本策略，防止出现武将专权、藩镇割据的不利局面。

在与群臣博弈的过程中，赵匡胤没有与其他皇帝一样采用诛杀武将功臣的办法。他意识到国家初定，政权未稳，如果贸然采取强硬的策略，反而会对统治不利，于是借计巧妙地解除了地方武装和大将手中的兵权，避免了流血事件的发生，安全且顺利地使军政大权集于一身。

一个太过集权的国家，往往会出现许多问题，而且皇帝精力毕竟有限，无法做到事必躬亲，于是他又适当放权给毫无威胁的文官，这样不仅可以进一步减少武将的威胁，保证国家的安定，同时也达到了以文治天下的目的。无论是收权还是放权，赵匡胤都是为了替自己的统治做好保障工作。

7. 看朱元璋如何玩转群臣

大明开国皇帝朱元璋，出身贫寒，后来参加农民起义兵，渐渐成为义军首领。他善于用人，文有军师刘基为他出谋划策，武有徐达替他开疆辟土，争夺天下。但是朱元璋执政后，担心权臣篡夺自己的帝位，便开始逐个试探并加以防范。

朱元璋能够得到天下，最大的功臣莫过于大将军徐达，他也因此成为朱元璋的心腹大患。表面上朱元璋与徐达称兄道弟，可私下里朱元璋处处试探徐达是否有谋反之心。一次，朱元璋宴请徐达，筵席间大发感慨，称徐达功劳最大却没有一个像样的府邸，他愿把自己的旧邸送给徐达，可徐达却坚决推辞。

翌日，朱元璋邀请徐达去自己的旧邸饮酒，徐达大醉后，朱元璋派人用被子将他裹好抬到了正中寝室，徐达醒后发现自己睡在皇帝的床上，立刻跪倒在地，高呼自己死罪。朱元璋暗中偷看到这一幕，于是才稍加放心，并另盖侯府赠予徐达。

对大将军徐达的试探，显示了朱元璋与臣子博弈的高超技巧。在处理开国功臣刘基与宰相胡惟庸的争斗中，更体现了他身为君主的过人心计。

刘基与胡惟庸曾经都是朱元璋颇为器重的人才，朱元璋登上皇位之后，也对二人进行封赏，不过刘基与胡惟庸向来不和，而且两人背后都拥有一个集团，一直都相互抗争。朱元璋害怕这两支庞大的势力会影响到自己的统治，于是采取了“坐山观虎斗”的策略，因为他明白无论哪一方获胜都会削弱另一方的实力，弄不好还会两败俱伤，这对朱元璋有百利而无一害。

刘基支持的浙东集团在较量中一直处于优势地位，而刘基本人也才智过人，这一直都让朱元璋有些忌惮，所以他在坐看两方争斗的同时，还稍微偏向胡惟庸这一方。因为胡惟庸对朱元璋的威胁更小，帮忙的目的就是为了达到双方势力的均衡，甚至消灭浙东集团的庞大势力，这样一来，就能够轻易对付胡惟庸的淮西集团。

朱元璋明白想让浙东集团垮台，最重要的就是消灭它的主心骨刘基，于是朱元璋想方设法劝刘基辞去职务告老还乡，这样一来，朱元璋就高枕无忧了。刘基知道朱元璋的心意，于是真的辞去官职，结果浙东集团群龙无首，很快就遭到淮西集团的排挤，而胡惟庸更是准备对付刘基。

由于害怕胡惟庸会杀人灭口，刘基主动进京，把自己置于朱元璋的监督之下，这样就能够让朱元璋放心，同时也能够牵制住胡惟庸，寻求自保。不过朱元璋更加高明。有一回，刘基生病，朱元璋便故意派胡惟庸前去探病、送药，结果刘基服完药后病情加重，毒发身亡，朱元璋便责难胡惟庸。其实谁都明白这是朱元璋的嫁祸之计，目的就是为了打击胡惟庸，世人都知道胡惟庸与刘基是死敌，胡惟庸绝对不敢明目张胆地下毒。

刘基死后，胡惟庸就失去了最大的对手，于是就更加肆无忌惮地贪污，但是朱元璋似乎一直听之任之，直到时机成熟，他才出手。胡惟庸也预感到朱元璋可能会对自己动手，为了保险起见，他拼命拉拢党羽，网罗更多的官员，妄图借着“法不责众”的优势逃过一劫。不过朱元璋并没有上当，而是果断地一起杀掉，中国历史上最后一位宰相最终死在朱元璋的刀下。

朱元璋清除胡惟庸，一方面因为他势力太大，威胁到了朱元璋的帝位，另

一方面胡惟庸身为宰相，混乱朝纲法纪，这影响了朱元璋的统治，朱元璋需要杀一儆百，震慑百官，以方便自己的统治。更深层次来说，朱元璋除掉胡惟庸目的就是为了废黜千百年来的宰相制度，这样就解决了君权与相权的矛盾，使国家权力更加集中。其实杀胡惟庸只是一个步骤，只为了方便朱元璋实施他的废相计划。

大将朱亮祖曾经帮助朱元璋平定了广西和广东，被封为“永嘉侯”，胡惟庸被诛杀之后，朱元璋大兴胡党之狱，朱亮祖也被连带施以鞭刑，最终死在朝堂之下。另一员大将则是傅友德，他曾经帮助朱元璋平定云南，功勋卓著，儿子贵为驸马，小女儿也成为朱元璋的孙媳，但是依然没能摆脱被诛杀的命运。朱元璋还借故诛杀了蓝玉、冯胜、王弼等大将，有些是犯罪处死，有些则是因为冤案被诛。胡惟庸案件后，朱元璋已经有计划地开始诛杀武将，之后更是大举进行屠杀。

宋濂、刘基以及开国的一些武将都是当时的名人，要么能力突出，要么重权在握，朱元璋意识到他们可能会威胁到自己的统治，更重要的是太子年幼，为人懦弱，他害怕自己百年之后，会出现强权震主的事情。为了解除忧患，他便替儿子剪除潜在的威胁，正是出于维护和巩固皇权的需要，朱元璋将大臣们玩弄于股掌之中，然后一一除去。

朱元璋所做的一切就是为自己的集权统治扫清一切障碍，这样就能紧紧地将权力抓在手中。在与大臣的博弈中，朱元璋一改登基前的态度，完全是一副严肃冷峻的帝王形象：他行事果断、阴险，作风威猛严厉，甚至有一些残忍，目的就是为了消灭百官的士气和锐气；他将开国功臣几乎全部诛灭，为的就是进一步巩固自己的皇权统治，同时加紧集中政治权力，以便能够保护自己的江山永远稳固。

8. 慈禧与李鸿章的博弈关系

中国的封建社会一直崇尚“为尊者讳”的规矩，官大一级就成了主子，官小一等也就自然沦为奴隶。中国官员最奴化的朝代莫过于清朝，再大的官员只要到了皇帝面前都以“奴才”自称。朝廷用人讲究的也是唯命是从，做奴才的只需一切为主子服务，什么国家利益、民族大义都可以不管不顾。

慈禧太后称得上晚清最刚愎自用的统治者，她执政的时候没想过定国安邦，更没想过国泰民安，只为追求大权在握和自己贪图享乐，所以她最需要的手下是“事务型奴才”，也就是“大勤务兵”。

直隶总督李鸿章的升官路数跟大太监李莲英没有本质不同，他最懂老佛爷的心思，一心为慈禧分忧，甘当“唯老佛爷马首是瞻”的奴才。李鸿章的出现，恰恰满足的是慈禧太后的需求而非国家需求。李鸿章始终都能够很好地迎合慈禧的想法，所以自然会受到慈禧的重用。

同治皇帝死后，慈禧太后为了将权力紧紧握在手中，她就让妹夫的儿子即位，即后来的光绪皇帝。但是这样一来就破坏了嫡亲长子继承大统的规定，因而遭来宗人府的不满，更招致众人的反对，慈禧十分生气，于是假装称病。

此时的李鸿章早就看准了慈禧将来一定能够得势，于是就派心腹进宫给慈禧看病，其实暗中是向慈禧表明效忠的心计。李鸿章当时拥有实力强大的淮军，这是一个强力的保障。慈禧太后知道李鸿章的“心意”后，十分高兴，有了李鸿章以及淮军的支持，她自然就可以大胆地“一意孤行”。这件事之后，慈禧对李鸿章更加信任，李鸿章则依靠慈禧的保驾护航，也顺利地走上权力的巅峰。

李鸿章成为朝中重臣之后，依然保持着迎合慈禧的习惯性策略。他原先一直都支持维新变法，与维新派中的某些重要人物还有一些来往。中日甲午战争之后，他签订了丧权辱国的条约，维新派碍于民众的舆论压力，被迫拒绝李鸿章入派的要求，然而此时的李鸿章依然不死心，在暗中资助维新派。虽然自己倾向于结交维新派，但他一直很谨慎，而且此时的慈禧并没有明确反对维新运动，这样一来，李鸿章就更加游刃有余。

随着维新派与慈禧的顽固派之间的矛盾日益尖锐，李鸿章逐渐向慈禧一方靠拢。慈禧曾经试探他对维新派的看法，李鸿章故意表现出对维新运动不屑一顾的态度，结果慈禧对他更加放心。

李鸿章小心翼翼地周旋于复杂的政治权力斗争之中，不过他所坚持的第一原则就是：凡事都向老佛爷靠拢。慈禧作为晚清最具权势的人物，李鸿章自然希望得到她的重用。

洋务运动期间，李鸿章受朝廷所托，兴建水师，当时资金严重短缺，影响了工程的进度，急需向朝廷要款。可是国库早已空虚，实在很难筹集出资金。而当时慈禧也准备从国库中提取巨款，大肆操办自己60岁的大寿，这就与兴建水师所需资金相冲突。一时之间，大家都不知道该如何是好，有人上报朝廷要钱，结果被慈禧骂了回来，这样一来就没人敢再提此事，因为慈禧肯定不愿意让出资金，可是国家海军建设意义重大，耽搁不得。

这时候李鸿章写信给慈禧，先表态说慈禧的大寿应该尽量举办得隆重一些，同时又说明了海防的重要性，李鸿章答应慈禧从海防建设所需的银两中抽取部分资金，用作大寿之用。慈禧看到李鸿章如此表态，也无话可说，而且当众表扬了李鸿章“懂事”。李鸿章既照顾了慈禧的心情和面子，同时也成功拿到水师建设的资金，可谓一举两得。

李鸿章知道慈禧始终都在利用自己。中日甲午战争之后，签订卖国条约的李鸿章一度受到慈禧的冷落和疏远，其实李鸿章作为谈判大臣，完全是朝廷的授意，代表朝廷和慈禧的意愿行事，充其量只是一个传声筒和签字人员，但他却成为了朝廷的替罪羊。李鸿章当然知道这一点，他以自己的名声来保住了慈禧的名声，所以暂时隐忍之后，再次受到慈禧的重用。

晚清的官场，各种势力相互交织缠斗，如果处理不当就会陷入到政治漩涡之中，李鸿章具备分析时势的能力，始终都依靠慈禧这棵最大的树。慈禧也是一位权术高手，李鸿章必须时刻都小心应付，一不小心就可能得罪对方，轻则丢官失爵，重则掉脑袋，只有具备高超的博弈技巧才能很好地生存下去。

作为一个很有远见的人，李鸿章当然意识到大清迟早要危亡，他更清楚大清的时日已经不多，这是历史发展的必然结果，自己根本无力去改变什么，重要的就是生存下去，依靠朝廷不如依靠慈禧。为了维护自己的地位和权力，他始终谨慎地侍奉着慈禧，努力争取慈禧的信任，渐渐成为了慈禧的心腹，成为晚清中官位最高的汉人。

李鸿章在与慈禧的博弈过程中，始终都表现出一副忠心为仆、甘心为奴、时刻准备为主子分忧的姿态，这与慈禧太后的要求基本一致。而李鸿章也不负所托，替慈禧完成了许多她无法亲自动手的任务，这样就在慈禧面前增加了不少好印象，所以才能够被慈禧重视并重用。

李鸿章就像慈禧肚里的蛔虫一样，对慈禧的一举一动都了若指掌，他充分掌握了对手的信息，所以才能够在博弈中不断受益。慈禧正是因为有李鸿章这样贴心的大管家，才更加有恃无恐，只管安心地享受荣华富贵。